新潮文庫

7　3　1

—石井四郎と細菌戦部隊の闇を暴く—

青木冨貴子著

新　潮　社　版

8382

目次

プロローグ　深い闇　9
第一部　加茂から満州へ　17
第一章　加茂　19
第二章　東郷部隊　45
第三章　平房の少年隊　90
第四章　ハルビンへの旅　143
第二部　終戦そしてＧＨＱ　159
第五章　「１９４５終戦当時メモ」　161
第六章　占領軍の進駐とサンダース中佐　207
第七章　トンプソン中佐の石井尋問　254
第八章　「ハットリ・ハウス」の検察官たち　301

第三部　石井四郎ノートの解読　357
第九章「終戦メモ１９４６」　359
第十章　鎌倉会議　400
第十一章　若松町　440
エピローグ　軍医たちのその後　481
あとがき　501
著者ノート　506
主要参考文献一覧　513
解説　佐藤優　520

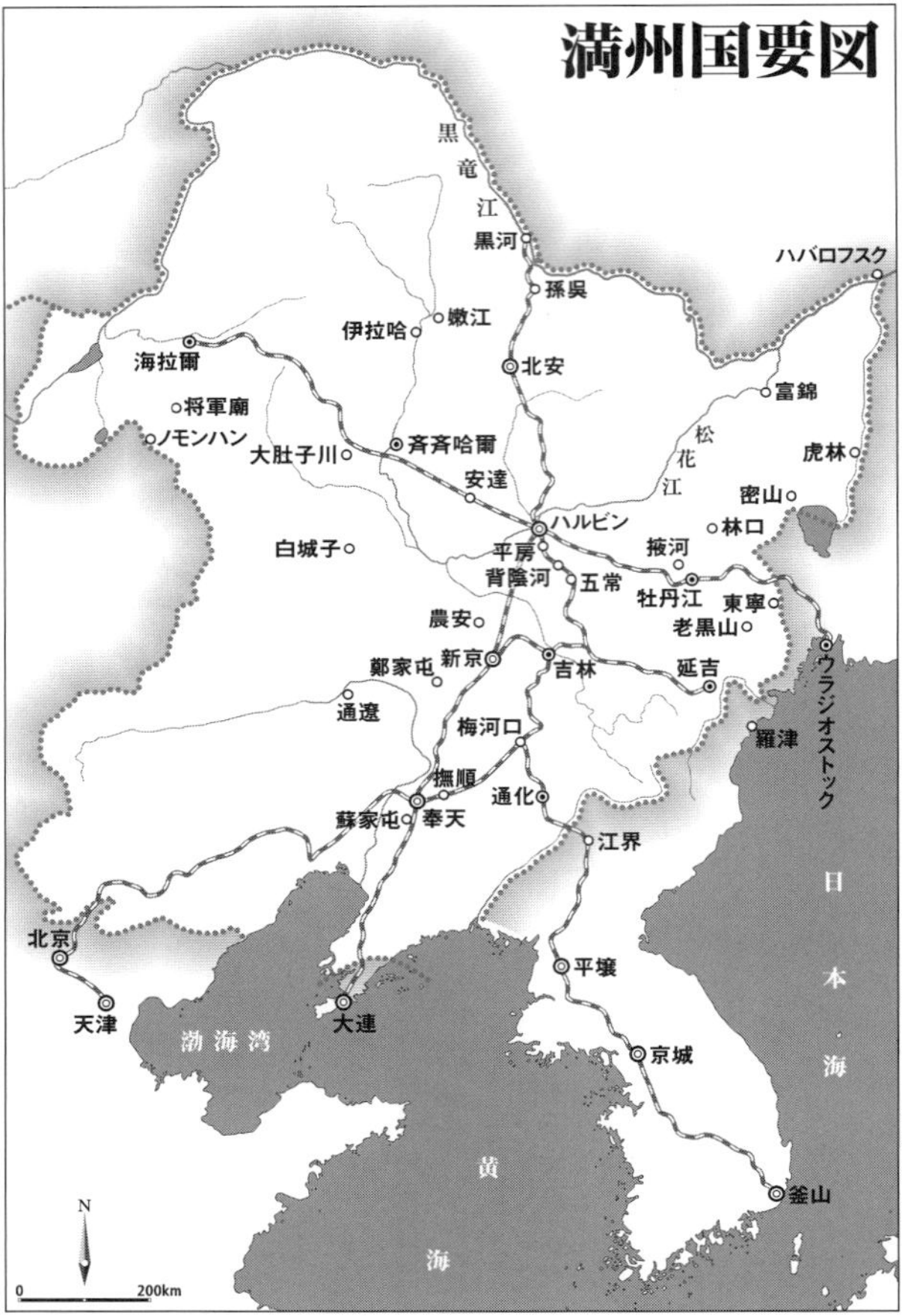
満州国要図
黒竜江
黒河
孫呉
ハバロフスク
嫩江
伊拉哈
北安
海拉爾
富錦
将軍廟
ノモンハン
斉斉哈爾
大肚子川
松花江
虎林
安達
密山
ハルビン
林口
白城子
平房
掖河
背陰河
五常
牡丹江
東寧
農安
老黒山
新京
吉林
鄭家屯
延吉
ウラジオストック
通遼
梅河口
羅津
撫順
通化
蘇家屯
奉天
江界
日本海
北京
平壌
天津
大連
渤海湾
京城
黄海
釜山
N
0
200km

地図制作：ジェイ・マップ

731

——石井四郎と細菌戦部隊の闇を暴く

プロローグ　深い闇(やみ)

ニューヨークのケネディ空港を飛びたった旅客機が十数時間の飛行ののち、成田空港に近づいて次第に機体を降下させていくと、緑におおわれた小高い丘陵が目に入り、それを囲む畑や水田の穏やかな風景が次第に姿をあらわす。

　この風景を眺めるたびにわたしはちょっとした感傷につつまれ、無事に日本へ帰ってきた思いにほっと胸をなでおろす。緑深い平野の広がりはいつも両手を広げて優しく迎えてくれる。9・11以降、わたしの住むニューヨークでは、マンハッタンにかかる橋やトンネルの爆破、炭疽菌やペスト菌、自爆テロによる攻撃など、さまざまな警告が出されるたびに住民は不安にさいなまれてきた。そんな日々からしばらく解放される安堵感につつまれる。

　しかし、いつもわたしを癒してくれた緑の光景も、今回は少しちがってみえる。成田空港の南東に隣りあわせてゴルフ場が散在するこのあたりは、二〇〇五年現在、千葉県山武郡芝山町である。日本へ帰国し、わたしが向かおうとしているのは、二〇〇二年秋に開通した芝山鉄道の芝山千代田駅から二・七キロほど南東にある小さな集落、地名を芝山町大字大里、小字を「加茂」という。

「加茂」――その名前は、歴史の波に飲まれるように、ほとんど忘れ去られようとしている。しかし、この小集落が、戦前、遥(はる)か満州北部の「平房(ピンファン)」という寒村に、「闇の帝国」と呼ぶにふさわしい一大細菌（生物）戦施設をつくった関東軍七三一部隊の隊長、石井四郎の故郷であり、多くの村人もこの施設へ送り込まれた事実は、拭(ぬぐ)い去ることができない。

　この村いちばんの大地主の家に生まれた石井四郎は、内地から優秀な医師や科学者を集めて、満州で細菌兵器の研究・開発・大量生産に取り組んだ。その施設は、石井自身の言葉によると「丸ビルの十四倍半」もあるほど大きな研究室や飛行場、農場、馬場のほかに、東郷村と名づけられた官舎や国民学校、大浴場、酒保、郵便局、病院まで備えたまさにニュータウンと呼べるほどの規模だった。

　はじめは「東郷部隊」、続いて「加茂部隊」や「石井部隊」、そして「関東軍七三一部隊」の防諜名(ぼうちょうめい)で呼ばれた部隊に送り込まれた「加茂」の村人の顔ぶれもさまざまだった。貧しい小作人の次男、三男はもちろんのこと、十五歳の少年から、大工、左官屋、タイル職人、運転手、中華料理店のコックに至るまで、地元の働き手が根こそぎ動員されたといってよい。その数は百数十名ともいわれ、彼らは内地の二倍、三倍の給料をもらって、故郷へ仕送りをした。

　ソ連軍が満州へ雪崩(なだ)れ込んだ終戦の夏、命からがら内地に帰り着いた村人は、以来、貝のように口をつぐんで「闇の帝国」の秘密を守り通した。平房の破壊を命じ、「七三一部隊の秘密は墓場までもっていけ」と厳命した石井の言葉にしたがい、隠れるように暮らし、なかには恩給も受けられず生活に窮乏するものもあったという。

大地主だった石井家と「加茂」の村人は蔦のように絡み合いながら繋がり、その特別の連鎖が奥深い闇を生み落としたのである。

満州へ出かけた人間の多くが鬼籍に入った現在でも、この小さな村では故石井四郎を「隊長さん」と呼んで慕い、お国のためにやったことだとかばい、部外者の侵入を頑な
1 に阻んできた。
3 それだけに石井四郎という人物を知るには、石井と「加茂」の特殊な関係を明らかにすることからはじめなければならない。二〇〇三年、石井家から伸びる長い蔦を手繰り
7 寄せるうち、わたしは石井家のお手伝いさんだった渡邊あきという女性が存命であることを知った。当時九十歳、東京の東大井に住んでいることもわかった。
渡邊あきを訪ねたのは二〇〇三年五月である。むかしながらの大通りに面した書店の裏手、息子が新築した家の一室で、渡邊あきは穏やかな表情でわたしを迎えてくれた。

「勲章をたくさんもらった真面目な男がいるから、結婚しなさい」

「加茂」の石井本家近くに住んでいたことが縁で、東京市牛込区若松町の石井家で働くうち、あきは主人の石井四郎から結婚を薦められた。満州へ渡ったのは一九三七（昭和

12）年のことだった。

「でも、それは口実で、本当は身のまわりの世話をして貰いたかったらしいですよ」

あきは楽しい思い出でも語るようにこういって笑った。

翌年一月には長野県出身の渡邊吉蔵と結婚。夫も石井部隊に勤めていた。ハルビン市内にあるロシア人の建てた邸宅に住む石井の処から「平房」の官舎へ引越してからも、あきは石井隊長の世話を焼いていた。

同席してくれた長男の周一は、戦後、白髪になった石井四郎が自宅へ何回も訪ねてきていたことを口にした。

「ぼくは昭和二十二年生まれだけど、四歳から五歳の頃には、スイカをぶら下げてきたのを覚えています。以前、うちには石井隊長に託されたノートがあったんです。それを開けてチラッと見ると、手配だとか、そういうことが書いてありました。終戦から終戦直後にかけての大学ノートだったけれど、どこかへ行ってしまった……」

「それは石井四郎直筆のものですか」

わたしは信じられない思いで周一に聞き返した。

二冊の大学ノート

数ヵ月後、これまで存在すら全く知られていなかった石井四郎直筆の「1945－8

ー16終戦当時メモ」と「終戦メモ1946ー1ー11」が見つかり、わたしは急いで帰国した。かつて終戦直後、部下にノートを託そうとスイカを下げて石井四郎が歩いた道。当時はさぞかし殺風景だったろう同じ道路を五〇年以上後にわたしも歩いて石井の記したノートを見に行くのである。その巡り合わせの不思議さにとらわれながら辿り着いた渡邊家で、周一から二冊の大学ノートを受け取った。

Ａ５判の黄ばんだ大学ノートで、一九四六（昭和21）年のノートには表紙に「石井四郎」と本人が名前を記している。開いてみると、鉛筆で、旧漢字を使った独特の崩し文字で書かれている。判読できない文字や数字が並んでいる。表題にメモとあるように、その日の出来事や用件を綴った覚書であり、いわゆる備忘録である。丹念に読みはじめるうち、行間から石井の息遣いが次第に伝わってくるようで、わたしの手はふるえた。

それにしても石井四郎は何故、このノートを渡邊宅に預けたのだろうか。米軍の取調べを恐れ、自宅には置きたくなかったものとしても、占領軍が引き上げた一九五二年以降、石井本人が取り戻すことは十分可能だった。石井四郎は恐らくこのノートが歳月を経て、いつの日か発表され、彼の生きた戦後の足跡が後世に伝えられることを望んだのではないかとさえ思えてくる。わたしは虫眼鏡で彼の残した難解な筆跡を何度も見つめ、読み返し、また考えるという作業を繰り返した。

石井部隊の戦後は何層にも及ぶ「深い闇」にすっぽり覆われている。ひとつの事実が現れるとその次には、また別の事実が顔をあらわし、その次にまた別の局面が現れる。ワシントンから送られた米軍科学者の調査の裏には、口裏合わせする旧日本軍参謀と元部隊員の工作があり、そこにはワシントンさえコントロールしようとする占領軍参謀二部の思惑が絡んでいる。その参謀二部内にも対立する縄張り争いがある。法務部のなかでも正義を通そうとする検察官の前に、すべてを押さえ込もうとする権力が立ちはだかる。

さらには、米国を押しのけて、石井部隊の研究を横取りしようと執念を燃やすソ連の圧力が重なる。およそ摑み所のない闇は何層にもつづき、覆い隠された事実は容易には見えてこない。

石井四郎は暗号と呼ぶべきコード名や陸軍内部の隠語を使うことによって、彼にしかわからない当時のやり取りや駆け引きを二冊のノートに記録していた。それは米国が追及する戦争犯罪から逃れようとする必死の闘いであったし、ソ連の追及からも逃れるという二重の闘争であった。

不可解な「イシイ・コード」を紐解き、石井の終戦メモを解読することによって、深い闇に閉ざされた石井四郎の戦後を検証する。戦後生まれのわたしがその謎を解いていくためには、まず、石井部隊の足取りを振り返ることからはじめねばならない。

（著者・現在ではウイルスなどをふくめ「生物戦」「生物兵器」と記すべきところ、特別な場合をのぞき、石井四郎の生きた時代に使われた「細菌戦」「細菌兵器」という言葉を本書では使うことにしました。）

第一部　加茂から満州へ

第一章　加茂

成田空港でタクシーを拾い、「芝山方面」という表示にしたがって国道２９６号線を東に向かった。竹藪(たけやぶ)と雑木林のなかの曲がりくねった街道を進むと、突然、目の前に田園がひらけ、視界の先にコンビニエンス・ストアが目に入る。その先にうっかりすると見落としそうな「加茂」という小さなバス停の標識が立っていた。

新建材の瓦(かわら)を光らせる民家が畑のなかに頭を出すだけの土地で、バス停がなかったら、このあたりが「加茂」であることはわかりようもなかった。閉ざされた薄暗いイメージを抱いていたわたしは、あまりに代わり映えしない只(ただ)の片田舎を前にして、いささか拍子抜けする思いだった。

ここから目指す「加茂」の石井家跡地を探し出すのは、土地に不慣れなわたしには難しい。そこで八日市場(ようかいちば)駅近くに住む元七三一部隊の隊員に案内を依頼することにした。篠塚良雄(しのづかよしお)。かつて少年隊の一員として満州の平房(ピンファン)へ送られたひとりである。

わたしは篠塚といっしょにバス停「加茂」を数十メートル手前に引き返し、高谷(たかや)川にかかる橋をこえて、細い道を右へまがった。舗装されていない幅五メートルほどの田舎道である。

芝山町のあたりから、多古町、横芝町、光町、山田町は、千葉県下でも有数の米作地帯である。そこには驚くほど大きい地主の屋敷が田園のなかにそびえたつ。稲作に適した土地柄は、豊富な水に負っていることはあきらかだった。多古町は、かつて多湖町と記され、多くの湖沼（こしょう）がこの辺り一帯に点在していた。いまでも発掘される多くの貝塚が往年の住民の生活をものがたる。地主の屋敷の背後には小高い丘の上に防風林がつらなり、広大な関東平野のなかでは等高線としてすら地図にも表示されていないこれらの丘陵は、まるで古代日本の古墳のようにさえ見える。

実際、芝山は一〇〇〇基にものぼる古墳の密集地である。「姫塚」「殿塚」などの古墳が残され、その多くが六世紀以降の古墳だという。

最近の芝山はゴルフ場密集地となっているが、その建設中にこれまで見つからなかった城跡も発掘された。古い横穴も見つかり、そこには「石井氏」という姓が刻まれた江戸時代の石祠（せきし）が一基祀（まつ）られてあった。少なくとも江戸時代から続く土地の旧家、石井家の勢いを示す名残にちがいない。

なだらかな下り坂になった田舎道を進むと、左側に立派な門構えの家が目にはいった。表札を見ると「石井」とある。石井姓が多い土地とは聞いていたが、さっそく目に飛び込んできた「石井」の表札に意表をつかれる思いである。しかし、老人はその表札に目もくれず、隣の空地を見まわした。

「はて、ここが石井の生まれた家があったところだったと思うが……。もう少し奥だったかな……」

そう呟く篠塚につられてまわりを見まわした。右側に広がる田園の先には、工場か作業場のような建物がいくつか顔を出し、遠く三方を囲むなだらかな丘陵にふつりあいな姿をさらしている。「加茂」は、多古町や横芝町の豊かさには及ばない、寂しい村落であることをものがたるようだった。

老人の背中ごしに、寺の参道入口のような小道が見えた。

「上ってみましょうか」

篠塚が言うままに小道を進むと、うっそうと生い茂る雑木林のなかの道は薄暗いだけでなく、急勾配の上り道で、足を取られそうになった。大きなヒキガエルがじっと目を瞑っている。ようやくたどり着いた丘の上に、古い寺がひっそり姿をあらわした。

すでに無住の廃寺となってから相当の年月が経つらしく、荒れ放題である。かつては栄えた寺であったのだろう、本殿には木彫りの竜神が軒をかざり、境内の二本の巨木が青い空に陰影をきざんでいる。見上げるまでもなく、樹齢数百年にもなることが見てとれる。

その足もとには、見事に苔生(こけむ)し抹茶色を帯びた小ぶりの墓石が何十とならぶ。なかに
は傾き、倒れ、地面にそのまま横たわっているものもある。墓石の文字は風雪にさらさ
れ、ほとんど識別不能になっているが、文化、文政、天保、万延など江戸時代の年号が
きざまれている。
　忍び込むようにして、ひとつひとつの墓石を見てまわるうち、わたしは濃密な空気に
息がつまる思いがした。無住の寺が過去の扉を押し開けようとする闖入者(ちんにゅうしゃ)をこばんでい
1 るようでもあった。
　しばらく佇(たたず)んでいると、囲まれた木々や竹藪が陽を遮り光の縞(しま)模様を投影する境内で、
3 わたしははるか百年前に意識が遠のいていく感じにおそわれた。幼少期をこの土地でお
くった石井四郎は、あの急勾配の上り坂を駆け上り、巨木が見守るこの寺へ数え切れな
7 いほど足を運んでいたはずである。
　四郎少年はひとりぽつねんとあの巨木の下で過ごし、明治という清々とした時代の空
気を胸いっぱい吸って、何を考えただろう。
　二〇世紀の幕開きをむかえ、世界へ力を伸ばす日本の未来に心躍るものを感じただろ
うか。
　静寂を破り、何か聞こえたような気がして、思わずあたりを見まわした。巨木に隠れ
ていた数羽の鳥が一斉に飛び立っていった。

参道から降りると、近くのごみ回収箱へ空き缶を捨てている若い女性に出会った。声をかけ、取材の趣旨を説明してから、石井四郎の生家跡がどこにあるか尋ねてみた。

「ああ、それだったら、うちの二軒手前の空地がそうです。すぐその先ですよ」

こういって指差した前方に進むと、篠塚がうなずいた。

「そうだ。この先にあった。いまでは家もなくなり更地になったままだが……」

その言葉どおり、先刻と全く同じような更地が二〇〇メートル先の左側に姿をあらわした。老人が迷ったのも無理からぬことだった。

小高い丘を背にした南北に細長い地形で、数百坪はあるだろう。石の転がる地面には、焚き火の跡がいくつか残るだけの雑草の生い茂る空地だった。手前南側には竹藪がうっそうと繁り、反対の北側には隣家の軒先に続くビニールハウスが見える。空地に足を踏み入れると、草のなかに瓦の欠片がころがっていた。

「私は、ここへ嫁に来たから知らないですけれど、ずいぶん立派なお屋敷だったそうです。うちのおじいちゃんがそう話していたので、何かむかしのことを知っているかもしれないです」

わたしは「おじいちゃん」と彼女が呼ぶその老人に会わせて欲しいと頼み込んだ。

「おじいさんは石井四郎に会ったことがあるのですか？」

「二軒先でしたから、遊びに来たことがあるようですよ」

石井家跡を越してさらに進むと、急に、家畜の臭いがした。右側の建物近くに牛が数頭あらわれ、飼料庫がならんでいた。

「このあたりは水田や畑作ばかりと思っていましたが、酪農をしているところもあるのですね」

「うちがそうですよ」

左側の大きな門構えの家に招きながら、女性がこう答えた。瓦ぶきの門と古い土蔵をもつ立派な構えの家である。運良く彼女の義祖父が自家用車で帰宅したところだった。野性的な風貌をもつ、七〇代はじめの骨太の人物である。

「ああ、石井四郎さんね」

来意を告げると気楽にこう応じてくれた。

「でも、俺よりふたつ世代が上だからな。俺の爺さんと同じくらいの人だから、ほとんど覚えてないな。ああ、遊びには来ていたよ。となりだから」

「この辺には、石井姓が多いのですね」

「ああ、俺んとこも石井だ」

わたしはこの返事を聞いて言葉につまった。

「石井四郎とは血縁でないけどね。この部落にいま五〇戸から六〇戸くらい住んでいるけれど、一〇軒は石井だよ。皆、血の繋がりはないけどな。石井四郎の縁者は残らず引っ越してしまった」

わたしはさっき訪れた廃寺のことを尋ねてみた。

「ああ、普賢院のことかね。もう、廃寺になって一〇年になるかな。住職さんが亡くなって跡目がいなかったんだ。他所から誰も来なくて無住になってしまった。石井さんとこの墓はあそこじゃないよ。うちの裏手にこの村の共同墓地があって、そこが墓になっておるよ」

この石井守に出会えたことは思いがけない大きな幸運だった。彼の厚意によって、「加茂」の門は少しずつ開きはじめるのである。

石井家の墓

石井四郎は一八九二（明治25）年六月二十五日、石井家の四男として生まれた。父石井桂、母千代は四男二女をもうけたが、長男彪雄は日露戦争で戦死、次女は早世している。

一九三六（昭和11）年頃、「加茂」の自宅表門の前で撮影された、兄弟三人の貴重な写真がある。これを見ると、次男の剛男は丸顔、小柄でがっしりした生真面目そうな人物であり、三男の三男は面長で華奢な体つきの、これまた小柄で真面目そうな印象を与える男だった。

二人の兄の間に立つ石井四郎は、首ひとつ抜けるほどの大男だったことがよくわかる。身の丈六尺近いというから、突然変異を起こしたように一八〇センチ近い偉丈夫に成長したようだ。面長の顔立ちは多少知的な雰囲気のある三男に似ていたが、人の良さそうな三男に比べると、四郎の両眼は明確な意志と強さを放ち、その顔つきは村人に威厳と映り、またある者には驕慢さを感じさせた。

1 四郎が際立っていたのは背丈だけではなかった。地元の私塾「池田学校」に通ううち、一夜にして教本を暗記するほど優秀で評判になったという逸話がある。学業でも兄たち
3 を抜き、千葉中学から石川県金沢市の旧制第四高等学校に入るとさらに秀才ぶりを発揮した。

7 石井家の由来はほとんど伝えられていない。しかし、石井守が教えてくれた共同墓地に建つ墓石が風雪に耐えながら石井家の歴史を刻んでいるにちがいない。

共同墓地へ行くには、石井守宅から石井家跡地へもどり、普賢院を抜けて竹藪の横の坂道を上る。大根や白菜畑のぬかるんだ畑道をすすむと、近くに住む人々の共同墓地が見えてくる。「石井」の姓が刻まれた石があちこちに佇立している。奥の平らな一等地に二メートルは越える大きな墓石が見えてきた。

近づくとその墓石の手前一角に、あまり古くない立派な御影石の墓が数基建っている。

まわりには江戸時代の古い小ぶりの墓が倒れたままで、さらに左手奥の方にも新しい御影石の墓が続く。ここが石井守の教えてくれた共同墓地だった。

「良興院秀英貫道居士　慈光院寶閣妙巌大姉」

大きな墓石にはこう彫ってある。

立派な墓なので、これは村の人たちが建てた共同の墓かと思ったが、石井四郎の祖父石井伊八と祖母奈加子の墓だった。

墓の裏に彫られた墓碑銘によると、伊八は下総(しもうさ)国香取郡の出身で、幼少期に両親を失い、石井定右衛門の長女・奈加子と結婚したとある。墓を建てたのは石井桂、明治三五年一一月。

近在でこれだけ大きな墓も珍しいという。かつての石井家の権勢と富を誇示するようである。

石井桂の墓は、伊八と奈加子の墓のすぐ近くに建っていた。昭和八年十二月十九日、八九歳と彫られた文字がようやく読み取れる。その横には、次女福子、明治四〇年十一月二十四日、二六歳。石井千代、昭和二四年十月十八日、九六歳と彫られてある。

その横に細長く古い墓がひっそりと建っていた。初めは気がつかなかったが、これが日露戦争で戦死した長男彪雄の墓だった。

「自證院誠忠彪雄居士」

墓の表に彫られた戒名の横にはこうある。

「明治三十七年十　月三十一日於松樹山（しょうじゅざん）戦死」

不可解なことに、十一月の一が不細工に削られている。彪雄の戦死が伝わったとき、その詳細があきらかでなく、墓石を建てた後になって、十一月ではなく十月だったことが判明したため、一を削り直したのかもしれない。

隣は次男剛男の墓である。「石井操精霊位」と彫られた新しい墓で、剛男、昭和三十一年七月四日、七十一歳。石井操、昭和三十三年一月二日、五十七歳とある。

1 次は三男（みつお）の墓である。石井三男、元陸軍技師、従（じゅ）六位勲五等、昭和二十三年十月十七日、六十三歳。その横に俗名とし、昭和五十四年七月十七日、行年七十九歳と彫り込まれている。

3 石井家の墓には、三段構えになった墓石のいちばん下に「石井家」、二段目には二枚
の葉が抱き合うような形の家紋がある。まわりにはもう碑名を識別すらできない江戸時
代の小ぶりな墓がいくつも転がっていた。そのなかに「若松屋」と彫られた台石があっ
7 て、上の墓石は横になっていた。

石井四郎の東京の住まいが若松町だったことから、わたしは「若松屋」という名前を見て、もしやと思った。これが石井四郎の墓だろうか。しかし、転がった墓石には「石井伊兵衛」と刻まれていた。

結局、ここに石井四郎の名前を刻んだ墓石は見つからなかった。墓の手入れをする人もほとんどいない様子で荒れ放題になっている。

その時、突然、轟音（ごうおん）が響き渡り、成田空港から飛び発（た）ったばかりのジャンボ・ジェット機の巨体が下腹をきらめかせながら墓のちょうど真上を飛んでいった。手を伸ばせば届きそうな至近距離である。

屋号は「カネカ」

改めて石井守宅を訪問したのは、半年後のことである。ドアベルを押すと夫人が快く迎えてくれて、気持ちの良い日本間に通された。新築したばかりの大きな家である。話の途中、何度となくジェット機の金属的な騒音が会話をさえぎった。

「最近できた平行滑走路から、えらく真上を飛んでいくのです。私のところなんかは、一応、危険区域からほんのちょっとだけ外れているのです。近所の家は政府から多額の移転費用の補償金を貰（もら）って引っ越して、残っているのはここ六軒だけです。それで、しようがないからと思って建て直したんですね」

石井守はいくらか残念だったのか複雑な顔をした。政府から補償金を支給された家が、畑のなかに聳（そび）える御殿を建てているのである。

「石井四郎に何回か会われたということですが……」

「私はありますよ。現役中ではない。戦後ですけれど」

「では、満州から帰ってきてからですね」

「ええ、そうです。大体は東京の方にいましたけれど、ここにまだ家があったしね。たまに来ていたくらいじゃないかな」

「どんな顔つきのどんな風貌の人でしたか」

「体の大きい、面長の、威厳をもった人でしたよ」
1 「明治男としては大きい方なのですね」
「大きい方だよ。面長な大きな顔でな。兄弟のなかでも、剛男さんというのは丸顔だっ
3 たですよ。三男さんと四郎さんは面長でした。三男さんの顔見てたら、四郎さんは倍近
7 く大きな顔だったよな、長い顔でな」
「かなり優秀で出世もしたという感じでしたか」

「村いちばんの出世頭だもんな。何かね、戦時中、祝いごとがあって、ちょっと来たことがあるらしく、みんなこの辺の人はまともに顔見ることができなかったといっていますよ。威厳があって、強くて厳しくて。隠れて顔を見るくれえのことだったたって。佐官級になってからは、威張りもかなり強くてな」

　夫人がお茶を出してくれてこうひきとった。

「奥様は京都帝大の学長の娘さんということでしたからね」

「どんな方でしたか」

「ちょっと太り気味の、色の真っ白な、写真から抜け出したような……ああいう人は滅多に見られない」

「やはり、京都の女性という感じ」

「年中、和服を着ていて、本当に良い人で。……奥さんも大変だったみたいですよね。隊長が亡くなった時に、『ああ、せいせいした』といったらしい。『これから私の時代だ』といったんだって、奥さんが……」

わたしは夫人にも石井四郎とじかに話したことがあるか尋ねてみた。

「特別なことがない限り、隊長さんとはなかったですね」

「隊長さんと呼んでいらっしゃったのですか」

「ええ、みんな隊長さんと……。でも、村のものはみんな口を開かないうちに亡くなっていったね」

石井守がこう言葉を繋いだ。

「一時、七三一部隊のことでずいぶんテレビとか雑誌とか来たのですよ。だけど、みんな知っていたわけだけれど、ひとことも話さない」

「『悪魔の飽食』がベストセラーになった八〇年代はじめですね」

「テレビでね、うちの牛舎なんかも映ったんですよ」

「石井四郎のために、みんなひどい目にあったというそんな評判にならなかったですか」

「そういったことは全然ありませんでした。ただ、細菌を研究していたという話は多少出ていましたよ。あの本の出る前のことですが。その対応のために濾水機をつくったという話を聞いています」

「あんまり言えなかったのでしょうね。でも、かばっていたのですよ。みんなもう絶対だったからね」

と夫人が繋げた。

「うん、お給料たくさん貰ってね、そして妻子を残しておいて、それで送金して生活を豊かにしたという……むかし、かなり多くの人がね。うちでは行かなかったけどな」

それでは戦後、みんな満州から引き揚げてきたわけですね、とわたしは尋ねた。

「そう、終戦直後、みんなぞろぞろと帰ってきた。われわれの知らない顔がいっぱい。向こうで生まれた人なんかもいましたからね」

石井家は豪邸だったということですが、どんな感じの屋敷だったのですかと尋ねると石井守が答えてくれた。

「かなり旧家でね。茅葺屋根の二階家ですよ。下では質屋やったり。戦前、この辺は養蚕がだいぶ盛んであったんで、繭の買い付けをやったらしい」

「では、稲作というより商売をしていたのですね」

「造り酒屋をやったり、商売をしていたという話は聞いています。土地もずいぶん持っていました。でも、養蚕はやりませんよ。われわれのところで作った繭を集めて、その取次ぎです。それで、繭置き場というのを持っていた。そこで、荷造り梱包（こんぽう）、籠（かご）のなかに入れてな、トラックで積み出す」

「それはカネカの誰がやったの」

夫人がこう尋ねると、石井守が答えた。

「俺らの知っている当時は、他の者が来てやっていた。場所を貸してただっぺ」

わたしはそこで石井家が「カネカ」と呼ばれていたことを初めて知った。

「石井家のことをカネカと呼んだのですか？」

「うん、カネカという屋号だった。カタカナのカを書いて、脇（わき）にカギを書く。鍬（くわ）一本にも⼌と烙印（らくいん）してあって、すぐにカネカのものとわかる」

墓石について続いて尋ねてみると、やはり、石井家の墓にあった二枚の葉が家紋だという答えがかえってきた。

「柏（かしわ）が二枚で抱き柏。ここには各家、みんな家紋があるはずです」

「若松屋」とあった墓石については、このあたりに「若松屋」という旅館があったのかもしれないと石井守は答えたが、普賢院にも過去帳がないので、むかしのことはわからないという。当時のことを知っているのは、隣家に住む八十五歳のおばあさんのほかにはいないだろう、と答えてくれたので、その老女に紹介して欲しいと頼み込んだ。

「今日はゲートボールの試合だとか大会だとか言っていたから、いないかも知れないな」

八十五歳になってもゲートボールに興じるとは、何と元気なご老人なのだろう。もっと驚いたのは、このゲートボール大会には満州へ行った石井部隊のものが多く集まると聞いたことだった。その元気なおとなりの老女に引き合わせて貰えたのは、さらにまた半年後のことだった。

江戸街道の宿場町

石井守の家の真新しい畳の間へあらわれたおとなりは、もうすっかり腰が曲がっているものの、健康そうに日焼けした上品な「おばあさま」だった。〝おとなり〟というだけで名前は伏せて欲しいということで話を聞くことになった。

「ここの生まれですので、もの心がついてからのことはわかります。昭和十二年に結婚して、しばらくここを離れていましたから、その間のことはわかりませんが……」

「カネカの家は相当大きな家だったのですか」

「街道に面したお宅で、すぐに通りから入れました。表門と裏門があって、表門を建てたことは覚えていますよ。最初は普通の門でしたが、袖のついた観音開きを建てたのです。なにか、カネカの家で表門を建てて今日はお祝いだといったのを覚えていますね。すごいものでしたよ。なかの玄関を改造して、玄関を広くして……成功してから直したのだと思います」

「石井桂さんの代でその大きな屋敷を建てたのですか」

「そうでしょう。大きな家を建てたのはもっと前かもしれません。玄関と門を改造したのです。桂おじいさんも知っていますよ。立派な人だったけれど、とても怖い方でもありました。私らあの前を通ると、綺麗好きで、良く玄関の前でほうきをもって掃除していました。子供たちが学校から帰ってくるでしょう。で、機嫌が悪いとどなっている。体が大きいんですよ。腰が曲がっていて……」

「桂さんが亡くなったのは昭和八年ですが、何かその時の話を聞かれましたか」

「さあ、はっきりわかりませんけれど、お葬式だということで……にぎやかな人の出入りの多い家だったのはわかっています」

「使用人が大勢いたのですか」

「そうですね。ずいぶんいろんな方がいたようです。お千代おばあさんという人は、体は小さかったけれど、とても立派なおばあさんでね。おとなりというので大事にしてくれて、お餅をつくと使用人がよくもってきてくれました」

わたしは石井四郎のことを覚えているか尋ねてみた。

「小さい頃のことはわかりません。年を取った方の話では、少年時代はそんなに狡猾な方ではなかった、おとなしくて平凡な方という話です。外国に洋行して帰って来た時の軍服姿は覚えています。うちはすぐ隣ですから、おとなり、おとなりって大事にしてくれました。奥さんを連れてうちのようなあばら家に上がって番茶も戴いてくれました。体格は良かったですよね。髭を伸ばして……」

「満州へ行った頃のことは覚えていますか」

「そうですね。満州から帰った時など、皆さん盛大に呼んでくださって、いろいろ演芸をやって見せたり、お嬢さんの春海さんがダンスが出来たのかしら、まだ小さい頃で、いろいろご近所の方で達者な方が踊ったり、随分、盛大に……座敷が広かったから、そこで大勢、近所の皆さんを集めて……戦前のことでした。それで頼まれて、お勝手でごはん炊いたり、そういう風にむかしふうにやっていたのですよ。戦後はそういうことはできなくなりました……」

「戦後、石井さん自身は雲隠れしていましたからね」

と石井守が続けた。

「加茂にとっては神様、生き神様。生活に困る人をみんな満州へ送って、お金を仕送りさせて暮らしを支えたんです」

〝おとなり〟も頷いてこう言った。

「農地解放でみんな土地が持てるようになりましたが、前はこの村も大変だったのですよ。それで隊長が満州へ行って、みんな連れて行ってくれて、お給料いただいて、それでこの村はずいぶん良くなったと思います。何しろ、むかしは、小作人が多かったでしょう。本当に地元のためになった方だと思いますよ。来ると軍服姿で、うちは農家ですから、たいしたものではないけれど、それこそニンジン、ゴボウの煮ものをお出しするでしょう。そうすると『おいしい、おいしい』って召し上がってくださって、奥様にも『ごちそうになりなさい』って、もう郷に従って合わせてくれましたよ」

共同墓地にある「若松屋」の墓について〝おとなり〟に訊いてみると、こんな返事だった。

「あそこに門屋というおうちがあったのです。それ、わたし記憶にあるんです。あそこが門屋の家で、それが前の代には若松屋という名の旅館だったらしいんですよ。代が替わってお店やっていたのは覚えています。餅菓子とかおせんべいとか飴とか売る店を経営していたんです。そこへ買いに行ったことがあるのですよ」

「その家は家族揃って全員渡満してしまったね」

石井守がこう言って、さらに続けた。

「この前の通りは昔からあったからね。工事をやるのに人が来たという話ですが、その門屋さんも工事をやるために他所(よそ)からここへ来て、住み着いたという話は聞いています」

「私の記憶では、ここは江戸街道といったのです」

〝おとなり〟が言葉を繋(つな)いだ。

1 「もう本当に、この通りは銀座と呼ばれるくらいの繁華街でにぎわったらしいですよ。門屋はあるし、旅館はあるしで、この辺は江戸街道の宿場だったという話です。東京へ行くには、どうしてもここを通らなければならなかった……」

3 〝おとなり〟が結婚して「加茂」を離れ、終戦後しばらくしてから帰って来た昭和三〇年代、カネカに住んでいたのは石井家の三男である三男(みつお)の妻一人だけだった。次男の剛男も三男も既にこの世を去り、屋敷は荒れ放題、雨漏りはするし、床は抜ける。手入れする人もいなくなった。三男の妻、としは屋敷の前にある繭置き場を改造して、しばら
7 くそこに住んでいた。

長男彪雄の戦死

ご近所の話を総合すると、戦前、石井家の屋敷というのは江戸時代の宮大工が精魂こめた造りと大正、昭和初期のモダニズムが微妙に混じり合いながら、不思議なほど見事に融合した豪華さを誇った。

かつて江戸街道と呼ばれた通りに沿って、木と漆喰でできた大名風の塀が長く続き、表門は欅の一枚取りの厚板に、金具のついた観音開きの門。堅固なこの表門を通り過ぎると、やがて、茅葺屋根をもつ二階建ての屋敷が姿を見せる。

屋敷の正面には檜造りの凝った張り出しがあって、ガラス張りになったそれはいわゆる今日のサンルームだった。戦前には珍しいタイル張りの風呂や暖房設備まで備えていたという話もある。

正面横には格子戸が塀に組み込まれるように作られ、さらに塀が続き、その先が通用門。昭和初期には清酒醸造や養蚕の取次ぎなどを手広く商っていたため、人の出入りが多く、商いの人たちはこの通用門を通って、格子戸から出入りした。格子戸を開けると、そこは広い土間になっていて、商談や御用聞き、世間話などの場になっていたという。

通りの向かい側にあったのが、集めた繭の荷造りや梱包をする繭置き場である。

山林や畑をもつ大地主である上に、商売も成功させ、栄華を極めたのが石井桂だったことは、共同墓地の大きな墓を見てもあきらかである。あの墓を建てた二年後、順風満帆の石井家に、突然、思わぬ不幸がふりかかった。長男の彪雄が日露戦争で戦死したのである。

墓石にあるように、彪雄が松樹山で戦死したのが一九〇四（明治37）年十月か十一月。この時、石井桂は還暦を迎える年、剛男と三男はまだ満二十歳になるかならないかの年頃、四郎は満十二歳だった。

松樹山は、朝鮮半島の北西に伸びる遼東半島の先にある港、旅順の背後にそびえる山のひとつである。


明治時代を生きた日本人にとって、旅順というのはわすれられない満州の地名だった。日清日露と続いた二回の戦争で、旅順の戦いに斃れた日本兵は多い。

黄海、渤海、遼東湾の三つの海に突き出した遼東半島の先端にある旅順は、天然の良
1 港をなし、その地理的条件から、清国はここに東洋一の海軍基地を築いた。さらに、軍港のまわりに陸軍要塞を設け、そのひとつが北正面に位置する松樹山砲台だった。
3 一八九四（明治27）年十一月二十一日、大山巌を軍司令官とする第二軍は清の守備兵一万三〇〇〇人が待ち構える旅順要塞をわずか一日の戦闘で占領した。
7 半年はかかると予想された旅順要塞はたった一日であっけなく落ちた。しかし、一〇年後、ロシアとの戦いで再び、旅順要塞の攻撃が迫った時、前回と比べものにならないほどの困難が待ち受けていることを日本陸軍は予想すらできなかったにちがいない。

日清戦争の勝利によって、遼東半島は日本に割譲することで清国との間に講和条約の調印が行われた。ところが、ロシア、ドイツ、フランスの三国が、

「遼東半島を清国へ返せ」

と強く求めた。「三国干渉」である。

日清戦争に勝ったとはいえ、日本はまだまだ東洋の小国にすぎなかった。戦いも辞さないというロシアの脅しを前に、屈服せざるを得なかったのである。

遼東半島が清国にもどされると、ロシアは清国と密約を結び、旅順に本格的な要塞の建設をはじめた。八年の歳月をかけ、セメント樽二〇万個以上も使った難攻不落の要塞を築城したのである。コンクリートで固められた堡塁は銃弾が貫通できないほどの強度をもち、各堡塁は地下道で結ばれていた。さらに、砲台の前には地雷原が続き、長大な鉄条網で囲まれ、そのまわりには機関銃と速射砲が配置される完璧なまでの近代要塞だった。

ところが、乃木希典中将率いる第三軍は旅順要塞に関する新しい情報に乏しく、八年間でこの要塞がどれほど強化されたかを知らなかった。日清戦争では旅順要塞を一日にして陥落させたと高を括ったまま、真正面から砲撃を開始、突撃したのである。

第一回総攻撃での死傷者は一万六〇〇〇人という途方もない数に上り、日本軍は旅順要塞の堅固さを初めて認識した。突撃する日本兵は各堡塁から撃ちこまれる砲弾や射撃の格好の的になり、無防備のまま折り重なるように倒れていった。

海軍は二〇三高地を攻めるよう陸軍に求めていた。標高二〇三メートルのこの禿山だけはコンクリートで固められることなく残っていた。ここからは旅順港を見下ろすことができたので、砲台を据え攻撃するには最適の位置にあった。しかし、九月に再開された総攻撃でも、再び正面の東鶏冠山（とうけいかんざん）など主要要塞の陥落に固執した第三軍は、正攻法で砲撃した後、やみくもに突撃、死傷者の数を増やすばかりだった。

第二回総攻撃も同じく無残な結果に終わった。日本兵の死体は埋葬されることもなく腐乱し、その臭気はロシア軍にも耐えがたいほどだったという。

セメントで固められた要塞を崩すため、日本兵は坑道を掘って爆破を繰り返すしかなかった。鉄条網を切り崩す命を受けた兵士は、雨あられのように降り注ぐ一斉射撃のなか、屍（しかばね）を乗り越えて敵の陣地へ肉薄した。

1 十一月二十六日からはじまった第三回総攻撃でも、再び、松樹山、二竜山（にりゅうざん）、東鶏冠山
3 に正面攻撃が加えられ、さらに各師団から「白襷隊（しろだすきたい）」と呼ばれる一大決死隊が選抜され
た。三一〇〇余人に上った「白襷隊」の戦死者は二三〇〇人に及び、部隊は一回の攻撃
7 で全滅。乃木司令官はついに主要攻撃目標を二〇三高地へ変更した。

石井彪雄の死亡が伝えられたとき、十一月二十六日から始まったこの第三回総攻撃で命を落としたという話だったのであろう。

「明治三十七年十　月三十一日於松樹山戦死」

墓石にはこれしか表記されていない。既に記したように、十一月の一が不細工に削られているほか、墓碑銘もなく、戦死した長男を崇（あが）める言葉もない寂しい墓である。古い

台石には抱き柏の家紋もないし、「石井家」の文字もない。

彪雄は壮絶を極めた松樹山の戦いで、斜面に折り重なるように倒れたひとりであったかもしれない。トンネルを掘って敵陣に迫るなか撃たれた一兵士であったかもしれない。

彪雄の遺骨は日本海を渡って祖国へ帰ることもなく、松樹山に置き去りにされたのであろう。

財を成し功も遂げた石井桂は、家督を長男に譲り、そろそろ引退したいと考えていた。江戸末期に生まれた桂にしてみれば、明治維新の激動の時代を生き延び、自身の才覚によって父伊八から受け継いだ土地や財産をうまく運用して富を築いた。

すべて順調に事は進んでいたというのに、お国のために戦地へ送った長男を還暦になってから失った。

彪雄は学業優秀で将来を嘱望されたという話がある。これに比べ、次男、三男は人は良いが才覚は望めず、末子の四郎はまだ十二歳だった。

しかし、十二歳ともなれば四郎も両親の哀（かな）しみを十分理解できる年頃である。軍服姿で華やかに出征する長兄の勇壮な姿に憧憬（しょうけい）の眼差（まなざし）を注いだことだろうし、その兄が戦死したという報には驚き、打ちのめされたにちがいない。とくに母千代の悲嘆を見るにつれ、子供ながら何か心に期するところがあったとしてもおかしくない。

母千代は上田藩の藩医の娘だった。藩医といえば江戸時代には陪臣の身分である。その娘が天正の頃より東海岸下総国銚子道加茂駅のある加茂村の石井家へ嫁いだいきさつはわからない。しかし、元藩医の娘が四人も授かった息子のうち一人でも医者にしたいと望んだことは当然だった。長男の戦死という不幸のなかで、次第にその希望を末子の四郎に託すようになったのかもしれない。

　同時に彪雄の死は、「加茂」の村しか知らなかった四郎に、日本海の向こうの大陸を実感させた。

　このとき少年の胸には、大陸への野望が小さな灯火となって点火されたのだろうか。あるいは、軍人となって兄が逝った大地に足を踏み入れたいと思ったことだろうか。

第二章　東郷部隊

ウオール街にはじまった大恐慌の大波をもろにかぶった小国日本が、そのはけ口を満州に求めたというのが、この時代だった。小さな島国は関東大震災で大きな痛手を負い、震災手形の問題が引き金になって既に金融恐慌を起こしていた。それに輪をかけるように、浜口内閣が金解禁を断行。翌年の米価暴落などによって未曾有の不況と、軍国主義一色に染まった世の中である。石井四郎は明らかにこの軍国時代の産物であり、時代の異常さを代弁していたといえるだろう。

歴史の面白さは、この「マッド・サイエンティスト」を産み落としたのが、陸軍軍医学校だったことである。石井四郎は、明治から続く陸軍軍医学校の誉れある歴史に拭い去ることのできない大きな汚点を残した。一九世紀末からはじまる、西洋医学の目覚しい進歩と欧米諸国に遅れてはならぬと意気込んだ陸軍の焦燥のなかで、ますます専門的になる医学と旧態依然とした軍隊の体質とのギャップに目をつけたのが、軍医石井だったのではないか。時代はいかに石井四郎を「マッド・サイエンティスト」に仕立てて行ったのだろうか。
　それからの石井四郎の成長について語れるものを「加茂」周辺で捜しても、徒労であ
った。当時を生きた人のほとんどがすでに他界していた。一八九二（明治25）年生まれ
の石井四郎を知る人間は年を追って少なくなり、人々の記憶は語られることなく失われ、
歴史は風化するばかりである。残された方法は文献にあたることだが、これも限られて
いる。しかし、幸運なことに元隊員で「加茂」のとなり村、多古に住む萩原英夫が記し
1 た供述書が中国の中央檔案館に残されていて、このなかに萩原が母親から聞いた石井の
話を発見した。
3 　萩原は一九三八（昭和13）年、二十一歳で渡満した。七棟、八棟とのちに呼ばれた特
設監獄の建設工事現場で働き、終戦後には中国人民解放軍の捕虜になってこの供述書を
7 書いている。
　これによると、萩原の母は「加茂」の出身で、石井家と血縁関係にはなかったものの、
遠い親戚ではあったという。というのも、叔父が婿養子になったときの媒酌人が石井四
郎の次兄の剛男だったというのだ。「加茂」の村人と石井家が蔦のように絡み合いなが
ら繋がっていた様子がここにも見えてくる。
　その母は、彼を四郎さんと呼んでいた。
「母の説に依れば彼は幼年時無口で一般の子供とは『変った処』があり、茨城県水戸の

高等学校へ入ってから『秀才』（彼らしい）を発揮したとの事である」

と萩原は記している。「秀才」の後に（彼らしい）と感想を記したのは萩原だった。石井が進学したのは金沢の旧制第四高等学校だったので、茨城県水戸の高等学校とはおそらく母の記憶違いだが、高等学校で「秀才」を発揮したというのが、当時、村人が抱いた率直な感想だったのであろう。

それにしても「幼年時無口で一般の子供とは『変った処』があり」という母の観察は興味深い。

陸軍に入ってからの石井四郎を知るものは、口をそろえ、「いっぷう変わっていた」と記憶している。終戦直後に逮捕され、一一年四ヵ月もソ連に抑留された元関東軍参謀副長の松村知勝も著書でこう述べている。

「石井四郎軍医中将はかつて『陸軍には石井という気狂い（原文ママ）軍医がいる』といわれた豪毅果断で宣伝上手な実行力のある軍医であった」（『関東軍参謀副長の手記』）。

なぜ、それほどまでの異名を授かったかについて、松村は同書にこうも記している。

「彼は若い頃から奇行に富み、軍医学校教官時代筆者が参謀本部編制班に勤務中の昭和十二年頃もおしかけてきて、防疫給水関係の予算とか編制とかに強力な要求をしたものである。そのために例えば、人間の小便から作った塩だといってなめてみせたり、汚水からとったという清水をのんでみせたりして参謀本部のおえら方を驚かせて、防疫給水

少将時の石井四郎（森村誠一氏提供）

部の編制の拡大強化をはかった」

松村も語るように石井の宣伝上手はつとに有名だった。宣伝の巧さとその饒舌さで参謀本部を口説き落とし、後にあれだけの一大細菌戦施設を満州の地に築き上げることになる。松村のいう「奇行」とは即ちいまでいうプレゼンテーションだが、人間の小便からとった塩を舐めたり、汚水からとった清水を飲んで見せるなどのとっぴな行為で驚かせ、彼の開発した「石井式濾水機」を宣伝したのである。

弁が立つことは誰もが認める彼の才能のひとつだった。むろん、はったりが強いと思う人も多かった。秘密だ、秘密だといっては大したこともない話を吹いていたという声もある。いずれにしても、無口だった少年の面影はもはやない。一方で、一般の子供とは「変わった処」があったという資質は年をとっても変わらなかった。

細菌戦というとんでもないアイディアも、また、その弁舌とプレゼンテーションの才の延長線上に生まれた。アイディアを実現させるために、「石井式濾水機」を開発、まずは防疫給水という分野で実績をつくるために、撮影した映画を上映して濾水機の実用性を宣伝することもあった。

細菌兵器の開発のためには、戦死した遺体が重なり合った映像を見せて驚かせ、さも細菌戦の成功例であるかのように謳(うた)って参謀部を煙に巻くこともあった。

陸軍では軍医の最高位が中将であることに激しい不満を示し、

「大将にならなくちゃいかん」

というのが彼の口癖だった。

さらに京都帝国大学医学部などの研究生を自分の部隊に勧誘した。松村はこうも書いている。

「(石井は) 全国の医科大学を巡礼して、優秀な医者の卵を軍医として獲得するのに奔走したり、とにかく大変に企画力に富み、実行力豊かな人であり、その意志の強さは正に辻（つじ）参謀に匹敵すると評判であった」

戦前のあの時代でも、内地で人体実験は難しかった。石井四郎はそうした事情を良く知っていて、人体実験や生体解剖などができることを勧誘の材料にして若手の医者を集めたのかもしれない。研究費が潤沢なこの自由な実験場は大いに魅力のあるもののはずだった。しかし、一方で、満州へ送られることを好まない医学者が多かったのもたしかである。

一九四四（昭和19）年五月、ハルビンの陸軍特殊部隊に血清課をつくるという理由で勧誘されて入隊、一年三ヵ月を七三一部隊で過ごした秋元寿恵夫（すえお）もそのひとりだった。晩年になって記した著書『医の倫理を問う』のなかで秋元はこう述べている。

「『これが果たして研究といえるのか』という疑問を投げかけずにはおられないような『実験研究』があの部隊ではまだまだいくらでもあった」

石井四郎は、たんなる細菌戦の研究だけでなく、大々的な総合医学研究機関の創設を目指していたと思われるのはそのためである。とはいえ、何のための医学実験なのかという疑問に答えられる研究は多くはなかった。

石井は医学研究を軍事研究に還元することによって、大量殺人兵器の開発を最終目標とする総合研究所を目指したのか。あるいは、たんに異常に肥大化した出世欲を満たすために組織の大ボスになりたかっただけなのか。

森鷗外(もりおうがい)と軍医学校

金沢の旧制第四高等学校から、京都帝国大学医学部へ進んだ石井四郎は、一九二〇(大正9)年、同大卒業後、陸軍軍医学校へ進んだ。

元軍医の話によると、当時、東大や京大など官立の大学医学部へ進んだ者の半数以上が、軍医学校の試験を受けたという。しかし、採用になる枠は全国で一〇〇人足らず、あるいはもっと少数だった。東大、京大医学部からでも各四、五人しか合格できないほどの狭き門だったという。石井四郎はそれだけの難関をクリアして陸軍軍医の道を歩みはじめた。

一八七〇(明治3)年、大阪軍事病院のなかに設立された陸軍軍医学校が、その後、陸軍大臣大山巌の裁可によって、医務局の管理のもとに、正式に誕生したのが一八八六(明治19)年。いらい五〇年のあいだに校長の数は歴代三〇人に及んだ。なかでも計八年四ヵ月と任期の長かった校長が森林太郎、つまり文豪の森鷗外である。森林太郎は一九〇七(明治40)年、第八代陸軍軍医総監にも就任している。

一八七三(明治6)年、下谷和泉橋にあった東京医学校予科(東京大学医学部の前身)に入学したとき、森林太郎はたった十一歳の少年だった。規定年齢に満たないため、二歳年を上積みして一八六〇(万延元)年生まれとして願書を出した。

そのために一九三六（昭和11）年、五〇周年を記念して刊行された『陸軍軍醫學校五十年史』（以下『五十年史』）にある森林太郎の略歴には、

「万延元年東京市本郷に生れ」

と記されている。が、実際は、一八六二（文久2）年一月十九日、現在の島根県鹿足郡津和野町町田生まれだった。

「年齒僅に二十歳にして東京大学医学部本科の業を卒え」
1 『五十年史』の略歴はこう続く。しかし、実際に東大医学部を卒業した時は十九歳とい
う早熟ぶりを見せた。同一八八一（明治14）年には、陸軍軍医副（中尉相当官）に任じ
3 られ、東京陸軍病院庶務課僚を仰せ付けられる。
三年後、森林太郎は二十二歳の年で、陸軍省よりドイツ官費留学を命じられた。この
7 時、林太郎は陸軍二等軍医、留学の目的は、衛生制度調査および軍陣衛生学の研究の調
査だった。四年半滞在したドイツの体験から生まれたのが、処女作『舞姫』である。

当時、日進月歩を遂げる西洋医学の現場で学ぶことは、若い医者にどれほど多くの刺激と興奮を与えただろうか。とくに一八七六年、ドイツ人のコッホが、伝染病の原因となる微生物（細菌）を発見することによって、伝染病予防への大きな道が拓かれたのである。

コッホはヨーロッパの農民を悩ませていた炭疽病から炭疽菌を発見。固定培地を使っ

て世界で初めて細菌の培養にも成功した。さらに不治の病とされていた結核の病原菌やコレラ菌も発見した。

石井四郎の生まれた一八九二（明治25）年は、期せずして、日本で天然痘が大流行した年だった。『日本全史―ジャパン・クロニック』によると全国で三万三七七九人の患者を出し、八四〇九人が死亡した。四年後にも伝染病の大流行が起り、赤痢で二万二三五六人、腸チフスで九一七四人の死者を出している。当時、伝染病の多くは不治の病で治療方法も予防方法もわかっていなかったが、コッホによる細菌の発見で大きな希望の光が見えたときだった。

一九世紀末の時代には、最新医学をリードするドイツこそ、若き医学者の羨望の的だった。一八八四（明治17）年、そのドイツへ留学した森林太郎の足跡を追うと、『舞姫』の青年が遠い異国で苛まれた寂寥感など覚える暇もないほど精力的に動き回っている。ベルリン着後、ライプチヒでホフマン教授につく。翌年、「日本兵食論」および「日本家屋論」をドイツ語で執筆。八月から九月には、ドイツ軍ザクセン軍団秋季演習に参加。ドレスデンに移り、ザクセン軍医監ロートについて軍陣衛生学の研究に従事した。

三年目には、地学協会で「日本家屋論」を講演。三月にはミュンヘンへ移り、ペッテンコーフェル教授の指導を受ける。

四年目には、ついにベルリン大学のコッホを訪ね、研究に従事した。当時、細菌学の世界最高レベルにあったコッホの衛生試験所には多くの優秀な弟子が集まっていた。森林太郎の滞在はたった四ヵ月ほどだったが、北里柴三郎が同試験所で破傷風菌の純粋培養に成功し、世界的な名声を摑むのは二年後のことになる。

一八八八（明治21）年にも森林太郎は精力的に活動する。三月、プロシア近衛歩兵第二連隊の軍隊医務に従事して漢文の「隊務日記」を起稿する。四月、コッホの主宰する『衛生学雑誌』に「水道中の病原菌について」を発表した。七月、帰国の途につき、九月東京着。陸軍軍医学舎教官に任命された。

日清戦争では中路兵站軍医部長として朝鮮に向かい、日露戦争では第二軍軍医部長として金州、南山、徳利寺、蓋平、大石橋、海城、遼陽、沙河、奉天（現・瀋陽）などの戦闘に従軍、一九〇六（明治39）年一月、東京に凱旋した。

一九一六（大正5）年、希望により予備役に編入されるまで、実に、三五年もの間、森林太郎は現役として軍医学校の輝かしい時代を歩いた。それはまさに軍医学校の古き良き時代であった。森鷗外といえども、同校がその先大戦に向かっていかに変質していくか、予想することもできなかったであろう。とはいえ、退役一年前には、第一次大戦のヨーロッパ戦線でドイツ軍が初めて毒ガスを戦場で使用したという暗雲を秘めた情報が伝わっていた。

石井四郎が陸軍軍医学校の門を潜るのは、森林太郎退役四年後のことになる。

〝ねむり病〟のプロジェクト

森林太郎の経歴を詳しく記したのは、その後、軍医学校で頭角をあらわす石井四郎の出世ぶりと比較するためである。千葉の秀才とはいえ、「英俊にて敏腕なる」と称された森林太郎に比べるのは、少々気の毒かもしれないが、石井四郎の経歴をじっくり眺めてみると、京都帝国大学医学部入学時にはすでに満二十三歳、あきらかに大学医学部入学前、三年間ほど浪人生活を送っていたことが見えてくる。

そのために、初任といって見習士官として四ヵ月の軍事訓練を終えて、二等軍医（中尉相当）になった一九二一（大正10）年四月には、既に満二十八歳を数え、二ヵ月後には二十九歳になるほど年を食っていた。

十九歳にして東京大学医学部卒業、陸軍軍医になった森林太郎に比べるまでもないが、この時代、ストレートに大学医学部入学、卒業、軍医になるコースをたどっていれば、満二十四歳で初任、二等軍医となる。

同期を見まわしてみると、東大医学部卒の北野政次が初任になったのは二十六歳。後年、石井の片腕となる増田知貞（ともさだ）は二十五歳、懐刀（ふところがたな）となる内藤良一は、優秀さで群を抜いていたといわれるだけに、二十四歳で初任になっている。因（ちな）みに、内藤は戦後の五〇年代はじめ、日本初の血液銀行「日本ブラッドバンク」を創立。一九六四年に社名を

「ミドリ十字」と変え、七三年には社長に就任した。先輩の北野を東京プラント工場長に迎えるほか、七三一部隊員を多く採用していくことになる。

陸軍軍医学校の門をくぐっていらい、石井四郎が目を奪われたのは軍陣衛生学教室の主幹、小泉親彦（ちかひこ）教官の華々しい活躍だった。丸顔にちょび髭（ひげ）、丸眼鏡をかけた小太りの小泉教官は、およそ冴（さ）えない風貌（ふうぼう）だったが、その先見性に富んだ意見は軍医学校全体を動かすパワーにあふれ、その熱意と異常な鋭さは他を追随させない迫力にみちていた。

ドイツ軍が毒ガスを使用した二年後の一九一七（大正6）年、小泉教官は化学兵器（毒ガス）の徹底的研究に従事すべしと強力に訴え、軍医学校内に化学兵器研究室を新設。翌年にはドイツの使用した数種類の毒ガスを実験室で製造し、このガスが呼吸器に与える影響を調査している。同時に防毒マスクを考案して試作品の第一号を開発した。

急ごしらえの実験室では排気が十分でなかったため事故が起こり、小泉自身が重体に陥った。五〇日間の静養で回復すると、ロシア革命を潰（つぶ）そうとシベリアへ送られた日本軍の前線へ防毒マスク二万個を製造、送付している。

第一次大戦はおぞましい近代戦の幕開けとなった。戦争に飛行機や戦車が初めて使われ、一般市民も爆撃の標的になった。第一次大戦の死者数が一五〇〇万人から二〇〇〇万人と異常なほどに多いのはそのためである。さらに悪いことに、化学兵器というパンドラの箱を開けたのもこの戦争だった。

とくに、ドイツ軍がイープルの戦闘で液体塩素を大量に放射していらい、各地で毒ガスが使用されるようになった。イギリス軍、フランス軍もドイツに対抗して使い、使用された毒ガスの種類はなんと三〇種をこえたという。

小泉教官は翌年、欧米視察旅行に出て、世界大戦における各国の軍事衛生状態を視察した。それればかりでなく、日本をはるかに凌駕(りょうが)する欧米各国の最新軍事情報を摑み、新兵器の情報も持ち帰った。

石井四郎が入学した翌年、軍医学校は欧米諸国の軍事近代化に追いつくため、平時編成改正を行い、「防疫部」を新設している。戦場でよく発生する伝染病がワクチンによって予防可能になったため、腸チフス、パラチフスなどのワクチン生産をするためにつくられた。ここではワクチン生産能力の増進や生産コストの削減なども研究した。

軍医学校を卒業した石井四郎は、近衛歩兵第三連隊に配属になったあと、東京第一衛(えい)戍(じゅ)病院に勤務。つづいて、陸軍から京都帝国大学大学院におくられた。

陸軍軍医学校では成績の良いものは尉官学生として、希望の大学院あるいは伝染病研究所などの医療機関へ進むことができた。「内地留学」と呼ばれ、これに選ばれることはエリートコースに乗ったという意味である。

陸軍が石井を大学院へ送った目的は、

「細菌学、血清学、予防医学、それに病理のための研究だった」

と、後年、石井本人がアメリカ軍の調査に答えている。

京大医学部大学院で石井の指導教官は細菌学教授の清野謙次だった。敗戦から一〇年後の一九五五（昭和30）年十二月、清野の通夜の席に遅れて駆けつけた石井は、集まった親族や教え子たち四十数名をまえに長々と演説をぶった。石井の石井らしさを伝えるエピソードを本人自ら語った貴重な記録である。

開口一番、大学院に入った年の夏に流行したねむり病について石井が語ったのは、原因も治療法もわからなかったこの病気の究明に取り組んだことが、彼の人生を変えるほど、大きな意味をもっていたからにほかならない。録音再生速記として『故清野謙次先生記念論文集』に残された「御通夜回想座談会」のなかで、石井の演説はこうはじまる。

「親孝行をしたい時に親はなし、先生にはまだ御恩を報ずることも出来ないで誠に残念であります。大学院学生時代に眠り病が起りまして、各大学が行っているのに京都大学丈がいねむっていると京都大学が眠り大学になるから、一つ京都大学は奮発して、この眠り病の本態を突止めて頂きたい、とこう申上げました。先生膝を打って賛成して下されて、あの大編成が出来て、丸亀に本拠を置き、香川県の二豊郡に本拠を置いて一切の資料、お墓の屍体迄集めてこの研究に従事し……」

一九二四（大正13）年夏、突然、発生・流行した嗜眠性脳炎という奇妙なねむり病は、秋までに全国で三三一〇人の死者を出すほどの猛威を振るった。石井は指導教官清野の了解と協力を取りつけると、各教室の有志を集めて組織化し、教授会に働きかけて、ついにはプロジェクト・チームを送る裁可を取るまでに漕ぎつけた。

　のちに、陸軍省や参謀本部を動かしていく彼の才能の萌芽である。京大医学部あげてのプロジェクトには、内科、病理、微生物（細菌）学の教室から助教授と大学院生が参加した。

　同じ通夜の席で、清野の後任になった病理学教授の森茂樹も、このエピソードを披露している。

「……その時に大学院生で陸軍から来ておりました石井四郎君が、こういう様なことを京都大学でぼんやりしておったらいかんということを非常に説きまわりましてですね、我々にもよびかけた訳です。それで京都大学では総長の命令でですね、……総勢十五人ですが、それが香川県に出張して、一月余りですね、研究せいということになった訳なんです。それから石井君は御存知の様に非常に有名な男ですが、非常に使われた訳なんです。そして、国家の為だというので、大学からは当時そん丈の人が一月ゆくのに二千円の金をもらったんです。所が石井君が、俺は山をもっているんで山を売ってもい丶から森しっかりやれ、ということになりましてですね、六千円程使ってきた訳なんです」

二年に及ぶ洋行

当時、職人の月給が八〇円、九〇円である。六〇〇〇円という大金は月給取りの五年分の給料以上にあたる。「加茂」の大地主の息子とはいえ、「山を売ってもいいから」研究費に充て、プロジェクトを成功させようとした石井四郎の意気込みには、熱意ばかりでなく、彼の強引さがあらわれているようだ。

本人が語っているように、石井四郎はこのプロジェクトを細菌班とウイルス班にわけ、
1 ついに、動物実験に成功。京大チームは初めてねむり病の原因がウイルスだと判定し、
東京における学会で発表した。

3 「(その発表に対し)あらゆる反駁をそこで受けたんでありますが、とうとうまあウイルスであるということが承認されまして、日新医学の抜刷になったのは御存知の通りで
7 あります」

通夜の席で石井はさも自慢気にこう続けている。京大チームの報告は『日新医学』定期増刊で発表され、石井は同じ『日新医学』第七論文として「細菌学的並ニ血清学的所見」という論文を単独で発表。三年後には「グラム陽性双球菌ニ就テノ研究」という論文を仕上げ、京都帝国大学から医学博士の学位を授かった。

香川県で行った嗜眠性脳炎の研究調査は、各分野の専門家が集まる研究チームという当時ではまったく斬新なアイディアの重要性を石井の頭に植え込んだ。同時に、こうし

たプロジェクト・チームのトップに立つ自らの才能を見出した思いだったろう。トップに立つ快感も十分味わったにちがいない。

　ところがチームが解散してしまうと、研究者として名を上げるためには、研究室に閉じこもって専門分野の研究を続けるしかない。同期で東大卒、二歳年下の北野政次は、こつこつと論文を書いて発表していた。しかし、石井は自分にはそうした資質も忍耐もないことがわかっていた。石井は北野を尻目に、壮大なことを成し遂げたいという欲望と現実とのギャップに焦燥したことであろう。

　そこで、石井はのちの出世に大きく繋がる二つの重要な行動を起こした。ひとつは結婚である。

　当時、微生物（細菌）学教室の向かいには京大総長、荒木寅三郎の官舎があった。荒木は、進取の気風に富む京都帝国大学の柱といえる高名な学者で、その温厚な人柄と開明的な思想は医学生のあいだで絶大な尊敬と信望を集めていた。荒木がいるために、東大でなく京大へ進んだ医学生もいたほどである。

　当時はドイツ領だったストラスブルグ大学のホッペ・ザイラー教授に師事した荒木は生化学を学んだ後、京都帝国大学に医学部が発足すると初代医化学教授として迎えられ、総長に就任。後年には学習院大学の院長を務めている。

　嗜眠性脳炎研究の根回しで総長宅を訪れるうち、石井は荒木の娘、清子に思わず目を奪われた。色白でいかにも京都育ちの品がただよう姿に惚（ほ）れ込み、総長に結婚を懇願した。

開明的で人格者として知られる荒木寅三郎の目に、陸軍から送られてきたこの野心あふれる大学院生は娘を託するだけの価値ある人物、と映ったのだろう。石井は、この時、軍医大尉に昇進し、それからの出世も約束された軍医学校のエリートだった。その人柄については荒木寅三郎ですら、石井の自己宣伝の上手（うま）さにすっかり乗せられた姿が思い
1 浮かぶようではないか。典型的な東男（あずまおとこ）と京女の縁談はつつがなく進み、京大総長の娘婿（むすめむこ）
となった石井は荒木寅三郎の後ろ盾もつかんだことになる。
3 石井のもう一つの行動は、欧米へ旅することだった。軍医学校では、「内地留学」が
認められた尉官学生のなかから、数年後、少数を選んでドイツなどに「外地留学」の機
7 会を与える。「外地留学」から帰った軍医が、さらに出世コースの先頭を突っ走る。
森林太郎の場合も、小泉親彦の場合も、後輩では増田知貞、内藤良一の場合も例外ではない。

京大大学院で医学博士の学位を取得した二年後、一三歳も年下の妻と生まれたばかりの長女、春海を残して、石井は世界旅行に旅立った。二年間にわたる長期の旅行である。

「お前洋行してこいと、いうことをいわれ、陸軍から外国に行きました」

その旅の発端について、清野教授からこうアドバイスされて、陸軍から外国へ行ったと石井は通夜の席で語っている。しかし、これは実に不可解な旅だった。

一九二八（昭和３）年に出発、訪れた国は、シンガポール、セイロン、エジプト、ギリシャ、トルコ、イタリア、フランス、スイス、ドイツ、オーストリア、ハンガリー、チェコスロバキア、ベルギー、オランダ、デンマーク、スウェーデン、ノルウェー、フィンランド、ポーランド、ソ連、エストニア、ラトビア、東プロイセン、カナダ、アメリカ本土に及んだと、戦後、アメリカ軍の尋問に本人がこたえている。

石井の旅は軍医学校の「外地留学」とは別種のものだった。「外地留学」なら、森林太郎のように、留学先から医学報告を頻繁に発表するのが目的である。しかし、石井はそんな論文を残していない。

後年、同期の北野政次はアメリカ軍にこう語っている。

「はじめは私費留学として渡欧、後半は公費に切り替わったのです」

陸軍という組織のなかでは考えられない洋行であり、なぜ、そんな旅が可能だったのか。

その答えを探っていくと、石井の欧米旅行に先立つ三年前の一九二五（大正14）年、化学兵器と細菌兵器の使用を禁止した「ジュネーブ議定書」が締結されていたことが見えてくる。

正式名は「窒素性ガス、毒性ガスまたはこれに類するガスおよび細菌学的手段の戦争における使用の禁止に関する議定書」、署名されたのは一九二五年六月十七日。

第一次大戦で新兵器として登場した毒ガスによる死傷者は、途方もない数に上った。負傷者一〇〇万人、死者七万三〇〇〇人というその苦い経験から、欧米諸国は毒ガスを含む化学兵器の使用禁止を取り決めることにした。同時に、将来、兵器として使われる可能性のある細菌兵器も禁止しようとポーランド代表が提案、それが取り入れられたのは微生物の研究が進んだドイツの開発をヨーロッパ諸国が恐れたからである。

このジュネーブ会議には一三五ヵ国が参加した。日本も代表を送ったが、日本と米国は調印したものの、実は、批准していない。

「ジュネーブ議定書」のことを聞くと、石井は、条約で禁止するほど細菌兵器が脅威であり、つまり有効というのなら、ひとつこれを開発しない手はない、と考えたといわれる。

欧州旅行へ旅立つ前、すでに、石井が細菌戦について訴えていたことは確認されている。大学院での研究を終えた一九二六（大正15）年から、京都衛戍病院勤務になると石井はしばしば上京しては参謀本部を訪れ、参謀や作戦課長クラスへ細菌戦への備えがいかに必要かを説いてまわっていた。

当時、参謀本部作戦課に大尉として勤務していた遠藤三郎が、後年、神奈川大学の常石敬一教授に語ったもので、遠藤自身も石井の説得を受けたひとりだったという。

ねむり病のプロジェクト・チームで成功を収めた石井は、陸軍を動かせるだけの壮大なプロジェクトのアイディアを探していた。その頃、「ジュネーブ議定書」が署名され、彼に細菌兵器というヒントを与えた。恐らく石井は小躍りしたことだろう。

一方、日本陸軍は第一次大戦で欧米諸国の軍事力が日本をはるかに凌駕すると痛感していた。日進月歩の歩みを見せる欧米の最新科学技術を取り入れなくてはならないと、「陸軍科学研究所」を新たに設けた。そのなかに化学兵器の開発に力を入れる部門を新設したのである。

医務局は毒ガス被害の治療のみを扱うことになり、「化学兵器に関しては日本の始祖」とまで賞賛された小泉親彦教官は、虎の子の毒ガス開発を取り上げられてしまった。

そこへ京都衛戍病院勤務の石井が相談にあらわれ、細菌戦研究を進めたいと提案してきた。小泉としては、膝を乗り出して歓迎したことであろう。

小泉は軍医・医務局の地位向上の機会を狙っていた。当時の軍医・医務局の地位は陸軍という組織のなかで最低の部類に属していた。軍医や医務局の地位が低いのは、戦闘に直接参加しないためである。もし、細菌を使った攻撃ができるようになれば、軍医・医務局の地位は高まり、陸軍省内部での地位も上がると小泉が計算したことは十分に考えられる。

石井にしても考えは同じだった。軍医の最高位である中将よりさらに上の、大将になりたいと大望を抱く野心家の石井にとって、軍医が積極的に攻撃に参加するには、細菌戦ほどずば抜けたアイディアはなかった。ならば、欧米諸国をまわって各国を視察し、禁止されるほど強力な細菌兵器の実態を確かめてみたい――。

石井がヨーロッパ視察で訪問した二五ヵ国と「ジュネーブ議定書」に参加した一三五ヵ国の一覧表とを付き合せてみる。「議定書」に参加した後、一九三〇年までに「議定書」を批准した国は、オーストラリア、オーストリア、ベルギー、カナダ、デンマーク、エジプト、フィンランド、フランス、ドイツ、アイルランド、イタリア、オランダ、ニュージーランド、ポーランド、ポルトガル、ルーマニア、ソ連、スペイン、南アフリカ、スウェーデン、トルコ、英国の二二ヵ国に及ぶ。このうちの一四ヵ国を石井は訪れていたことがわかる。

石井の旅の目的は、「化学および生物兵器の使用禁止に関する議定書」を批准し、その知識と技術を既に開発した、あるいは開発する力をもつ国をまわって、それらの国の状況をつぶさに視察することにあったのではないか。これは若手軍医の外地留学とは異質の情報収集だったことになる。

当時、「加茂」の村人は、石井家の四男坊がドイツへ出かけたと聞いていた。この頃になると、興隆を誇った石井家も手持ちの山や田畑をずいぶん処分して、四郎の教育費に充てていたと村人はいう。ドイツのインフレは終息していたとはいえ、田畑を売っても追いつかないくらい滞在費はかさみ、石井家も借金が重なり次第に窮状に陥っていったというのである。

一方、故郷からの仕送りが途絶えがちになった頃、ようやく参謀本部が官費による視察を決定したと考えれば、途中で私費から官費になった理由も説明がつく。

満州事変が生んだ秘密部隊

一九三〇（昭和5）年、欧州から米国をまわって帰国した石井四郎は、当初の企みどおり、同年八月に三等軍医正（軍医少佐に相当）に昇進し、陸軍軍医学校教官に任命された。軍医学校は石井が欧米視察へ出かけているあいだに、麴町区富士見町から、牛込区戸山町の陸軍用地に建てられた新施設へ移転していた。東京の軍医学校勤務になったことは、陸軍省や参謀本部の幹部に細菌戦研究の必要を説いてまわるのに都合良かった。石井は欧米で集めた情報に脚色を加え、大風呂敷を広げて説いたことであろう。

細菌戦の必要を説いてまわる石井の言葉を記録しているのは、ソ連極東部の都市ハバロフスクで一九四九年に開かれた裁判の公判記録である。終戦直後、ソ連軍に逮捕された山田乙三関東軍総司令官はじめ、七三一部隊の軍医五名を含む、計一二名の元日本軍軍人を裁いた記録の日本語訳で、五〇年代はじめには神田神保町などの古書店に出まわった。

その表紙には『細菌戦用兵器ノ準備及ビ使用ノ廉デ起訴サレタ元日本軍軍人ノ事件ニ関スル公判書類』（以下『ハバロフスク公判書類』）とあり、「外国語図書出版所　モスクワ・一九五〇年」と記されてある。わら半紙のような粗雑な紙に印刷された七〇〇頁を超える分厚いもので、誰が翻訳したのか、誰が発売元なのか全く不明という不可解な翻訳書であるが、石井部隊の活動について初めて内部の証言を世に伝えた貴重な基礎資料ではある。

一九四九年十二月二十五日より三十日まで、たった六日間の審議で終わったハバロフスクの公判は果たして公平なものであったのか、その証言が強要されたものではないか、被告が事実を隠ぺいしたり、過小に見せるため事実を歪めていないかなど、さまざまな疑問が残されている。供述のなかには、いかにもソ連側に強要されて語らされたような不自然な言葉が混在している一方で、石井部隊員でなければわからないディテールも見事に語られている。とくに、彼らが記憶している石井四郎自身の言葉には、かなりの信憑性があると思える。

その『ハバロフスク公判書類』のなかで、もと「防疫部」主幹で石井の直属の上司であった梶塚隆二（一九四五年終戦当時、関東軍軍医部長）は、訊問に対してこう答えている（以下、カタカナをひらがなに、旧漢字を常用漢字にした）。

「ヨーロッパへの海外出張から帰国した後、石井四郎は一九三一年東京陸軍軍医学校の教官として勤務していました。彼は、最強諸国が細菌戦の準備を行っており、もし、日本がかかる準備を行わないならば、将来戦において日本は、大きな困難に遭遇するであろうということを語り始めました。日本陸軍省および参謀本部の枢要な幹部たちのあいだで、石井が細菌兵器は作戦的観点から攻撃兵器として非常に有利であると語ったことを私は聞きました」

同様に、ハバロフスク裁判で起訴された川島清（一九四一年から四三年まで第四部製造部部長）は石井四郎からこう聞いたと供述している。

「――日本は兵器製造に必要なる金属その他の原料の埋蔵量が十分でない。故に日本は新兵器を研究せねばならぬ。しかして、細菌兵器は、当時斯かる新兵器の一種と見なされていたのである。石井はさらに、目下すべての世界列強はこの領域において然るべき研究を行っているから、日本もこの点において遅れを取ってはならぬ、と指摘しました」

医学の専門的知識のない陸軍省や参謀本部の幹部にしてみれば、細菌兵器について、石井の熱弁を聞かされても、雲を摑むような話だったにちがいない。しかし、欧米諸国に遅れを取ってはならないというプレッシャーは強かった。一方、原料の埋蔵量が十分でない資源のない国にとっても開発できる〝新兵器〟という言葉に魅了されたのは、当然であったろう。

石井の意見に耳を貸したのは、当時、陸軍省軍務局長だった永田鉄山、そして参謀本部作戦局第一部長の鈴木率道だった。当時、陸軍内部は「統制派」と「皇道派」と呼ばれた対立や明治維新以来の薩摩や長州の流れを汲む派閥抗争がない交ぜになって、複雑かつ熾烈なパワーポリティックスの舞台だった。

これからの戦争に備えるためには外交、経済、産業、文化、教育のすべての分野にわたって戦争に対応できる戦時体制にしなければならないと主張する「統制派」の旗頭、永田は、欧米に近づくための陸軍近代化を推し進めるべしと考えたため、石井のアイディアになるほどと頷いた。さらに一歩進んで、細菌戦に備える一大機関創設という壮大な石井の構想に、大いに理解を示した。

一九三五（昭和10）年、永田が天皇親政を訴える「皇道派」の相沢三郎中佐に斬殺された時、愛弟子を任じる東条英機は永田の血染めの軍服を身にまとい復讐を誓ったというが、石井も永田の胸像を満州平房の自室に飾り、終生、永田に敬意をあらわしたといわれる。

もっとも、石井の強力な後押しになったのは、誰より、時勢という時代の流れであった。一九三一（昭和6）年九月十八日、奉天郊外の柳条湖で満州事変が勃発。満州で戦端を開いた関東軍と万歳を叫んで熱狂的にこれを支持した日本の民衆の歯車が嚙み合って時代は動きはじめていた。

事変勃発とともに軍医学校では緊急に戦時体制を整えた。戦地で伝染病に斃れる者の数は、戦死者よりずっと多い。日清戦争でも、多くの将兵がコレラとマラリアで斃れた。その数は戦死者の一〇倍だったという。

当時はコレラの予防法も治療法もなかったので、下痢が続いて水を飲んでも吐くようになると、軍医の診察を受けて入院する。入院と決まれば、死の宣告と同様、戦友に礼をいい、遺言を述べて担架で運ばれる。病室には消石灰を厚く敷いた蓆があって、そこに横たわり死を待つだけとなる。

日露戦争でも事情は同じようなものだった。あれだけ多くの日本兵が白兵戦で斃れたとはいえ、戦場の死者は戦死傷者のたった二二・八パーセントだったと報告されている。多くがチフス、赤痢、流行性感冒などの伝染病で斃れていった。

軍医学校「防疫部」では多数の臨時雇いも動員して、チフス、コレラ、ペストなど各種ワクチンの大量生産を開始した。早速、事変業務に駆り出された石井は赤痢予防錠の生産のため、大量の細菌培養を可能にする培養缶を考案した。のちに石井個人の特許となる「石井式培養缶」である。

翌一九三二（昭和7）年四月、石井の根回しがついに功を奏し、「防疫部」の建物の地下室の一部を改造して作られたのが「防疫研究室」だった。『五十年史』はこう記している。

「翻って事変前に於ける世界の情勢と本邦医学界に於ける現況とに鑑み、学校に於ては戦疫予防に関する研究の一日も忽にすべからざるを痛感し、一部之が研究に着手中、偶々今次事変の突発に際会し、本予防法の研究は愈々逼迫せる国防上の要務となりし為、遂に上司の承認する所となりて昭和七年四月防疫部地下の一部を改造し応急的に防疫研究室（主幹二等軍医正梶塚隆二）の新設を見るに至れり」

表向きは国防のための戦疫予防の研究、つまり細菌戦防御の研究であるが、石井が熱望して止まなかった細菌兵器の研究機関がついにささやかな産声を上げたのである。予算は軍医学校と別に、臨時軍事費から出された。以降、石井部隊のために厖大な予算が惜しげもなく注ぎ込まれるのである。

「防疫研究室」設立後、石井は濾水機の開発を進めた。満州や中国の戦闘第一線部隊をコレラや赤痢、チフスから守るためには、細菌を濾過した水をいつでもすぐ提供できる給水用設備が必要になった。石井は細菌用濾水機を大型化して、これを給水に応用することに成功。試作品が完成した同一九三二年、これを「石井式濾水機」と命名、野戦式軍用濾水機として採用するよう陸軍省に上申した。

石井式濾水機はドイツ製の「ベルケフェルド」V型にブラシを取り付けることによって、簡単に濾水管を洗浄できるよう工夫したものだった。この自動式洗浄装置こそ、石井の考案による石井式濾水機のパテント（特許）になったものであり、医学者というより実践的な研究開発者、石井の発明の才を発揮したものだった。

陸軍から委託されてこの石井式濾水機を製造したのが、「日本特殊工業」という民間会社だった。社長の宮本光一は石井のもとで数々の契約を取り付け、見返りとして石井に多額のリベートを支払っていたという噂が流れている。

続いてこの年八月、石井三等軍医正が満州へ出張したことが『五十年史』に記録されている。石井と行動をともにしたのは、金沢の旧制第四高等学校の後輩で、石井同様、京都帝国大学医学部へ進んだ増田知貞など三名だった。

翌一九三三（昭和8）年、石井は再び満州の土を踏む。九月三十日から翌年三月三十日に至る半年という長期滞在だった。

ところで今回わたしは、一九三三年七月に軍医学校を卒業後、満州駐屯の鉄道連隊などで勤務した経験のある故浅見淳（敗戦時、軍医中佐）の残したインタビューテープを入手した。息子の浅見雅男が提供してくれたものである。息子の質問に答えて戦前戦中の体験を話すテープには、以下の貴重な証言があった。浅見淳軍医はこう語っている。

「昭和八年十月から十一月のころ、（ハルビンの鉄道連隊）大隊長が呼ぶから行ってみると、

『おまえ、東郷大佐というのを知らんか』

と訊（たず）ねられた。

『さあ、そんな者、知りません』

『でも、何でも軍医らしい』

と大隊長はいうんだよ。偽名など使うのは他にいないと思って、石井四郎ではないかと思ったのだ。

『どういう風貌（ふうぼう）の人ですか』

こう訊（き）いてみたら、大隊長がこうこうと……それならば石井だと思った」

浅見軍医は慶応義塾大学医学部四年生のとき、夏休みに軍医学校へ細菌の勉強に出かけた。そのときの教官が石井四郎だった。さらに、父の浅見誓堂軍医監（満州事変当時）は京都帝国大学医学部出身で石井四郎の先輩にあたったため、石井のことは以前からよく聞いていた事情もある。

何故（なぜ）、偽名を使うから石井と思ったのか、という息子の質問に彼はこう答えている。

「昔から軍医のあいだでいっぷう変わった人間という評判だったんだ」

当時、ハルビンから新京（現・長春）までの東清鉄道を干乾（ひぼ）しにするために、日本軍はハルビンから新京の少し東の地点まで平行する鉄道を建設していた。ライン線と呼ばれたものである。鉄道連隊はそのライン線の先の方まで展開していた。

鉄道連隊の大隊本部を訪ねてきた東郷大佐一行は、

「こんどできた新しい鉄道で資材を運んでくれ」といってきた。「東郷大佐」の伴ってきた軍医たちも、それぞれが偽名を使っている様子だった。

「おまえ、石井四郎かどうか見て来い」

大隊長に促されて見に行くと、確かに軍医学校の教官だった石井四郎その人である。

「一行は何をしているのですか」

大隊長に尋ねると、こういう返事が返ってきた。

「背陰河（ベイインホー）というところに大きな酒屋がある。そこへ資材を運んでほしいと頼みに来たのだ」

浅見軍医はその酒屋を見に行った。

「酒屋といっても物凄（ものすご）く大きいんだ。田んぼの真ん中にあるんだけれど、そこへいろんなものを運んでくれということで……それがそもそもの始まりなんだ」

ここで浅見軍医が「そもそもの始まり」といったのは、平房に本拠を構える前、石井四郎が「東郷一（とうごうはじめ）」という偽名を使い、背陰河で「東郷部隊」をはじめたことである。

「東郷部隊」という防諜名（ぼうちょうめい）ではじまった石井の部隊は、関東軍作戦主任参謀、石原莞爾（かんじ）中佐の下に置かれた非公式な部隊で、正式の認可を受けていないために軍医たち全員が偽名を使うほどの秘密部隊だった。

同じ頃、「加茂」の村を出て、満州へ働きに行く村人が目につくようになった。なんでもハルビンの方で軍の仕事があり、給料も内地ではとても望めないほどの高給が出るという噂だった。折からの不況に農家の次男や三男どころか、一家の主人まで出かける有様だった。数年後には一度に四〇名ほども満州へ出かけるようになって村中の話題になった。

「石井さんのところと関係があるらしい」とか、「どうも秘密の仕事らしい」と噂されたが、誰一人、詳しいことを知るものはいなかった。

「内地で出来ないこと」

「東郷部隊」の活動がはじまった一九三三（昭和8）年、石井の良き理解者である小泉親彦が軍医学校校長に、翌年三月には軍医としての最高位である軍医総監に就任したことは、石井にとってますます幸運だった。「防疫部」の地下室に間借りしていた「防疫研究室」は一九三三年秋、隣接する近衛（このえ）騎兵隊から譲り受けた土地に工事費二〇万円をかけ、鉄筋二階建ての独立した研究室を完成、石井四郎三等軍医正が主幹におさまった。

一九三六（昭和11）年、「東郷部隊」はついに天皇が認可する正式部隊になった。八月の軍令で「東郷部隊」を母体として「関東軍防疫部」が編成されたからである。この部隊の設置を要望したのは関東軍参謀長の板垣征四郎中将で、陸軍次官の梅津美治郎（うめづよしじろう）中将宛（あて）に提出された意見書によって天皇の命令である「軍令陸甲第七号」が発せられた。

本部にはハルビンに近い平房という土地が選ばれ、ここに新設される部隊の工事費には、満州事件費一一〇万円があてられた。「関東軍防疫給水部」と名称が変更されるのは、四年後の一九四〇（昭和15）年のことになる。

この部隊は関東軍司令官の下に設けられ、関東軍司令部第一（作戦）部と同軍医部に属した。その意味では二重の指揮系統をもつ特殊部隊と考えた方がわかりやすい。

一方、石井は関東軍を通さず直接、東京の参謀本部と連絡を取り、指揮をあおいでいた。一九三九（昭和14）年のはじめから、参謀本部作戦課は細菌を使った攻撃について、石井部隊と会議を設け、細菌戦実施計画を策定し、ゴーサインを出した。攻撃命令は関東軍司令官の名前で正式に発令された。その様子は一九三九年から支那(しな)派遣軍参謀を務め、一九四〇年九月から参謀本部作戦課員として細菌戦実施について連絡や調整をした井本熊男大佐の業務日誌「井本日誌」に詳しく記されてある。

さらに、この部隊には、一九四〇年から年間予算として一〇〇〇万円もの多額の予算が組まれた。これは関東軍非常軍事総予算に繰り入れられていたため、議会に対する報告も必要なかった。そのうえ、必要とする研究費などは陸軍省が関東軍を通じて出していた。「湯水のような予算」があったのは当然のことだった。

「加茂」の村人は欧州旅行から帰った石井四郎を「万歳」で迎えた。初めて満州から帰還したときには座敷で盛大な演芸会が開かれた。長女の春海や近所の達者なものが踊りを披露する趣向だったということは第一章に記した通りである。一九三五（昭和10）年には二等軍医正（中佐）、三年後には軍医大佐へと急階段を上るように出世する石井には「隊長」、あるいは「閣下」という呼称が使われ、村人にしてみればまぶしくて軍服姿を正視することができなかった。

石井四郎は清野謙次の通夜の席で、めずらしく部隊について述べている。平房の施設について語る石井四郎の生の声である。

「まづ、将兵の身体を保護して死亡率罹患率をなくするという国家百年の計を樹てるということに廟議一定しました。それで如何にして日本の国力を維持するかゞ問題であります。そこでまづ陸軍軍医学校に研究室を作り、そこから満州ハルビンに（ロックフェラー・インスティチュートを中心に）。又南支に中山大学を中心に、その外、逐次研究所を作って行って、遂に三百二十四の研究所を作ったのであります。この結果、伝染病並にその伝染病死の率が下り、大蔵省は非常に喜んで、これではまだ継続出来るという結論になったのであります。その為に、ハルビンに大きな、まあ丸ビルの十四倍半ある研究所を作って頂きまして、それで中には電車もあり、飛行機も、一切のオール総合大学の研究所が出来まして、こゝで真剣に研究をしたのであります」

この『記念論文集』に記された「そこから満州ハルビンに（ロックフェラー・インス

ティチュートを中心に)」という括弧の部分が、石井によってどう語られたか不明だが、実に興味深い。平房の施設を建設するにあたって石井の頭にあったモデルが、ニューヨークのロックフェラー・インスティチュート(ロックフェラー研究所)のような細菌医学研究所だったという意味だとしたら、石井が目論(もくろ)んだのがはじめから総合医学研究所だったこととの説明がつく。

後に紹介する元七三一部隊の軍医は、満州に何故あれほど大きな施設をつくったのか、というわたしの質問にこう答えている。

「ロックフェラー・インスティチュートやパスツール研究所のようなものをつくりたかったのです。だから、さかんと言っとった。北京(ペキン)のパスツール研究所とか……」

石井にとって、ロックフェラー研究所でも、パスツール研究所でも、どちらでもかまわず、そんな名前に心惹(ひ)かれたのだろうか。

もっとも、北京には米国ロックフェラーの「静生生物研究所(せいせい)」があったという証言が七三一研究会編の『細菌戦部隊』にあるため、そのことを指しているのかもしれない。

南支に中山大学を中心に、というのは南支那の広東(カントン)中山大学を武力で占領し、そこに「南支那派遣軍」を設立した、ということである。北京では天壇中央防疫(ぼうえき)所、南京では南京中央病院を占領して防疫給水部が設置された。

平房の施設建設がはじまるとともに、軍馬の防疫を担当する「関東軍軍馬防疫廠(しょう)」が新京に設置された。後の「一〇〇部隊」である。

一九三七（昭和12）年七月七日、盧溝橋での衝突によって日中戦争がはじまった。翌月、上海派遣軍の戦闘部隊のなかで食中毒が発生。石井部隊から軍司令部付として派遣された北条円了軍医は単身小船で、揚子江の河口に敵前上陸した第三師団衛生隊の患者収容所に命がけで辿り着き、この疫病が単なる食中毒でなく、コレラであることをつきとめた。感染源はコレラ菌に汚染されている近くのクリークにまちがいなかった。

敵の大軍に阻まれた日本軍は弾薬や食料の補給も途絶え、給水に至ってはほとんどなく、コレラ菌に汚染されたクリークの水を飲んで斃れていく。北条はその将兵の様子をフィルムに収めて軍医学校へ送った。早速、コレラの惨状をフィルムで見せ、戦闘部隊に欠かせない浄水の補給の重要性を陸軍省と参謀本部に説いてまわった石井は、数日後、五台の石井式濾水機と二〇〇名の給水部員を上海派遣軍へ送ることができた。

もともと給水業務は経理部の仕事である。防疫の知識もなく濾水機の取り扱いにも精通してないものが給水を行っては効果が上がらない、という石井の意見がついに通り、給水業務を経理部から取り上げることに成功した。石井式濾水機は陸軍の「衛生濾水機」として正式に認可された。

こうして各地の前線で本来の防疫給水業務を行う一八隊の「師団防疫給水部」が編成された。これに加え、平房から、北京（北支那派遣軍）、南京（中支那派遣軍）、広東

(南支那派遣軍)、さらにシンガポールへと広がった防疫給水部とその支部、さらにネットワークの本部である東京の「防疫研究室」などを総称して「石井機関」と呼ばれるようになった。

これらをすべて総合すると、ここで石井のいう「三百二十四の研究所」という膨大な数に上った、ということなのだろうが、それほどの数があったのかどうかは確認されていない。

石井が演説するように、その結果、伝染病や伝染病死の率が下がったからといって、平房に一大施設の建設が可能になったわけではない。順序はむしろ逆で、平房の施設建設がはじまり、翌年の盧溝橋事件によって、各防疫給水部が急速にその数を増やしていったのである。

石井の演説には、伝染病が減り、伝染病率が下がったという業績を誇張するために、事実を曲げる癖がはっきりと見て取れるし、話を大きくするために虚実取り混ぜたと思わせる個所があらわれている。

しかし、この生の声のなかに、実に貴重な石井の本音が含まれていることを見落としてはならない。それは「内地で出来ないこと」を行うため「満州の北端へゆけばいい」と石井がはっきり口にしていることだった。

「それで陸軍、内地で全大学にお願いして出来ることと、内地で出来ないこととの二種に、軍の再々の会議の結果決定致しまして、そして、内地で出来ないものは何とか別に方法を考えると、（略）一つは満州の北端へゆけばいいということで、遂（つい）に研究所をそこに設けることにしたのであります」

「ジュネーブ議定書」で禁止された細菌兵器の開発・研究に、内地から遠く離れ、欧米諸国からもまったく目の届かない満州国ハルビンに近い平房を選んだ石井の着眼は、陸軍省を十分納得させうるものだった。まして、ソ連との戦争が予想されたこの時代、北満の風土病の研究やワクチンの開発・製造は対ソ戦に不可欠なものと陸軍省は考えた。

　しかし、石井の考えた「内地で出来ないこと」の意味はそれだけではなかった。内地では倫理的に許されないことが北満では自由にできる、と彼は主張した。石井は「内地で出来ないこと」を理由に、満州に一大施設が必要だと陸軍省や参謀部を納得させることができたのである。

「内地で出来ないこと」の秘密を守るため、平房施設内の隔離された特設監獄の七棟、八棟の管理は特別班のみに任され、石井の兄である次男の剛男が班長となって采配（さいはい）を揮（ふる）い、建設工事のために呼び集められた「加茂」の村人が班員になって、白衣にゴム長、拳銃（けんじゅう）という異常な姿で監視にあたった。

　こうして石井が目論んだ「オール総合大学の研究所」は満州平房の原野で完成に近づいていたのである。

ドクター・ナイトウ

一九〇一年、猩紅熱（しょうこうねつ）で孫を失ったジョン・D・ロックフェラーによって設立されたのが、ロックフェラー研究所である。当時、結核やジフテリア、腸チフスで命を落とす人が多く、ドイツのコッホ研究所やフランスのパスツール研究所にならぶ生物医学研究を目的にした医学研究所として、米国に初めて誕生したものである。

それから一世紀以上の歳月を経て、現在ではロックフェラー大学と呼ばれる総合医科大学に発展した。とはいえ、イーストリバーを背に静かにたたずむヨーク・アベニューに面した正門（東六六丁目）は、当時とさしてかわらない重厚な構えである。

この門をくぐって海外からこの研究所を訪れた研究者は数限りないが、そのなかのひとりが石井四郎だったのではないか。わたしは大学図書館の文書課（アーカイブ）へ連絡し、一九二八年から三〇年くらいの時期にドクター・シロウ・イシイという日本人軍医が何か痕跡（こんせき）を残していないか調べてもらった。

「研究論文などを発表したり、客員教授として登録されていれば、現在でも記録が残っているのです。しかし、ドクター・シロウ・イシイの名前では、残念ながらどこにも見あたりません」

文書係（アーキビスト）は数日後、親切にこう答えてくれた。

石井四郎の記録がロックフェラー研究所にないことは予想していたことだった。石井がここでどんな調査をしたか掴（つか）めないことは残念だが、少なくとも彼が痕跡を残さないよう心がけていたことは予想できる。

石井部隊についてアメリカ軍や政府が残した文書の多くは、メリーランド州カレッジパークにある国立公文書館で公開されている。首都ワシントンのペンシルベニア・アベニューにある国立公文書館に文書が収容しきれなくなった後、一九九四年、メリーランド大学の提供した土地に建設された近代的な公文書館である。建物の大きさは一六万スクエア・メーター（一八〇万スクエア・フィート）という世界最大級の公文書館で、文書を収容した特製の棚を並べると八三六キロメートルの長さになるという。

この仕事に取りかかった二〇〇〇年春、わたしはまずカレッジパークの国立公文書館を訪ねることからはじめた。石井部隊に関する文書は「レコード・グループ３３１（連合国軍最高司令官文書）」「レコード・グループ１１２（陸軍軍医総監の記録）」など、多くのレコード・グループやカテゴリーに散らばっているため、最低限の文書発掘だけでカレッジパークを何回訪ねたかわからない。

石井部隊は研究者のあいだで借り出される頻度の多い人気あるテーマだが、それだけに文書の順番が狂っていたり、あるいは間違ったフォルダーへ入れられたりするなど、結構荒らされている。

「レコード・グループ112」を調べているとき、ロックフェラー研究所が一九四一年、陸軍省軍医総監部シモンズ大佐宛に書いた秘密文書を見つけ、そこにドクター・リョウイチ・ナイトウの名前がしっかり英文で記されていたのには、さすがに驚いた。

「コンフィデンシャル」と明記されたその文書によると、一九三九（昭和14）年二月二十三日、ロックフェラー研究所の国際衛生研究室を訪ねたひとりの日本人医師は、訛りの強い英語で、「ドクター・リョウイチ・ナイトウです」と名のった、とある。

「陸軍軍医学校の助教授です」

日本人医師は、続けてこう自己紹介すると、ワシントンの日本大使館付陸軍武官の紹介状を手渡した。その手紙には、東京帝国大学の「伝染病研究所」所長から黄熱病菌株を入手するよう在米中のナイトウ博士に指示する電報が陸軍武官宛に送られてきた、と書かれてあった。

「実は、黄熱病ウイルス株を分けて欲しいのです」

ナイトウ博士は悪びれる様子もなくこう申し込んだ。

応対したバウアー医師は突然の申し入れに戸惑いながら、

「どの黄熱病ウイルスが欲しいのですか」

と訊ねると、

「純粋のアシビ株が欲しいのです」

日本人医師は平然とこう答えた。

アシビ株は当時ワクチンに使われていたもので、特に毒性が強いことで知られていた。この日本人医師は、何故（なぜ）、もっとも強力な黄熱病アシビ株を必要とするのだろうか。黄熱病は主にアフリカや南米に多い熱帯の病気である。日本にはほとんどない病気だから、ウイルス株を入手してワクチンを作り予防する必要もないはずである。

対応に困ったバウアー医師は、早速、所長のセイヤー博士に電話して日本人医師の来訪を報告した。

セイヤー博士はナイトウ博士に会い、申し入れは受け付けられないと突っぱねた。国際連盟保健部門の極東事務所および極東熱帯医学会議の決議によって、いかなる理由であろうとアジア諸国に黄熱病ウイルスを持ちこむことは禁止されていたからである。

門前払いを食らったにもかかわらず、ナイトウ博士は再び研究所を訪ねてきて、黄熱病ワクチンの扱いについてたくさんの質問を浴びせてきた。とくに、ブラジルで使用されているワクチンがどこで製造されたかしつこく訊（き）いてきた。さらに、ナイトウ博士は過去半年ほどベルリンにあるコッホ研究所のシュルツバーガー博士の下で研究してきたと語り、日本への帰国途上であること、また帰国すれば満州の実戦部隊に送られるだろう、とも語った、とこの文書には記されてある。

ロックフェラー研究所と日本人医師、さらに黄熱病は浅からぬ縁がある。ジョン・

D・ロックフェラーが生物医学研究を目的とする米国初の研究所を設立した時、ペンシルベニア大学医学部から所長として招かれたのが、細菌学者のサイモン・フレキスナー博士だった。そのフレキスナー博士に師事していたのが、野口英世だったのである。

　野口英世については詳しい説明もいらないだろう。一八七六（明治9）年、福島県猪(い)苗代(なわしろ)町生まれ。一歳のとき、いろりに落ちて大火傷(やけど)を負い、左手が不自由になったにもかかわらず、小学校卒業後、独学で医術開業試験に合格。その後、米国やデンマークに留学して世界的な評価を受け、立志伝中の人物になった。

　戦前、貧困と障害にもめげず勉学に励んだ野口が日本の少年たちの輝ける鏡、あるいは英雄として尊敬を集めた。

　一八九九（明治32）年、来日中のフレキスナー博士の案内役をつとめた野口英世は、同年、横浜の海港検疫所医官を命じられ、ペスト患者を発見している。一九〇〇年、渡米してペンシルベニア大学のフレキスナー博士を訪ねた野口は、四年後、博士の紹介でロックフェラー研究所の一等助手となった。

　一九一一年、梅毒スピロヘータの純粋培養に成功して世界的な名声を掴むと、二年後にはロックフェラー研究所研究員として進行性麻痺(まひ)の原因を解明。その後、黄熱病の研究に打ち込みエクアドル、メキシコ、ペルー、ブラジル、ガーナへ赴いて研究を続けた。しかし、このアフリカの地では皮肉にも彼自身が黄熱病にかかって命を落とした。一九二八（昭和3）年、五十一歳の生涯を閉じたのである。

一一年後、ロックフェラー研究所の門を叩いた日本人医師は、野口英世の命を奪ったその黄熱病のウイルス株が欲しいというのである。

バウアー医師が記したレターサイズの紙五枚に及ぶシモンズ大佐宛の極秘文書には、ナイトウ博士訪問三日後の二月二十六日に起った不審な事件についても記されてある。同研究所の技師グラスノフが見知らぬ男から黄熱病ウイルスを手に入れるよう脅迫された事件である。

グラスノフによると、その男は口ひげをはやした四〇歳くらい、茶色のコート、焦げ茶の帽子、ピンストライプの濃紺のスーツを着ていたという。全体の印象では、高い教育を受けた様子で、上等な洋服に身を包み、彼の英語には外国訛りがあった、と記されてある。続いてバウアー医師はこう記している。

「グラスノフ技師の報告してきたこの事件とドクター・ナイトウの要求とのあいだに、何らかの関連があったのかどうか、われわれには何ともいえません。しかし、この事件は徹底的な調査が行われ、結果を国務省に報告しました。グラスノフ技師には数週間、身辺警護に探偵がつけられましたが、不審な出来事は全く報告されませんでした」

同じ極秘文書は、続けて六ヵ月後の一九三九年八月、東京の「伝染病研究所」所長のドクター・ミヤガワからの手紙をセイヤー博士が受け取ったと記している。ドクター・

コバヤシが九月に開催される第三回国際微生物学会に出席するので、黄熱病ワクチンに使われているウイルス株を彼に渡して欲しいという依頼の手紙だった。日本からの二度目の要求も国際連盟保健部門の極東事務所の決議に従って拒絶された。

内藤良一軍医は、米国から帰国すると陸軍軍医学校教官に任命され、「防疫研究室」の実質的責任者になった。防疫研究室の主幹は変らず石井四郎が兼任したが、平房ばかりでなく中国各地に出張し、東京を留守にすることの多かった石井に代わって、満州、中国各地まで広がっていく「石井機関」を取り仕切っていくのが内藤である。自称「石井の番頭」と公言して憚らなかった内藤こそ、石井ネットワークの中枢にいて全体を俯瞰できる立場になっていったことはまちがいない。

その内藤にしても、ロックフェラー研究所を訪れた二年後、バウアー医師が陸軍省軍医総監部シモンズ大佐に長文の報告書を送ったことなど知る由もなかった。まして、黄熱病ウイルスの譲渡を申し入れてきたドクター・ナイトウの動きを危険なシグナルととらえ、シモンズ大佐が米軍の方針を大きく転換させ、米国でもとうとう細菌戦研究チームを密かに発足させることになるとは、思いもつかなかった。

第三章　平房(ピンファン)の少年隊

篠塚良雄が四名の同行者とともにシカゴのオヘア空港へ到着したのは、一九九八年六月二十五日のことだった。第一章に記した、千葉県「加茂」にある石井家跡地を探すとき、土地に不慣れなわたしの案内役として同行してくれたあの元少年隊員である。

一九二三（大正12）年生まれというから、このとき七十四歳。七〇代とは思えないほど若々しく健康で体力にも自信のある篠塚だが、この日ばかりは長時間の飛行のせいか、空港内の通路を歩くときもさすがに悄然(しょうぜん)として、そのうえ心に重く引っかかるものがあった。

シカゴからカナダのトロントへ入り、ニューヨーク、ワシントン、バンクーバー、サンフランシスコと続く、この先二週間の旅のことを考えると篠塚は自らを叱咤(しった)するしかなかった。米国の人権擁護団体によって招聘(しょうへい)され、アメリカ人とカナダ人の前で初めて講演するのである。入国審査の列に並ぶと、緊張はますます高まる。

ブースでパスポートを受け取った審査官は、手馴(てな)れた調子で篠塚のパスポートをセンサーにかけた。すると、突然、鋭い金属音が警告を発した。コンピューターはYoshio Shinozukaが要注意人物であると伝えてきたのである。

突然、数名の検査官が彼を取り囲んだ。そのまま検査官に誘導され、ジープに乗せられた篠塚は別棟にある特別室に案内された。言葉がわからず、何が起こったのか不審に思っていると、日本の航空会社の職員らしい日本人女性があらわれ、通訳してくれた。

「ここで待機してください。いま、ワシントンと連絡を取っていますから」

ということである。

がらんとした大きな部屋にはジュースやコーラ、サンドイッチなどが届き、スーツケースも無事運び込まれた。決して悪い待遇ではなかったが、ただ「待て」の一点張りである。実は、一足早く出発した弁護士がシカゴで待機していたので、その弁護士に連絡を取りたいと頼んでも、聞く耳をもたない。

三時間近く待たされた頃だろうか、ようやく大柄な審査官が部屋に入ってきて、こう伝えた。

「ミスター・シノヅカ、あなたの入国は拒否されました。次の便で強制送還されます」

もし抗議するなら、同行したほかの四名の日本人の入国も認められない、という一方的な命令である。

悪い予感が的中した、と篠塚は肩を落とした。しかし、抵抗することもできず、仕方なくひとり帰国の途に着くことに決めた。帰りは機内でも鄭重な扱いを受けたが、陵辱されたような嫌な気分にさいなまれた。

成田空港に近い千葉県八日市場駅近くの自宅へもどってみると、アメリカ政府が篠塚の入国を拒否した理由が二十四日付の新聞に報道されていた。

「第二次大戦中、人道に反する残虐行為に加担した疑いがある」

と米国が通告していたのである。カナダ政府からは同様の通告が二十二日付で届いていた。

実は、出発直前にアメリカ政府の通告を聞いていた篠塚は、オヘア空港で入国拒否に遭う可能性を承知で出かけたのである。二週間にわたってアメリカ・カナダで開かれる講演会のスケジュールはもうすべて整っていた。篠塚の到着を待つばかりになっていたのである。

オヘア空港での一件について日本の新聞各紙はほんのベタ記事扱いだったが、米国では大きく報道された。六月二十七日付「ニューヨーク・タイムズ」紙は、Yoshio Shinozuka の名前が司法省のウオッチリストに登録されてあったとして、その詳細を報じている。

同紙によると、一九七九年に作成されたウオッチリストは、ナチ戦犯容疑者を摘発し、彼らの市民権を剥奪したり、国外追放にしたり、入国を取り締まるためのものである。

以来五九名が国外追放、何百人もが米国への入国を阻止され強制送還された。

日本の戦犯容疑者がこのリストに登録されるようになったのは、篠塚が出発する二年前の一九九六年のこと。六万人の登録者のなかで、日本国籍をもつものは三三名を数えた。その三三名の名前は非公開であるが、篠塚はそのうちのひとりとして登録されていた。

篠塚良雄はこのリストによってアメリカ政府から入国拒否を実行された、史上初めての日本人になったのである。篠塚が戦犯容疑者として米司法省にも知られる人物になったのは、少年隊員として平房の七三一部隊へ送られたその事実を認め、当時の経験を語り伝えているからである。そのために、司法省の目に留まったというのも、篠塚にしてみれば、納得の行かない事実だった。

わたしが篠塚良雄の名前をニューヨークで知ったのは、Yoshio Shinozuka がオヘア空港で米国への入国を拒否されたこのニュースを読んだときのことだった。

二年後、わたしは再び篠塚良雄の名前を「ニューヨーク・タイムズ」紙に見つけた。中国人被害者家族が日本政府を相手に東京地裁で起こした細菌戦裁判訴訟で、証言台に立った篠塚の供述が二〇〇〇年十二月二十一日、AP通信から世界に発信された。「ニューヨーク・タイムズ」「ロンドン・タイムズ」紙など欧米のメディアが破格の扱いで篠塚の供述を大きく報道したのは、七三一部隊員が裁判で証言したのは初めてだったからである。とはいえ、皮肉なことに日本のメディアでは、篠塚の証言がほとんど報道されなかったらしい。

わたしがようやくその篠塚を千葉に訪ねたのは、二〇〇一年四月四日のことである。総武本線八日市場駅前までクルマで迎えに来てくれたのは、よく日焼けした小柄な老人で、温和な眼差にひとかどの経験を経てきた人間だけがもつ強さとしなやかさを感じさ
1 せた。この時、七十七歳、老人と呼ぶには失礼なほど矍鑠として記憶もはっきりしている。

3 篠塚の運転で駅前商店街を通り抜け、佐原八日市場線を北へ向かう。千葉の米どころである多古地区の田園風景の中をゆっくり進んで行く。河川とそこから引かれた用水路、
7 国道か県道かと見紛うばかりに立派な農業道路、あちこちに点在する防風林に囲まれたむかしながらの造作の豪壮な農家など、典型的な千葉の米作地帯の風景である。クルマは小さなお稲荷さんのある小道方向へ曲がった。

「まず、お話する前にここにある石碑を見ていただきたいのです」

こういって篠塚が案内してくれたのは妙福寺のなかにある石碑で、そこには「中帰連」と彫られてあった。「中帰連」とは「中国帰還者連絡会」のことである。

終戦を中国で迎えた篠塚は中国人民解放軍に逮捕され、撫順戦犯管理所に収容された

が下級部員ということで不起訴になり、一九五六（昭和31）年に帰国。以来、七三一部隊での体験について語り伝えることを自らの使命としている。米国に招聘されたのもそのためだった。アメリカ政府に入国阻止されたときのことを訊いてみると、

「ワシのような下っぱが……」

篠塚はこう唸って宙を睨んだ。

彼の頭に浮かんだのは、軍服姿の石井四郎であり、終戦直前に「捕虜になるな」と命令した軍医部長代理など幹部の顔だった。

戦後、無事帰国した医学者たちは、大学医学部や製薬会社、国立予防衛生研究所（現・国立感染症研究所）などの要職についた。内藤良一の創設した「日本ブラッドバンク」、後の「ミドリ十字」にも多くの元軍医や隊員が職を得たことは記した通りである。

ワシのような下っぱが、と篠塚が唸ったのは、戦犯として裁かれるべき幹部は過去に蓋をしたまま生き延び、追及もされず、米国への入国も全く問題ないのに、なぜ、自分のような下っぱだけにこんな処罰が下されるのか、自分のように部隊について証言するものにこんな処置が取られるのか、という憤りだったのである。

隊長は千葉の人

篠塚良雄は、旧姓を田村という。千葉県旧長生郡東郷村（現在の茂原（もばら）市）出身で、帰
国後、結婚によって篠塚姓を名乗るようになった（著者・篠塚姓で統一して記す）。八
日市場駅に近い自宅に到着すると、応接間に招いてくれて、早速、満州に出かけたきっ
かけについてこう話しはじめた。
「実業学校へ行っているとき、どうも学校に募集があったようなんです。だけど、ワシ
1 はまだ卒業するまでには日数がある……そうするとワシが世話になっていた先輩ですね、
卒業生ですが、ふたりが来て、こういうところがあるというのです。部隊長は千葉の人
で面倒見てくれるらしいよと、いっしょに行こうと」
3 このとき、一九三九（昭和14）年春、篠塚良雄は高等小学校を卒業、近くの町立本納（ほんのう）
7 実業学校で二年目を迎えた十五歳だった。
「卒業してなくてもよいのか」
篠塚は聞き返した。ふたりは卒業していなくてもいいんだといって、
「とにかく、試験さえ受けて合格しさえすれば良さそうだから、なあ、いっしょに行こ
う」
こう誘ってきたのである。実業学校に進んだとはいえ、篠塚は農家を継ぐつもりだっ
た。長男だから、親も当然、そうするものとばかり思っていた。だが篠塚は、満州の陸

軍部隊というだけで、それがどんな部隊なのか予想もつかなかったものの、試験だけでも受けてみようと思った。その理由を篠塚はこう語った。

「当時は軍国主義一色なんです。学校では授業というより、出征兵士を見送るとか、遺骨が帰ってくるのを迎えるとか、銃剣術の訓練、そんなものばかりでした。各学校には配属将校というのがいて、竹刀や木銃をもって歩いている。学校でも、将校に殴られに行くようなもんです。だから、いっそのこと、もう軍隊に入った方がましだとみんな思っていた。だから、募集の話がきたとき、仕事の内容がどうだとか吟味する余裕もない。部隊長は千葉の人で面倒見てくれるというんだったら、それでもう十分だったんです」

試験に合格した篠塚少年のもとには、四月一日、東京市牛込区戸山町にある陸軍軍医学校のなかの「防疫研究室」までくるようにという通知が届いた。募集がきたことも、長男が試験を受けに行ったことも知らなかった両親は心底驚いた。しかし、通知が来たからには息子を止めることも、部隊への志願を撤回することも不可能だった。まだ十五歳の少年を遥か満州まで送り出すことに、両親はさぞかし逡巡したことだろう。

大陸の満州といえば、昭和恐慌とまでいわれた不景気のこの時代、まともな仕事にもありつけなかった国内の青年には、明るい希望と冒険に富んだ特別の響きをもっていた。大陸は、不況と軍国主義で息の詰まりそうな内地にはない、新しい機会を与えてくれる「約束の地」のはずだった。

政府も「満州は移民の楽土」というパンフレットを大量に配り、渡満をどんどん奨励した。開拓民となって自分の土地を耕そうという農家の次男坊、やる気のある若者、仕事を失った労働者などが満州開拓農民として海を渡った。

篠塚良雄の出身地である旧長生郡東郷村は、旧千代田村の「加茂」から房総半島を三〇キロほど南に下ったところにある。両親は、隣村でなくても、「加茂」の大地主である石井家のことは知っていたし、出世頭の石井四郎の評判も聞いていた。とはいえ、長男の良雄が「防疫研究室」に呼ばれる六年前の一九三三（昭和8）年には、「加茂」や隣町の多古から、二〇名ほどの男性が初めて密（ひそ）かに満州奥地の背陰河（ベイインホー）へ送られたことなど知る由（よし）もなかった。

一九三八（昭和13）年には次の募集があり、再び二〇名の男性が満州へ送られた。そんなことも知らず、ましてこれが「秘密の仕事らしい」という噂（うわさ）を耳にすることもなかった。

篠塚が渡満した一九三九年には次の成人男子の募集があり、翌年まで、大量の成人男子募集があったと伝えられる。篠塚の所属する「少年隊」も、実は、前年、既におよそ三五名が送られていた。これは「少年隊」第一回前期という募集で、篠塚たちは「少年隊」第一回後期と呼ばれるようになった。

一九三九年四月一日、牛込区戸山町の陸軍軍医学校通用門をくぐった篠塚は、済生会病院、陸軍病院、軍医学校などの建物を通り越し、「防疫研究室」と書かれた鉄筋二階建ての建物をみつけた。手前にある守衛所で氏名を確認され内部へ入ると、同年代の少年三〇名が集まっていた。千葉出身のそれも近辺の者が多く、知り合いの顔がだいぶ混ざっているのを見て篠塚はほっとした。

石井部隊長が初めて少年隊の前に姿を現したのは一週間ほどたった頃だった。篠塚たち三〇名が近くの清源寺の庫裏(くり)に寝泊りして、「防疫研究室」で教育を受けるのにも慣れてきた頃である。

篠塚は初めて耳にした石井四郎の第一声をいまでも良く憶(おぼ)えている。教室に入ってくるなり、少年たちを眺めまわして、

「このなかに顔色の悪い者がいる。身体検査をもう一度びっちりやるように。寄生虫の検査も忘れないよう」

石井は副官にこう命じると、こんどは少年たちに向き直って姿勢を正し、大声でこう始めた。

「おまえたちは石井部隊の少年隊員だ。勉強すれば大学にも入れてやる。ハルビンは良いところだ。行く時期については後から指示する。とにかく東京見物でもして、うまいものでも食べていろ」

この時、石井四郎は軍医大佐で四十六歳。カイゼル髭のような口髭を生やし、太めの体に軍服をだぶつかせていた。腰に下げた軍刀も様になっているとはいえず、長靴にいたっては皺が寄って、だらしない感じがぬぐえなかった。軍人といえば、隙もないぴったりの軍服と長靴に身を固めるものと思っていた篠塚の目には、変わった軍人という印象を残した。

「防疫研究室」の授業では、部隊長が発明した「石井式濾水機」の検定試験を見に行ったり、研究室で行われている普通寒天培地の製造を見学、中国語も習った。一人一人が文官服と呼ばれる新しい制服を新調してもらった。陸軍の軍服と同じ青みがかったカーキ色の背広に同色のネクタイ、生地は将校服と同質のウールという上等なものだった。革製の長靴、内側にウサギの毛皮が入った防寒服と防寒覆面や防寒手袋まで支給された。こうして三〇名の少年の胸中には、遥か「五族共和」の大地への夢が植えつけられていったのである。

平房の一大施設へ到着

篠塚良雄ら「少年隊」が下関から関釜連絡船に乗って玄界灘を渡ったのは、約一ヵ月の研修が終了した後だった。釜山から汽車で朝鮮半島を北上、ハルビンへ到着したのは一九三九年五月十二日、四日間の旅だったと篠塚は記憶している。前日、満州国とモンゴル人民共和国の国境付近ノモンハンでは、満州国軍と外蒙兵との衝突事件が発生していた。

ハルビン駅舎はドーム型の赤煉瓦づくりの建物で、広々とした駅前広場には一頭立ての馬車、マーチョが行き交っていた。一八九八年、ロシア帝国が鉄道と商工業の中心地として建設したハルビンの街並みは異国情緒に溢れていた。

帝政ロシアが東清鉄道の建設に乗り出したとき、満州支配の拠点として松花江河畔の名もない寒村だったハルビンを選んだのは、満州の平原を北西から南東に横切る東清鉄道と満州一の大河である松花江が交わる地点だったためである。帝政ロシアが首都ペテルブルグを建設して以来、初めて本格的な都市計画のもとにつくられた街がハルビンだった。

二〇世紀に入ってから、〝東洋の小パリ〟と呼ばれるほどハルビンが美しい都市に成長したのは、ロシア人ばかりでなく欧米人と中国人が共存する国際色豊かな街になったからである。欧米人はロシア人と肩を並べて商業地区となったプリスタンに店を構えた。

とくに目抜き通りのキタイスカヤ（中央大街）には、アメリカ資本の銀行のハルビン支店、ハルビン一のホテルといわれたモデルン・ホテル、ロシア資本の百貨店である秋林洋行のプリスタン支店、キタイスカヤ一の高層建築となった日本資本の松浦洋行などが軒を並べ、カフェにはコーヒーやケーキと葉巻の香り、酒場にはウオッカの匂いが漂い、映画館ではアメリカ映画が上映されていた。

　市街地のほとんどが洋風建築の建物で埋め尽くされたのがハルビンの特徴で、ロシア正教会の聖堂やウクライナ寺院などの尖塔（せんとう）が空を仰ぐなか、ひときわ目を引いたのがアール・ヌーヴォー様式の建築物だった。

　アール・ヌーヴォーは一九世紀末、ベルギーやフランスで起こった新しい芸術運動によって誕生、しなやかな曲線を多用する様式である。西欧では住宅や商店に取り入れられたくらいだったが、ハルビンでは駅舎、官舎、学校、工場など、大きな建築や公共性の高い建造物にまでもアール・ヌーヴォー様式が取り入れられた。なかでも、ハルビン駅はドーム型の赤煉瓦づくりの外枠ばかりでなく、丸窓を多用し、駅舎の壁面やホームの屋根の鉄製飾りにもアール・ヌーヴォー様式が華やかさを添えた。

　この駅はデザインばかりでなく、一九〇九年に伊藤博文が暗殺された現場として当時の日本人にはわすれられない場所だった。伊藤博文の銅像が建っていたことを篠塚は記憶している。

　しかし、少年隊員にはハルビン駅のたたずまいに目を向ける暇も与えられるはずがなかった。いっせいに咲きはじめたアカシアやポプラの並木のつづく太い通りが、広々とした駅前広場から放射状に伸びる壮観な眺めに息をつく余裕もなかった。市内の吉林（きつりん）分室で顔写真の貼（は）ってある身分証明書を渡されたときには、既に一人が脱落、二九名が正式に少年隊員として入隊したと篠塚は記憶している。

その日のうちに迎えに来た軍曹に連れられて、二九名の少年はバスに揺られハルビンをあとに南へ向かった。市街地を抜けると、人っこひとりいない平原のなかを赤茶けた一本道がうねうねと続いていた。バスは土埃を上げながら一本道をひたすら直進した。平原は決して平坦でなく波のように起伏する。コーリャン畑の向こうに、柳の木と土塀で囲まれた低い屋根の家々が見えてくる。満人の集落だった。破壊された家屋の残骸もときどき顔を出した。人間の営みを感じさせるそんな景色が消えると、再び、樹木すらほとんどない文字通りの平原が遠く地平線まで見渡す限り続く。大陸を感じさせる自然が大手を広げているようだった。

小一時間もたったころ、茫々たる大平原の彼方に鉄条網の塀が見えてきた。バスの進路を横切るように左右に広がっている。次第に近づくと、鉄条網に沿って歩哨が巡回しているのが見える。バスはその鉄条網のところで停止した。部隊の検問所だった。数名の衛兵が全員の身分証明書をあらためる。無事、通過し、やがて滑走路のようなものが見えたと思うと、高い建物の一群が突然顔を出す。大平原のなかに忽然と現れた真新しい建物群に全員が目を見張った。少年たちはまだ知る由もなかったが、鉄条網で囲まれた広大な敷地内では一大施設が完成に近づいていたのである。

バスはさらに塀に沿って進み、やがて停車した。

「何人となんぴといえども関東軍司令官の許可なくして柵内さくに立入たる者は厳罰に処す　関東軍司令官」

　コンクリートづくりの堅固な建物入口にこの立札があった。篠塚少年は思わずこれを凝視した。

「あまり大きくない立札なのです。この立札だけで、部隊名を記した看板も何もありませんでした。しかし、ここが平房の本部だったのです」
1 　六十数年という歳月を経た現在でも、その立札を見た記憶は篠塚に焼きついている。
　立札のある本部建物の奥にはさらに数棟の建物が続いた。守衛所から入って右側の先
3 には三本の大きな煙突がそそり立ち、その奥には資材部と呼ばれる建物、左側には動物
舎、中央にはもっとも堅固な三階建ての白亜の建物が建っていた。それら本部全体を囲
7 む堀の上には二メートルほどの高さの土塀が築かれ、さらにその上に鉄条網が張り巡ら
されていた。この土塀の鉄条網には高圧電流が流れていると噂された。歩哨が常時見張
りに立ち、いかにも本部内の警備は厳重である。堀の外側の官舎、講堂などは未まだ建設
中だった。
　少年たちは本部一棟の診療室の一角にベッドを与えられ、そこで寝起きするようになった。
「最初ここに入って、どういう部隊なのか全くわかりませんでした。真新しくて立派で

広くて……水洗便所、中央集中暖房、蛇口からお湯が出るなんて見たこともなかったから驚きました。ここでは匂いも全くしない。着いて一日くらい休んだでしょうか……荷物の整理などで過ごしてから、もう次の日には教育が始まったのです」

部隊には憲兵室があり憲兵が常駐していた。大きながらんとした部屋が教室にあてられ、二九名の少年を前に初日の教育を施したのが、配属憲兵だった。

「ここは特別軍事地域に指定されている」

憲兵はこう言い放った。

「日本軍の飛行機もこの上空は飛ぶことができない」

さらに、「見るな、聞くな、言うな」が部隊の鉄則だ、と憲兵は睨みをきかせた。

「ここには保機隊がある」

憲兵はこういうと一棟から廊下を伝って繋がる中央の巨大な建物について説明した。到着したばかりの少年たちは知る由もなかったが、この建物こそ「細菌製造工場」であり、建物の中庭に七棟と八棟が四方を囲まれる形で独立して建てられた、通称「ロ号棟」である。

「許可があるまでロ号棟の屋上には絶対に上がるな」

ロ号棟の屋上に上がると、七棟と八棟に収監された捕虜の姿が見下ろせたのである。

「ここから逃げ出したら『敵前逃亡』と同じように処刑されるぞ」

憲兵は陸軍刑法を持ち出して、「敵前逃亡」という言葉を強調した。

「これほど厳重にしなければならない秘密とは何なのだろう、とワシは不思議に思いました。部隊長が軍医ですから、部隊には大学から来たと思われる医者らしい者もかなりおりました。下士官は衛生兵なのに、と首を傾(かし)げたのです」

篠塚良雄が「マルタ」という言葉を初めて耳にしたのは、到着後、早い時期だった。捕虜のことを部隊では「マルタ」と呼んでいたが、少年たちには知らされない秘密だった。ここで働く部隊員のなかでも、「マルタ」については厳重な秘密扱いで、七棟や八棟に出入りできる者もごく限られていた。

本部一棟の端にある診療室で寝起きしていた少年たちは、ある晩、夜中に車のライトで目を覚まし、全員がベッドから起き上がった。何事かと思って廊下に出ると、上階から憲兵や士官が下りて来て、こう怒鳴ってきた。

「マルタの運搬だ！　廊下に出るな」

萩原英夫の供述書

前年の一九三八（昭和13）年、この研究施設工事が完成に近づくと、京都帝国大学医学部から軍属の技師として派遣されることになった助教授・講師クラスの若い研究者が到着した。石井四郎が「御通夜(つや)回想座談会」で語っているように、清野教授などの推薦で決まった後輩や研究者である。石川太刀雄丸（たちおまる）（病理）、岡本耕造（解剖）、田部井和（チフス）、湊（みなと）正男（コレラ）、吉村寿人（凍傷）などのほか、翌年には第二陣の笠原四郎（ウイルス）、貴宝院秋雄（天然痘（てんねんとう））、二木（ふたき）秀雄（結核）などが到着。彼らが第一部研究班の班長になってそれぞれの研究を推しすすめた。

たとえば、湊正男は湊班の班長となりコレラを研究、田部井和は田部井班の班長でチフスの研究をした。吉村寿人は吉村班の班長として凍傷実験を行った。凍傷の研究のための実験室の建物は現在でもほとんど原型通りに修復されて残っている。

吉村班では冬には氷点下三〇度にも下がる屋外に人間を出して実験したばかりでなく、屋内でも温度を低温に保って研究が続けられるような施設をもっていた。残された凍傷実験室には天井の高い大きな実験室があって、屋内実験はそこで行われたという。

篠塚ら少年隊第一回後期の少年たち二九名が平房に到着した一九三九（昭和14）年五月は、七棟と八棟の内部工事が完了した時期だった。研究所など大きな建物や飛行場を建設する大工事は、大林組が請け負い現地中国人を使って完成させていた。しかし、七棟と八棟の内部工事や研究機材の搬入、設置は秘密を要するため、大林組も現地中国人も外され、「加茂」から送られた労働者だけに任された。工事は厳重な秘密のもとに行われ、その詳細は長く不明だった。

中国の中央檔案館（とうあんかん）で発見された萩原英夫の供述書には、一九三八（昭和13）年一月から翌年一月まで、七棟と八棟の建設工事に携わった萩原と弟や親戚、計七名の履歴と体験が記されてある。

この供述書で目を引くのは、萩原の実弟が第一回前期の少年隊員だったこと、さらに、一九三三、三四年という満州の初期の時代に萩原の叔父三名、伯父一名、従兄一名の計五名が既に渡満していることだった。

一九三三（昭和8）年といえば、ハルビンの鉄道連隊に東郷大佐と偽名を使った石井四郎以下数名が現れ、浜江省五常県五常近くの背陰河の酒屋へ資材を運んでほしいと頼みにきたあの年である。

「石井の勧誘によって渡満し、石井部隊軍属として各種の業務に服し、相当多額の財貨を取得した」

と記されてあるのは、萩原の叔父である石井正雄、青柳雄、瓜生栄二、従兄の萩原武史、伯父の萩原薫を含む二〇名ほどのことである。

さらに、石井四郎は彼の親戚である日雇い大工の鈴木茂を呼び寄せ、各種の建築業務に従事させ、「莫大な利益を得させた」とある。鈴木は事業を拡張し、土木請負会社「鈴木組」を設立、自らその組長になって工事全般を取り仕切った。

五常研究所（萩原は背陰河と呼ばず五常研究所と記している）で働いた萩原の五人の親族は一年ほど勤務した後、帰郷している。叔父の石井正雄はボイラー焚き、青柳雄は炊事係を務めた。叔父の瓜生栄二については「被験者逃亡の際、頭に負傷」という不可解な記述がある。これは背陰河で起こった捕虜の脱走事件にちがいない。

一九三四年九月、一六名の中国人収容者が脱走に成功し、そのうち一二名が東北抗日連軍第三軍に保護を求めたという記録がある。

背陰河で捕虜の監視役をしていた瓜生は、この捕虜脱走事件で負傷したのかもしれない。彼は再び渡満し、平房に着いてからは、ロ号棟の捕虜を監視する「特別班」の一員になったこともあきらかである。その瓜生が「五常より帰郷の際、勲八等旭日章及親戚中一時金を最も多く受領した」という記述に目が止まった。

東郷部隊で働いた「加茂」の人々には帰郷後、勲八等旭日章が与えられた。勲章授与については、前出の浅見淳軍医のインタビューテープに貴重な証言が残っている。

「……それから戦時だから勲章というのがある。勲章というのは、功績名簿というのを書いて、それを上申する。こういう戦いでこれこれの手柄があったから、殊勲甲とか乙というのを出す。ところが、七三一部隊の場合にはそれが白紙なんだ。白紙でもって、＊＊＊＊＊と書いてあり、秘密だから書けない、と。当時はそれが通ったんだ」

東郷部隊に勤務した者は石井が白紙の功績名簿を出したことによって、勲八等旭日章を授かり、さらに一時金まで支給された。捕虜脱走事件で負傷した瓜生栄二には他の親戚より多額の一時金が出た。すべて石井四郎が秘密保持のために施した配慮だった。石井とその部隊が陸軍という組織のなかでどれだけ特別な存在になっていたかを物語るエピソードである。萩原英夫の供述書はさらにこう続く。

「再び、石井部隊軍属志願者の募集あり、叔父・青柳、石井、従兄・萩原武史等率先応募した。私は叔父・青柳と石井の勧誘を受け、父母の同意を得た後、これに応募した。小作農の長男として生まれた私は家計を少しでも裕福にし、出来得れば、私の代に自作
1 農になろうと考えていたからである」

萩原は東京の軍医学校で試験に合格した後、一九三八（昭和13）年一月には、一行二
3 〇名とともに渡満した。この時、下関に向かう一行の見送りに、東京駅まで石井部隊長が姿を現した。二十一歳の青年、萩原が初めて見た石井四郎は、
7 「大兵肥満六尺に近く、顎鬚を伸ばしていた」

とある。中佐の肩章をつけ、将校外套のポケットに両手を入れ、大股にホームを駆け上がってきた。分厚い唇や顔のつくりは明治天皇に似ていると思い、「恐ろしい顔をした人だ。これが軍医か……」と萩原は疑った。責任者だった叔父の青柳が石井に出発報告を行った。

「急ぐ仕事だ。元気でやれ！」

石井は二〇名に向かってぶっきらぼうにこう声をかけた。

ハルビン到着後、全員が鈴木組に引き取られ、石井部隊臨時傭人として扱われた。当時、二十一歳の萩原の日当は二円八〇銭。大工左官は三円五〇銭から四円五〇銭、雑役夫は二円八〇銭から三円二〇銭だったため、萩原の日当は雑役夫のなかでも最低賃金だった。とはいえ、仕事もない不景気な内地では大工見習いで一日七〇銭くらいだったというから、平房では内地の四倍も稼げたことになる。萩原は彼自身が行った仕事の内容を次のように供述している。

「当時の部隊は外廓建築が大体終わり、滅菌器、その他の研究器材がホームに山積し、いよいよ内部設備に取りかからんとしていた時期であった。……私達の主要な作業場所は人間実験所の7、8棟であり、到着時、内部は入口及奥の方に若干の間切りがしてあっただけで、中間はまるで講堂の様に全く間切りがしてなかった。7、8棟は3、4、5、6棟に囲まれ外部から全く見えず、しかも入口には厳重な鉄の扉があり、3、4、5、6棟の3階の隅々には7、8棟に向けて照明燈が取付けられていた。7、8棟を囲む3、4、5、6棟（煉瓦積）及び、3、5棟に通じる廊下（4階　煉瓦積）の裾約4メートルはセメント壁で塗られてあり、3棟の屋上にはいちばん高い＊＊（判読不可能）があった。

私達は現場到着当時、建設班の工藤技手より、石井部隊長の命令として『7、8棟の内部工事を本年中（一九三八年）に終了すること、及び、業務については部隊内の人と雖も絶対口外しないこと、若し口外した場合には厳罰に処す』と伝達があった」

　萩原たちは引込み線ホームに積まれた砂や煉瓦、木材を搬入することにはじまり、七棟と八棟の新たな間仕切を命じられた。七、八棟に出入りする者は出入の際には必ず、保機隊に身分証明書を提示し、身体検査を受けた。大工や左官の責任者はその日の仕事が終わると、内部設計図を必ず保機隊に返納し、二〇名の責任者である叔父の青柳はその日の作業人員および作業種類と場所を保機隊に報告する義務があった。

「千葉班」というのが二〇名にあてがわれた名称だった。募集時には石井部隊軍属の契約だったが、鈴木組に引き取られ「隊臨時傭人」として扱われた「千葉班」二〇名には固定給しか支払われず、メンバーには不満がつのっていた。士気が上がらず工事は遅々として進まず、再度、郷里から約四〇名が投入された。四月頃、その追加メンバー四〇名が到着すると、「千葉班」は六〇名の大所帯になり、萩原の叔父の青柳雄が「千葉班」の班長を務めることになった。

　追加メンバー到着後、それまでの固定給制度を改めて、請負制度が取られるようになったため、萩原の給料も一挙に跳ね上がった。日給一〇円から二〇円くらい取った日もあり、なかには一日三〇円から四〇円も取る高給取りも現れた。到着当時、月に五〇円から六〇円しか自宅に送金できず手持ちの乏しかった萩原も、毎月一〇〇円も送金できるようになり、自分の洋服を買ったり、日曜日にはハルビンの街まで出かけて遊郭、カフェなどに出入りできる余裕も出た。萩原が自宅に送金した総額は、約一〇〇〇円にも上ったという。

人数も増え、請負制度で給料も上がると「千葉班」の工事は進捗した。萩原の供述書はこう続く。

「7、8棟の一、二階の入口および奥の二十八ヶ室の壁塗り終了後、中の空間の間切り、その為のベトン打などに着手した。この工事に着手するまで、かつて五常に於て石井部隊に勤務した人々も、第7、8棟が何に使われるかを知らなかった様である。私も着手後、二、三ヶ月後、青柳より聞き知った。之が即ち実験の為送られた人間を収容する牢である。この牢は入口が鉄の扉で、そのほか上下四面ベトン打ち、間口二・五メートル位、奥行三メートル位で、その牢は接続し、内部に便所、床のみベトン打ちの上に板がはられてある。牢は一階丈で約二十ヶ、私が帰郷した一九三九年一月には7、8棟の一階の牢も約四十ヶは完成し、二階に着手した時期であった（二階も一階と同様とすれば、牢は八十ヶ）」

この供述はさらに「私が帰郷した時期には7、8棟は未完成で、従って、実験の為送られて来る人間は収監されていなかった」と続いている。

萩原英夫が帰郷した四ヵ月後、篠塚良雄ほか少年隊二九名が到着している。その時までには、七棟と八棟の八〇個の牢も完成し、「マルタ」の運搬もはじまっていたのだろう。

同じ時期、「少年隊」第一回前期のメンバーだった実弟、萩原三雄は北川班に所属、ペスト結核菌研究の補助に従事していた。しかし、篠塚少年は萩原少年に出会うことはなく、また「第一回前期」の少年隊の誰とも顔を合わせていない。

「先輩に当たる前期少年隊は、ワシたちが入隊したときにはもうチフスに感染して大分入院していたのです。彼らは一棟の端にいて、ワシたちは一棟の別の端にいたので、接触がなかったのです」

篠塚はこう述懐する。

「後で聞いたら、チフス患者がたくさん出て、入院も多く、隔離の意味もあったのかなあと思います」

八、九月頃、同郷の萩原三雄はチフスではなく肺結核に冒されて入院。その後、故郷へ帰され、終戦時には自宅静養をしていたが、一九四六（昭和21）年に二〇代前半という若さでこの世を去った。彼もまた石井部隊の犠牲者だった。

「石井部隊の犠牲者は非常に多い」

萩原は供述書にこう記している。ハルビンには南崗（なんこう）というところに陸軍病院があった。当時、南崗の陸軍病院に収容された患者の相当数が石井部隊勤務者であったと萩原は聞いている。

「石井が五常に於て研究業務を実施中、彼の郷里、千代田村加茂を中心に募集し、現地に連れて行き使用した約二〇名中二名が死亡（戦死と云っていた）。平房に於て、直接研究業務でない建築に従事していた千葉班約六〇名中、死亡（叫谷正男、腸チフス）、罹病（萩原隆、肺結核）。私の知る千葉県で募集した少年隊四名は、今井、土屋がチフスで死亡、石井、萩原は肺結核に罹患した。少年隊四名は何れも研究班勤務である。……私達の作業を監督していた建設班は軍属が五、六名であったが、私が帰郷した一九三九年一月には小山技師が腸チフスに罹り、哈爾浜南崗の陸軍病院に入院していた。私は小山技師に稼動中特に可愛がられた関係で見舞いを兼ね、離別の挨拶に行ったが、その病室は一五、六名何れも石井部隊勤務者で腸チフス患者ばかりであった」

　篠塚など第一回後期の少年隊が平房へ着く前、萩原は既に帰国しているので、ここに記されている四名の犠牲者を出した少年隊は、明らかに第一回前期の少年隊のことである。

少年隊の一日

　石井四郎軍医大佐は「少年隊」にはとくに目をかけていた節がある。篠塚良雄によると、東京の軍医学校で初めて会って以来、平房に到着してから、何かあるとすぐに彼らを呼びつけた。

「掃除してくれとか、何とか言っては呼びつけられましたね。……そんな、掃除なんかないんですけれど、それで呼ばれて行くと、いろいろ話をしました……家族の話とか。彼はよく頭の後部につむじが渦巻いているといって自慢していました。

『俺は他の人とちがうんだ。ここを良く見ろ！』

といってそのつむじを見せるのです。隊員操縦はなかなかのものです。それから、関東軍司令官などの視察が来ると、ワシら少年隊は三棟の特別班入口に整列させられて、部隊長が『これが少年隊だ』とワシらのことを説明するわけですよ。まあ、将来、部隊の下士官にするんだとか何だとかいうんですね。でも、司令官の方はワシらに目もくれず、マスクして特別班へ入っていくんです」


少年隊の一日は起床ラッパから始まる。午前六時に起こされると、洗面抜きで軍事教練。帰ってから朝食。午前中には学科の授業がある。初日は防疫給水部の任務、人体構造から始まって、血清学、細菌学、病理学などを各研究室の班長から教わった。赤痢だと江島班の江島真平、チフスは田部井班の田部井和、コレラは湊班の湊正男など、篠塚は現在でも正確に班長の名前を記憶している。

「大学医学部出身のものはみんな技師で高等官です。その下に判任官クラスの技手というのがいるのです。その技手と獣医が多くいたのです。獣医も細菌学が専門ですからね。彼らは叩き上げの技術屋です。そういう人たちが技術面を教えました」

テキストは伝染病研究所のものが多かった、と篠塚は続けた。そのテキストには番号がつけてあり、授業が終わるとすべて引き上げられた。授業中にはメモを取ることもノートに記すことも絶対許されず、すべて丸暗記させられた。

毒物の授業では、ウサギに硝酸ストリキニーネ、青酸カリ、砒素などを注射して、ウサギが痙攣して死んでいく様子を直視する訓練が行われた。目をつぶると鞭で打たれた。

午後になると実習になる。実習という名のもとに、少年たちは三棟、五棟の二、三階にある研究室に送られ、試験管を洗ったり、細菌を検査するための培地作りの作業などをやらされた。あるいは、細菌を使った実習も行われ、生菌を使った器具の扱い方を習った。死んだ菌だと注意力が落ちるという理由である。

もちろん、平房に到着した直後には、チフス、パラチフスに始まり、ペスト、コレラなど各種の予防注射が行われていた。篠塚はこう記憶している。

「軍隊では予防注射を胸に打つんです。手に打つと手が腫れて、腕を上げて仕事できなくなるからですね。注射されると一日、練兵休という休みがある。何を注射されているのかわかりませんでしたが、一日休めて、うまいものを食べさせられ、ゆっくりできるものだから、予防注射は楽しみだったんです」

二ヵ月たった七月ころから、平房の部隊内の動きが慌しくなった。部隊のあちこちで鉄兜をかぶったり、軍刀をさした兵隊を見かけるようになった。篠塚たち少年隊が平房に到着した前日に始まったノモンハンでの戦いへの出動準備である。

満州西方の国境地帯ノモンハンは丈の短い草原ばかりが続く砂丘地帯である。圧倒的な火力をもつソ連軍の猛攻撃によって日本軍は酷い負け戦を強いられていた。ソ連の戦車に蹂躙された第二三師団が全滅した後、関東軍作戦命令にもとづき「防疫給水隊」三個が編成された。水源として使えるのはハルハ河と支流のホルスティン河のみだという。村上隆軍医少佐率いる三個の防疫給水隊は、浄水場に対する執拗な爆撃のなか、決死の第一線給水をはじめた。石井式濾水機によって一日当たり二七万から三六万リットルの浄水を提供すると効果はてきめんだった。前線の兵隊たちの需要を満たしたばかりか、戦場につきものの赤痢など消化器系伝染病が発生しなかったのである。

「俺の力で二個師団、全滅する奴を助けた」

ノモンハンで給水の指揮を執った石井は参謀本部へこう報告して、二個師団分くらいの予算を確保したという。石井部隊の隊員はノモンハンで金鵄勲章を貰い、この功績をバネに陸軍内部での力をさらに伸ばしていった。

徹底的に負け続ける関東軍は新たに第六軍を編成し、ノモンハンの戦闘に投入することになった。平房で細菌の大量生産が開始され、少年隊も動員されるようになったのは、この頃である。篠塚も菌の植え付け作業や菌の掻き取りに使う道具の準備など、各班の作業を手伝わされた。菌を培養するのに使うスタムと呼んでいた菌株を運ぶ仕事なども任せられた。篠塚はこう語る。

「このノモンハン事件のとき、どんな細菌をどのくらいつくったか、正確にはわかりません。しかし、当時の菌株は試験管に培養してあり、金網かご一個に六〇本くらい入っていましたから、菌株を取りに行った場所や運んだ本数から考えて、生産した細菌は、チフス菌、パラチフス菌、赤痢菌が、一日に三キログラム以上だったと思います」

その後、少々、涼しくなってきた頃だったから七月末近くになってから、と篠塚は記憶している。少年隊は武装した下士官について細菌を運ぶ作業に従事させられた。このとき篠塚は、生産した細菌を初めて目にした。

ガラス張りになった無菌室で、細菌をブイヨンで溶かし、溶かしたものを石油缶と同じ大きさのペプトン缶に流し込む作業を目(ま)の当たりにしたのである。缶はハンダ付けされ、ドライアイスと一緒に木の箱に入れられ、こもでくるんだ。こもというのはわらで編んだ筵(むしろ)のことである。次には縄で結わえて、それを少年隊が運搬した。一個の木箱に缶二個が入っていたから、結構、重かったと篠塚は記憶している。

「まず、部隊のクルマに積んでハルビン駅まで行きました。それから、中国人も乗っている普通客車のデッキの上にこの木箱を置いて、ワシらはその上に腰を下ろしているだけです。時々、下士官が見回りに来るんです。下士官はだいぶ乗っていましたね。だから、いま考えれば、これは一番安全な運搬方法でなかったかと思うのですね。それで、夜行列車で行って、朝、ハイラルに着いて、ハイラルからは機関銃まで積み込んだトラックに移し替えて、ノモンハンの前線基地、将軍廟まで行きました。そこまで行ってしまえば、ワシたちの仕事は終わりなんです。それが何かやった最初のことだったんです」

少年隊のなかには二名、クルマの運転ができる少年がいた。後日、篠塚はこの二人から、細菌戦の実行部隊として、細菌をハルハ河の上流、ホルスティン河に流したと教えられた。実は、碇常重少佐を隊長とする「決死隊」が組まれ、将校以下二〇名が細菌でハルハ河を汚染する作戦行動に出たのである。決死隊員の名簿には碇少佐の命令に続き、自らの血で認められた各二〇名の署名があったという。

このときの細菌の大量生産で少年隊二九名のうち、二名がチフスに感染して死亡している。隊員が死亡すると、薪を積み上げ、その上に遺体を載せて荼毘に付す。その後、何人かまとめて部隊葬が行われる。

「君の英霊、天に忠す。ああ明なるかな、聖なるかな……」

石井部隊長の弔辞は必ずいつもこの文句で始まった。その独特な言い回しと唸るような低い声には、引き込まれるような感じがあったというが、篠塚にはわすれられない声なのであろう。数回にわたるインタビューのなかで、何回か口にしていた。

授業が休みになる土曜午後と日曜日には、平房の施設の警備も手薄になる。当時、宿舎が完成していなかったので、ほとんどの隊員はハルビンから通っていた。休みの日に常駐していたのは日直司令と日直のみ。悪戯盛りの少年たちは航空班に行ってプロペラをまわしたり、動物舎に行って馬に乗ったりした。おとなしい馬だと思ったら採血中の馬だったこともあった。

一方、少年たちはどうしても入れない七棟と八棟に興味津々だった。なかには勇敢な少年がいて、夜中になってから数名を誘い、特別班の入口に探検に出かける。入口は常駐体制で頑丈な鉄の格子が閉まったきり、そこにはメリケン粉や豚肉、野菜など、豊富な食材が転がっていた。運搬員もこの鉄格子内部には入れないため、食料をただ投げ込んでいたのである。内部では別に食事を作り、「マルタ」には健康に配慮した栄養のある食事が供されていた。

もうその頃には篠塚にも、高い煙突から上がる煙が実験で死亡した「マルタ」を焼いている煙だということがわかっていた。

「隊員はみんな感染します。それも下っぱ隊員ですよ。上の方はそういう危ないことに手をつけません。そのために少年隊というのを教育したんです。十四、五歳から細菌の扱いを身につけさせるために……。細菌のことを本当に知っていたら、怖くて手も出せません。ワシら、知らないからできたんです。だから、感染したのが多いのです。それから年数が経つと、防ぎ方もわかるし、免疫もできてくるのでしょう。常に予防接種を受けていましたからね。それでも、部隊にいる限り、いつ命が無くなるかわからないんです。いつ、感染するか、わからないんですよ」

チフスで死亡した二名の少年の遺灰は、仲間の部隊員によって千葉県の自宅まで届けられた。「加茂」の近くでは白い箱を首から吊るした遺族がひっそり村内を通り過ぎるようになった。しかし、死因については「戦死」というだけで、本当の原因については説明もなかった。

1 「ワシら、第一回前期後期あわせて六〇名ちかくいたというのですが、生きて帰れたのは半分もいない……感染したり、あるいは南方へ送られて戦死したり……いつも命と引き換えでした」

篠塚は声を落とした。篠塚を誘った二人の先輩は、一年後には現役志願して平房から
3 離れて行った。部隊から逃げ出すには現役志願するほかに手はなかった。しかし、十八歳以上にならないと現役志願はできない。その年齢に達していない篠塚少年には、部隊から逃れるすべもなかったのである。

7 少年隊から「柄澤班」へ

一九四一（昭和16）年十二月八日、篠塚良雄はラジオから流れてきたそのニュースを鮮明に記憶している。彼は三棟の入口にいた。三棟入口の壁にはスピーカーがあって、

いつも内地のニュースや部隊長の訓示を流していた。

「大本営陸海軍部午前六時発表、帝国陸海軍は本八日未明西太平洋において米英軍と戦闘状態に入れり……」

ハワイのオアフ島真珠湾への奇襲攻撃を伝えるアナウンサーの少し上ずった声が続いた。

「ワシは三棟の入口に立ち止まって、それを聞いた記憶があります。驚いた感じもなかったし、まわりに人数が多く集まっていたわけでもないんですよ。だから、部隊員が動員されてこれを聞けというようなものではなかった。歓声とか興奮した声も聞かれませんでした。……七月の関特演（関東軍特種演習）の時点でもう、北か南かという話が出ていましたから、突発的なことのように感じなかったのだと思います」

篠塚が語るように、その年、満州から中国の南京、上海、徐州を占領した関東軍はさらに南下、仏印（ベトナム）北部まで進駐していた。さらに南進すれば仏印南部、タイ、蘭印（オランダ領インドネシア）やフィリピン（米国領）にまで足を伸ばすことになる。米国は日本軍の動きを警戒し日米交渉が始まったが、七月になると、さらに南進することによって「対英米戦争も辞さず」と御前会議で決定が下された。同時に、対ソ戦に備え「関特演」の名のもとに満州への大動員がかけられた。

関特演が始まった時、篠塚は盲腸炎で入院していた。石井部隊にも動きがあったらし

いが、入院していたために関わらずに済んだという。八月、ハルビンの陸軍病院から平房へ戻ってみると、

「少年隊はもう解散した」

と聞かされた。篠塚が配属されたのは、第四部第一課柄澤班だった。給料も月四五円支給されることになり、「化学兵器取り扱いを命ず」という命令を受け、化兵手当として二五円、さらに在外地手当が加算されることになった。

「少年隊のときは、金はもらったと思うけれど、あまり記憶にないですね。恐らく、食べ物も与えられるので、そんなに金は出なかった。柄澤班に配属になってから、手当も入れて相当になったのですが、給料を貰うようになると、こんどは食事代も自分で払います。実際、自分で手に入れたのは給料分くらい、たいした感じではなかった。それに日本へ帰るときのためといって、全部、貯金させられてしまうんです」

　少年隊が解散したとき、比較的体力が強いが、学業劣等な者は肉体労働を主とする班に、学力優秀な者は主として研究班に配置された、と萩原英夫の供述書にある。篠塚良雄は学力優秀と判断された。第一部・研究、第二部・実験、第三部・防疫給水に続く第四部・製造の第一課にまわされた。第四部部長は千葉県出身の川島清少佐。細菌製造を専門とする部で、柄澤班が実際の細菌製造作業を行った。

　班長の柄澤十三夫は、ひょろりと背が高く痩せていて色が浅黒く、年の割に老けて見

えたのは、彼が極貧のなかから身を起した苦学生だったからに違いない。柄澤が平房に配属された当時は二十八歳、内地から妻と幼い長女、母親も伴って着任、東郷村と呼ばれる官舎が出来るまではハルビンから通っていた。

柄澤は一九一一年七月、長野県小県（ちいさがた）郡豊里村という寒村に、小学校教員の次男として生まれた。十三夫という名前の由来は、いかにも貧乏人の子沢山と陰口を叩かれた当時の貧困を象徴するようである。柄澤家でも子供が多く家計は苦しかった。長男が早逝したため跡継ぎが望まれたが、次々と女の子が誕生、ようやく一三番目に生まれた次男を「十三夫」と名づけた。柄澤家を継ぐ跡取りとして十三夫は家の期待を一身に集めて育てられた。

勉強熱心で生真面目（きまじめ）な十三夫は医者を目指した。当時、陸軍省依託学生という制度があり、医大へ進めば在学中、陸軍省から援助を受けることができたが、卒業後には陸軍へ入隊する義務が生じた。東京医学専門学校（東京医科大学）へ入学した柄澤は、卒業後の一九三六年、陸軍軍医学校へ入学。平房へ配属されたのは一九三九年十二月、ちょうどノモンハン事件に出動した部隊が帰還した頃だった。

「この部隊の軍医将校はほとんど大学出で占められているので、柄澤十三夫のように医専（医学専門学校）出身で、また依託学生というのは少ないんですね。そこでちょっとランクが落ちるわけです。だから、その辺からやはり実直というか、命令は本当に忠実に守るというようだったんでしょうね」

篠塚は当時の柄澤を評してこう語り、高等官食堂で食事できる身分だったが、いつも米を持参、将校飯盒(はんごう)でそれを自分で炊(た)き、ものもいわず一人で食べる姿を思い出した。高等官食堂の食事代は結構高いため、柄澤は倹約していたのである。さらに、将校になると軍服も自分で仕立てなければならない。当時の軍服は襟章(えりしょう)式になっていたが、柄澤は古い軍服で通し、特別のことがない限り新しい軍服を着用しなかった。

それだけ締り屋であるばかりでなく、実直さが取り柄の柄澤は、それ以上に四角四面な性格でもあったため、日直司令のときには、隊員全員の証明書を必ず検査しなければ気が済まなかった。他の将校なら適当に済ませるところでも、融通の利(き)かない柄澤に好意をもたないものもあったと篠塚は振りかえる。篠塚はこうも続けた。

「将校飯盒で米の飯を炊いた理由はもうひとつ、自分で炊けば毒を入れられる危険がないからですよ」

柄澤自身、自分に好意を抱かない者がいることをよく知っていたと実感させるエピソードである。同時に、部隊員同士のあいだには、ときに醜悪な緊張関係が生じることも物語っている。

柄澤班の研究室は五棟の一階と二階にあり、班員は一〇人ほど。獣医の宇野誠という技手の手伝いが篠塚の仕事になった。朝起きて研究室へ向かい、宇野の命令通り各種作業を行う。いちばん多い仕事は、細菌の菌数計算と呼ばれるもので、部隊で作った細菌の生菌数がどのくらいか、生菌率がどれくらいか、動物を使ってテストする。篠塚が専門にやらされたのはマウスを使ったペストの毒力実験だった。

「ピペットというのを使うんですね。ペストの生菌計算をしてから、細菌を薄めていくために……ピペットにはメスピペットというガラス管があって目盛りがずっと細かくついている。あれ、口で菌を吸うんですよ」

　篠塚の言葉を聞いた途端、思わず、口で吸うんですかとわたしは聞きかえした。

「そうです。スポイトでやったら正確さを欠くんです」

　吸いすぎたらペスト菌が口に入ってしまいますね、と思わず当たり前のことを口にすると、

「だから、失敗すると入るんです」

　篠塚は穏やかな調子で答えた。

「……それで亡くなった方もいるのですか……」

　こう口にしたわたしに篠塚は続けた。

「ええ、そういうこともあって……掻き取るときに感染したものが多かったですね」

　細菌の掻き取り作業というのは、一人ができ上がった細菌を「掻き取り棒」ですくい、広口のペプトンの空瓶の上に出すと、もう一人が「掻き落としベラ」で空瓶のなかに入

れる作業のことである。無菌室のなかで行う。

細菌の大量生産を行う時には、石井四郎の発明した「石井式培養缶」のなかに細菌の植え付けを行い、これをチェーンコンベアで孵卵室に入れ、だいたい二〇時間ほどかけて培養する。でき上がった細菌を掻き取り作業によって集めるのだった。

チェーンコンベアを使った作業工程で、部隊の設備をフル稼働させると、一〇〇〇缶の「石井式培養缶」が操作できた。培養時間を含めて全工程約三〇時間で一〇キログラムという膨大な量の細菌をつくることができたと篠塚は記憶している。

細菌の大量生産は、班内で「サクメイでやる」という言葉ではじまった。サクメイとは作戦命令の略称であり、「関作命（関東軍作戦命令）第×号」という命令が下ると、柄澤班には他班から部隊員が動員される。

篠塚の記憶にある限り大量生産した細菌は、ペスト菌、チフス菌、パラチフス菌、赤痢菌、コレラ菌、炭疽菌だった。

「培地に生産されたほとんどの菌は、透明感があって、きれいに見えます。ペスト菌というのは、納豆を掻き回すとたくさん糸をこう引くでしょう。あれと全く同じように糸を引くんです。その糸だって触れれば感染します」

篠塚によると、赤痢菌はキュウリのような匂いがしたという。コレラ菌は掻き取るとガサガサした感じ、炭疽菌には少し濁りがあったという。ペスト菌や炭疽菌は経口感染する。作業中はマスクをつけ、白衣を着てゴム長を履いた。防菌着というゴム製作業着もあったが、これを着ると仕事にならなかったので、使わなかったという。作業の後では消毒液の噴霧を通り抜け、必ずクレゾールの風呂(ふろ)に入った。しかし、それでもいつ感染するかわからないため、部隊で開発したワクチンを定期的に接種した。ペストのエンベロク・ワクチンは副作用が酷(ひど)かったという。

班長の柄澤は大量生産になると、「少々の雑菌は掻(か)き取れ」と指示した。雑菌の入った細菌が、予防ワクチンに使えないことは篠塚でも知っていた。大量生産した細菌を何に使うのか、どこへもっていくのか、最後まで柄澤班長は説明しようとしなかった。とはいえ、生産された大量の細菌は、三谷班で乾燥細菌として使われるものを除き、南京などへ送られるらしいと篠塚たち下級部隊員は聞いていた。

あれはまだ少年隊だった一九四〇年夏頃、平房の引き込み線から遠征部隊が出かけて行った光景を篠塚は記憶している。高圧滅菌機、乾熱滅菌機、コッホ釜(がま)、シャーレ、コルベン、各種材料や薬品などを積んだ汽車が南京方面へ向かって行った。二ヵ月後には新京でペストが発生。出動した石井部隊とともに、新京へ派遣された篠塚はネズミを捕まえるように命じられ、捕獲したネズミのペスト感染の有無を調査したことがあった。そのほか、細菌を積んだ爆弾の被害を調べる実験などは、安達(アンダー)にある野外実験場で行われた。そこは平房からハルビンを越え、北に二〇〇キロ近くも離れた平原のなかにぽつねんとある寂しい実験場で、篠塚がでかけたのは一回きりのことだった。

石井部隊長の解任

「柄澤班」に勤務するようになってから、篠塚は交替で宿直にも立つようになった。第四部の宿直室というのは三棟にあった。各階に宿直がいるため、夜も更(ふ)けてくると、宿直に立ったもの同士が集まり、暇にまかせて世間話をする。時には、内部の秘密を口にすることもあった。深夜になると、宿直室は情報交換の場になるのだった。

1 平房に着いてしばらく経ってから、「マルタ」が何を意味するのか、「ロ号棟」で何が
3 行われているのか、篠塚にも次第にわかるようになっていた。七棟と八棟の屋上へ行くことは禁止されていたが、体操の時間、「ロ号棟」の屋上へ上がるよう命令されたこと
7 もある。体操をしながら中庭を見下ろすと、足かせをはめられた中国人の姿が目に入ったこともあった。しかし、部隊員の動きは「見るな、聞くな、言うな」の鉄則によって拘束され、とくに「ロ号棟」の内部はベールに包まれたままだった。

「特移扱(とくいあつかい)」という耳慣れない言葉について聞いたのも、宿直の時だった。憲兵によって捕まったものは、スパイ容疑者であろうと、犯罪者であろうと、あるいは無実の市民であろうと一度「特移扱」という烙印(らくいん)が押されると「マルタ」になる運命が決まるのだという。

彼らはハルビン市内の特定の場所へ集められる。駅近くにあるハルビン特務機関、憲兵隊分室、憲兵隊本部、そして石塀に囲まれたクリーム色の瀟洒な洋風二階建て建物の地下室。そこはハルビン日本領事館の地下室だった、と七三一部隊第三部本部付運輸班に勤めた越定男は著書『日の丸は紅い泪に』に書いている。

「マルタ」運搬の特別車がそれらの場所へ定期的に迎えに来る。防疫上の実験材料とみなされたマルタは一本、二本と数えられ、手錠がかけられ腰のまわりにロープを二重巻きにされて、五人から一〇人が数珠繋ぎにされて引き立てられていく。運転手は「マルタ十本受領」という言葉をかけ平房へ連行するのだった。

あるいは、安達の野外実験場へ送られた「マルタ数本」が杭に縛り付けられ、実験材料にされる様子を篠塚は他の宿直から聞いたこともあった。その日の生体解剖の話もここでは話題になった。

篠塚自身に人体実験と生体解剖の命令が下ったのは、一九四二年十月頃だったと記憶している。初めての実験は、五名の中国人捕虜の採血を行い、そのうちの四名に四種のペスト予防注射液を注射。一週間後、再び同様の注射をした。一ヵ月後、こんどは〇・〇五ミリグラムのペスト菌液一CCを全員に注射して観察した。その結果、五名全員がペストに感染、三日後に三名が死亡。この三名は第一部笠原班で解剖された後、特別班にある火葬場で焼かれた。ほかの二名は重症ペスト患者として、診療部の生体実験にまわされた。

　このときの生体解剖には立ち会わなかったと篠塚はいうが、十一月に入ってから柄澤班の生体解剖の手伝いを命じられた。それから同じ命令が三、四回続いた。

「下っぱ隊員がペストにかかるでしょう。ペストっていうのは日本人がかかる病気じゃないんですよ。そういう病気に感染すれば、ハルビンの陸軍病院には収容できない。そうなると、どこに入れると思いますか。特別班ですよ。あそこに監禁して、一応は治療をするのでしょう。でも、助からないことがわかると、同じように生体解剖ですよ」

　篠塚の言葉に驚いたわたしは、仲間の解剖に立ち会ったことがあるか訊(たず)ねた。

「一回だけありました……これは天皇陛下のため、国のためだ……解剖されること自身もね。細菌学の分野では必ず生体解剖じゃないと効果がないんです。なぜかというと、人間、息を引き取って死亡すると雑菌が入っちゃうんです。だから、瀕死(ひんし)の重症で、まだ雑菌が入らないうちに解剖して、必要なものを取り出すというんです」

　何を取り出すためなのでしょうかと訊(き)くと、篠塚はこう続けた。

「当時、動物体を通せば毒力は強まる、という説があったのです。だから、生体実験、生体解剖をやるひとつの目的は、次に必要な細菌の大量生産のために、ワシらがスタムと呼んでいた菌株を手に入れることだったんじゃないか、と思うんですね。人間の体を通せば、毒力は強まるといっていましたから……。新京に近い農安というところでペストが出たことがありました。確か、一九四〇年頃ですね。あれも、ワシなんかは防疫団というのに参加して、持ち帰ってきたのは菌株でしたからね」

医学的に見て、動物体を通せば毒力が強まるかどうか、ある微生物学の名誉教授に意見を仰いだところ、

「一般的医学常識としては、動物通過により病原体の毒力は強まるといわれています。しかし、エビデンス（医学的証拠）というと、なかなか答えにくい問題です」

という返事だった。予防医学講座の教授に頼んで、もう一人の微生物学者に聞くと同じ答えである。

「臨床株の方が実験室株より毒力が高いというのが、現代の医学常識です。動物の体内通過株は、臨床株同様、生体の防御機構に打ち勝って、選抜されて生き残ってきたと考えられますから、毒力が高いといえます。動物体を通して強毒株を分離するのは、よくやられることです」

篠塚の知る限り、生体解剖のメスを執るのは技師が多かったという。技師のなかには京都帝国大学から送られてきた医者が多かった。軍医学校で多少の教育を受けて送られてきた技師も、半年もすると人間が変わってしまう様子を篠塚ははっきりと見たことがあった。

「京都大学を出た宮崎というのがいたんです。いまでも思い出すのですが、彼が来た頃

には、人間の幸せについて話してくれました。人の幸せってわかるか。自分が幸せだと思えば、幸せなんだ。不幸だと思えば不幸なんだよ。……そんな話をしていた人間が、半年もしたら、そんなことはもういわない。あの部隊に入れば、人間も変わるんです」

変わらないのは部隊長ひとりだったのかもしれない。石井四郎は相変らず夜型で、夜も更けると研究に没頭し、昼間は寝ている。自分の研究室に閉じ籠ったまま数日出てこない時があるかと思うと、次の日には薬剤師の増田美保が操縦する飛行機で東京へ帰っ
1 ていった。

「予算のことでちょっと行ってくる」

3 身の回りの世話をしていた渡邊あきに、いつもこういい残して発つのだった。

変わったところといえば、一九四一年三月に軍医少将になってから、髭も剃り落とし、
7 身なりにも気をつけるようになったことだという。部隊員は少将に昇進した石井を「閣下」と呼ぶようになった。

一九四二年七月末、軍服にぴったり身を固めた石井少将が部隊員を講堂に集めた。部隊長が八月一日をもって「七三一部隊を離れる」という突然の決定が発表され、隊員は言葉を失って立ち尽くした。石井は演壇に立つと、テーブルを叩いて声を上げた。

「日本はＡＢＣＤの包囲網にやられた。やらねばならぬ、やらねばならぬ！」

演壇に上がるとマイクをもったままステージを動き回り、長い演説を聞かせた石井が、この時ばかりは言葉を失ったかのように、「やらねばならぬ！」を連呼するばかりだった。

「やらねばならぬ！　やらねばならぬ！」

篠塚良雄が石井四郎を見たのはこれが最後になった。

この三ヵ月前、突然、日本上空にアメリカ軍のＢ25爆撃機が編隊を組んであらわれ、東京、神奈川、名古屋、神戸を空爆した。これほど早く内地が米軍機によって爆撃されるとは思わなかった日本軍は面子（めんつ）を失い狼狽（ろうばい）した。太平洋上の米空母から出撃したドゥーリトル陸軍中佐率いる爆撃機一六機による捨て身の空爆だったことがわかると、日本軍は、日本海を飛び越えた米軍機が着陸を予定していた中国内の飛行場を攻撃して、その後の利用を封じる作戦に出た。「浙贛（せっかん）作戦」と呼ばれたもので、この地域の各飛行場を徹底的に破壊、さらには大規模な細菌地上撒布（さんぷ）を行うことにした。日本軍撤退後、飛行場のある地区を「伝染病流行地」にして飛行場の修復と再使用を阻止しようという目論見（もくろみ）だったのである。

天下分け目の大激戦

石井部隊は一九四〇（昭和15）年から、中国東部や中部の都市に対し、細菌攻撃のための各種の「実験」を行っていた。これらの「実験」については、中国側の被害報告や『ハバロフスク公判書類』に供述があるばかりでなく、戦後、おこなわれた米軍の尋問調査にも、その後、一九九三年に防衛庁防衛研究所図書館で見つかった「井本日誌」にも詳細が綴られている。そこにはこれが「実験」というより、日本の陸軍が総がかりで行った「作戦」であったことが明らかになっている。

「井本日誌」によると、一九四〇年六月五日、参謀本部作戦課の荒尾興功中佐、支那派遣軍参謀の井本熊男少佐、中支那防疫給水部の部長代理である増田知貞中佐のあいだで実施計画が練られた。実施部隊は支那派遣軍総司令部直轄とされたが、直接的な責任者は石井四郎、作戦のために「奈良部隊」が臨時編成された。

具体的な作戦の方法としては、概ね四〇〇〇メートル以上の高度から、雨下による菌液撒布とペストに感染させたノミである「ペストノミ」の撒布を行うとされた。しかし、実際に被害が確認された地域での証言によると、ペストノミはかなりの低空から撒布されている。

九月十八日から十月七日の間に六回の細菌戦攻撃が、浙江省の寧波、金華、玉山などの都市に対して行われ、スパイを使って攻撃目標地区にコレラ菌やチフス菌の菌液を撒布する謀略手段も用いられた。

しかし、コレラやチフス菌が期待したほどの効果を上げなかったため、ペスト菌に重点が置かれるようになり、ペスト菌に感染したノミを十月下旬には寧波へ、十一月には金華へ投下した。石井はペストノミを使った作戦の成果に大いに満足し、記録フィルムを製作して軍隊内で大々的な宣伝をする一方、ペスト菌をそれ以降の大規模な細菌作戦の兵器として選び、ペストノミの生産能力の拡大に力を入れるようになった。

翌四一年十一月の常徳作戦についても「井本日誌」は詳細を記している。八月、南京に赴いた井本熊男中佐は大本営陸軍部の杉山参謀の指示により作戦発動を命令、作戦の指揮をとったのは石井部隊の大田澄。十一月四日、三六キログラムのペストノミを常徳上空高度一〇〇〇メートル以下から投下した結果、「猛烈なる『ペスト』流行」と誇大に報告している。

翌四二年の「浙贛作戦」では地上撒布も試された。ハバロフスク裁判で起訴された川島清は訊問に答えてこう供述している。

「一九四二年六月第七三一部隊長石井中将は、部隊の幹部を集めて、近く中国中部派遣隊が編成され、これは細菌兵器の最良の使用方法の研究に当たる筈であると我々に語ったのであります。その派遣隊は、日本軍参謀本部の命令によって編成され派遣されたもので、その主要な目的は、所謂地上汚染方法、即ち地上に於ける細菌の伝播方法の研究でした。ついで、中国中部に特別隊を派遣することを命じた関東軍司令官の命令が出ました」(『ハバロフスク公判書類』)。

同じく『ハバロフスク公判書類』で証人の古都（ふるごおり）ヨシオはこう証言している。

「一九四二年七月に、一二〇名の将校および軍属からなる第七三一部隊別班が汽車で哈爾浜（ハルビン）市を出発しました」

南京で南京栄一六四四部隊（通称「多摩部隊」）から一団の軍人が合流したか、という質問に古都は「その通りであります」と答え、七三一部隊の派遣隊は、石井少将が指揮しました、と続けた。

「私が参加した派遣隊の業務は（略）貯水池、河川、井戸、建物をチブス菌およびパラチブス菌によって汚染する方法による細菌攻撃でありました」

しかし、「井本日誌」によると、現地の支那派遣軍のなかに、地上での細菌撒布は味方に被害が出ることを懸念する声が上がり、またネズミ不足もあって、攻撃は八月中旬に延期された。

現地の支那派遣軍が懸念（けねん）したように、この作戦によって、一万人の被害が出たという証言もある。赤痢とペストの患者も多く、またコレラ患者を中心に一七〇〇人以上が死亡したというのだ。皮肉なことに犠牲者の多くは日本兵だったという説もあり、この作戦がどれほどの大失敗だったかは明らかだった。しかし、部隊員にはこの作戦が「成功だった」と石井から伝えられた。川島の供述はこう続く。

「細菌作戦が全く計画的に実施され、完全に成功したことを知っていますが、その作戦の結果に関する詳細は、私には不明であります。作戦が成功したことは石井中将の言によって知っています」

八月一日、石井四郎は山西省第一軍軍医部長に異動になり、替わって部隊長に任命されたのが、奉天にある満州医科大学教授だった北野政次である。東京帝国大学医学部を卒業後、軍医学校へ入った石井の同期で、同じような昇進を続けたあのライバルである。

東大医学部出身で博士号をもつ北野は、内心、京大出の石井には多少の優越感を抱いていたかもしれない。実際、学者としては北野の方が多くの論文を発表していた。しかし、北野には石井のような政治力も、アイディアも、そして何より大風呂敷を広げ上官を煙に巻いて説得するような弁舌の才もなかった。

「北野はどちらかというと学者であるし、石井とはタイプが違いましたね。現役の軍医として、微生物の教授をしていたわけですから、大きな組織を指導するリーダーとしてはあまり有能ではなかった。いわば、留守番だったのではないですか」

篠塚はこういって、石井が異動になった理由について続けた。

「結局、石井は金の使い込みがわかったので、異動になったと盛んにいわれました。総務部長の中留金蔵がそれをみつけて報告したというんですね。でも、ワシなんか、そうではないと思います。平房ではもう全体を指揮できなくなったのですよ。当時はもうシンガポールまで防疫給水部が広がっていますからね。開発時期ならいい。しかし大々的な細菌戦をするにはハルビンでは指揮がとれない。それに金のことが問題になったなら、普通なら予備役になって軍法会議。その後、中将に昇格するわけはないですよ」

山西省第一軍軍医部長に異動になったとはいえ、石井が浙贛作戦を指揮していたことは『ハバロフスク公判書類』のなかで、当時、第一三軍に勤務していた三品タカユキが証言している。石井は八月二十四日か二十五日に現地へ到着し、秘密会議を召集。随行してきた二、三名の軍医が残留して戦線にペスト菌を撒布。会議の後石井は、飛行機で南京へ赴いた。

しかし、石井の第一軍勤務は長くなかった。一年後には軍医学校付として東京へ帰還する。

石井四郎が東京の軍医学校へもどった同じ一九四三（昭和18）年八月、浅見淳軍医も軍医学校へ帰り「防疫研究室」勤務になった。浅見淳軍医のインタビューテープはそれからの石井についてこう語っている。

「（防疫研究室に）帰ってからやった主な仕事というのは、サイパンとかグアム、テニアンの基地を細菌で毒化できないかということだった。それで恐らく石井さんは初め参謀の連中に『できます』と言ったんだろうと思う。それでサイパンやグアムの面積を出して、どれくらいの有毒ノミを落とせば良いか。そのノミを養うためのネズミはどれくらいか。そういうことを全部計算させられたんだ。ところが、計算してみるとそれは莫（ばく）

大なもので、とてもとても日本にはできないというような数字が出たのでしょう。いろいろ交渉したり、折衝があって昭和二十年七月には中止命令が出た」

一九四三（昭和18）年に入ると、平房では部隊から異動する隊員が増えていった。熾烈な戦いでガダルカナル島を落としてから日本軍は完全に守勢一方となり、満州にいた関東軍精鋭部隊を太平洋戦線へまわしたためである。関東軍防疫給水部にも「南方転用」の命がくだり、太平洋の島々へ送られていく部隊員の数が次第に増えていった。

南の島で命を落とした元部隊員も多かったが、これだけ広範囲に部隊員が散らばっていけば、早晩、捕虜になり、部隊の秘密を明かすものが出たとしても不思議はなかった。

一方、篠塚良雄もハルビンで現地徴兵されることになり、一時、内地へ帰り着いた。一九四三年三月のことである。十五歳で平房に送られてから四年近い歳月が経ち、篠塚も十九歳になっていた。しかし、その後再び、満州へ引き戻され、一九四五年六月には第一二五師団軍医部に配属になった。

同一九四五年三月には、約三年ぶりに、石井四郎も平房の七三一部隊長に復帰した。サイパンやグアムの毒化作戦中止の命令が出る四ヵ月前である。部隊着任後、七三一部隊に課せられた重大な任務について石井は熱弁を振るっている。

「石井は一九四五年六月から九月にかけて、天下分け目の大激戦が予想され、その時には日本本土へアメリカの上陸作戦が予測されると述べ、さらに我々は最も綿密にアメリ

カ及びソヴエト同盟に対する戦争に備えなければならないと語りました」（『ハバロフスク公判書類』被告西俊英の供述）

　続けて、石井はこうも言い放った。

「戦況は悪化しつつある。（略）春の末、あるいは夏に日本の好転を期して、細菌兵器を含む最後の手段を用いなければならないであろう」

　証人堀田は石井の以下の言葉を記憶している。

「部隊着任後、彼（石井）は、第七三一部隊に課せられた重大な任務に就いて、我々に屢々語る様になりました。彼は、一九四五年六月より九月までの時期に、ソヴエト同盟に対する戦争がある筈であるが、その戦争――彼の言によれば――決戦の準備に拍車をかけねばならない旨語りました。更に、私は、齧歯類の繁殖業務が活発化されたことを知っています」

　〝天下分け目の大激戦〟など当時の演説を見ると、石井はソ連との戦争が始まることを見抜いていたように見える。こうして〝最後の手段〟を用いるため命令されたノミの大量増殖を進めるうち、八月九日を迎えたのである。

第四章　ハルビンへの旅

二〇〇四年夏、黒竜江（こくりゅうこう）省の省都ハルビンではいたるところで大型クレーンが空を仰ぎ、いかにも急ピッチの建設ラッシュがつづいていた。どこの通りも渋滞でごった返し、歩行者を蹴散（けち）らすクルマの警笛の音が街中に響きわたる。人口五七〇万人の都市に成長したハルビンは、初めてこの国に起ったバブル経済の波に洗われて右往左往していた。

　タクシーで市内の雑踏を抜け、学府路という国道を南へおよそ二四キロ、かつては樹木すらない文字通りの平原だったこのあたりも、国道沿いの自動車販売店と、はるか彼方（かなた）までつづく畑が混在する、いわゆる開発途上の郊外都市に変貌（へんぼう）していた。半時間ほどで畑の小道を左折、並木道をまっすぐ進むと「平房」に入った。七三一部隊のために原野のなかに拓（ひら）かれたかつての軍用道路も、いまでは平房へ通じる一般道路と見わけがつかなくなっていた。

　七月、一時帰国したわたしは、成田空港からいったん東京へ入り、新幹線で新潟へ出て、そこからハルビンを目指した。成田から北京（ペキン）まで飛んで、ハルビン行きに乗り換えても良かったのだが、日本海を飛び越え二時間あまりで新潟からハルビンまで運んでくれる中国民間航空会社の直行便を試したくなったのである。

「南方航空」の旅客機MD150の旅は快適だった。機体は新しいとはいえず、座席も狭くるしかったが、初々しいスチュワーデスの親切なサービスで中華料理の機内食を食べ終える頃にはもう哈爾浜（ハルビン）空港に到着していた。その晩は松花江（スンガリ）の畔（ほとり）にある松花江凱菜商務酒店に泊まり、翌朝、平房へ向かったわたしは古い民家やアパート、雑多な商店が混在する平房のぬかるんだ車道の右側に、見覚えのある二階建ての建物を見つけた。

哈爾浜市平房区新疆（しんきょう）大街21号。守衛所のような小屋の横にある格子（こうし）の門から五〇メートルほど奥まったところに、その建物はひっそりと建っていた。一歩足を踏み入れると、広大な敷地内からは何の物音も聞こえない。驚くほどの静寂である。通りの喧騒（けんそう）から見事に隔絶されたこの空間が、すっかり修復された赤煉瓦の屋根と煉瓦造りの壁面をもつこの建物を現実からすっぽり引き離し、訪れる者を六〇年以上前のあの頃に連れもどすようだった。

この建物に見覚えがあるのは、七三一部隊の記念写真は必ずといってよいほど、この建物を背景に撮影されたからである。「満州第七三一部隊高等官団（於昭和十八年六月二十五日第八回創立記念日）」の写真を見ると、この建物のこの正面玄関を背にした九八名の高等官が四列に並んでカメラに収まっている。

731部隊本部跡（著者撮影）

これは一棟と呼ばれた建物で、かつては総務部や診療部があった。少年隊の一員として平房へ送られた篠塚良雄が到着してからしばらく寝泊りしたのもこの端にある一室だった。細長い建物で、中央に三角形の屋根をいただく正面玄関がある。

この建物は四年前まで地元の中学校校舎として使われていた。二〇〇一年九月から「侵華日軍第七三一部隊罪証陳列館」として公開されるようになったが、二〇〇五年現在でも西側半分は中学校としてまだ使われている。

その玄関と建物全体を目の前にしてわたしは複雑な思いにとらわれていた。数え切れないほど何度も写真で見てきた七三一部隊の本部跡へついに到着したと思うと、すぐこの建物に入りたいという気持ちでいっぱいになるが、同時に恐怖感も覚えた。建物右手手前には黒い御影石で「本部大楼」と記されている。その下には英語で「七三一部隊のメイン・ビルディング」とあった。

一棟の右側二階の端がかつて石井四郎の部屋だったという。その先のずっと奥の方に、蒼い空にひときわ映えるコンクリートのオブジェのような建造物が高い空を仰いでいる。それが全壊されずに残されたボイラー室と二本の煙突の残骸だった。七三一部隊というとすぐさま思い浮かべるシンボルになっている。

一九四〇年八月当時の航空写真をもとに作成された研究施設の全景図を見たとき、一棟の右手斜め先の位置にボイラー室があったのを思い出した。一棟の建物とボイラー室というそのふたつの映像がようやくいま一枚の絵のなかで結びつくのを感じた。同時に、全景図を見たとき、すぐ近くにあるように見えたふたつの建物のあいだにかなり距離があるのを実感した。

叔父を亡くした王選

この旅の通訳と案内役を引き受けてくれたのは、上海から来た王選という中国人女性だった。彼女は浙江省衢州市（当時、衢県）、寧波市、義烏市崇山村、湖南省常徳など六つの地域の被害者が日本政府を相手に提訴した細菌戦裁判の原告代表を務めた。

「こどもの頃、父からペストの話を聞きました。日本軍が父の故郷の崇山村へペスト菌を撒いたので、たくさんの人たちが死んだと言うのです。叔父も被害者のひとりでした。父は上海で検察官をしていましたが、母が病気という手紙を受け取り、崇山村へもどったのです。一九四一年のことでした……」

王選は滑らかな日本語で、裁判にかかわることになった経緯を話しはじめた。

上海から故郷を目指した父親の王容海は浙贛鉄道に沿って歩きはじめたが、衢州までは三六〇キロもあった。当時、日本軍が杭州を占領していたので、杭州を迂回、崇山村まで全行程を歩かなければならなかった。ようやく家へ辿り着くと、母親は既に他界していたという。家では身寄りを失った幼い弟と妹が兄の到着を待っていた。残された弟と妹の手を引いて上海へ帰ろうとした途端、真珠湾攻撃があった。上海へ戻ることもかなわず、弟と妹を養わなければならなくなった王容海は金華の裁判所で仕事をみつけた。翌四二年には日本軍の浙贛作戦が始まり、王容海は日本軍につかまり酷い拷問を受けることになったという。

「父が逃げて帰ってきたときに村では〝運病〟と呼ばれている病気が流行っていました。はじめネズミが死んだことから、これがネズミの疫病で、感染症であることはわかっていましたが、ペストとはわからなかったのです。崇山村では過去、ペストが発生したことがなかったからです。十一月に入って雪の降る晩、ついに叔父が高熱を出しました。

父は出かけていたのですが、叔母の話によると叔父の体は熱で触れないくらいの熱さだったそうです。父が帰宅すると、叔母が叔父を埋葬した後でした。十三歳でした。この村では酷いときに一日、二〇人の葬式を出すほどペストが猛威を振るっていたのです。父は叔母の体を熱湯で消毒し、新しい服を着せるとすぐに別の村に連れ出し、この災難から逃れたのです」

戦後、父親は上海へもどり法曹界に職を得て結婚した。長女の王選が生まれたのは一九五二年のことである。上海の高等裁判所弁公室主任の娘として育てられた彼女も、文化大革命のあの時代には地方へ下放され、崇山村で農村生活を強いられた。その後、杭州大学外語系英語専業を卒業。結婚すると三重大学に留学した夫に合流して日本に住むようになった。一九八七年だった。日本語を猛勉強して筑波大大学院へ進み教育学修士号を取得した二年後、「ジャパン・タイムズ」紙に載った細菌戦についての記事を読んだという。ハルビンで日本の細菌戦に関する国際シンポジウムが開かれたという記事には、崇山村という懐かしい村の名前があった。

それからの王選は自分の仕事も放り出して被害者のために働き出した。日本人の弁護士や市民グループによる崇山村の被害調査がはじまると、日本語、英語ばかりでなく、中国語のなかでもとくに訛りが強くて中国人でも通訳が必要とされる崇山村の言葉のわかる彼女が、住民や被害者と日本側の橋渡し役として不可欠になった。

一九九七年八月、一八〇名の原告が日本政府を相手に各人一〇〇〇万円の賠償を求める訴えを東京地方裁判所に提訴してから、判決が出るまでに五年もかかっている。二〇〇二年八月二十七日に出た一審判決では原告らの賠償請求が棄却されたものの、日本軍による細菌兵器を使った攻撃が行われたこと、これによって被害者が出たという事実が認定されたことの意味は大きかった。

　岩田好二裁判長は判決の言い渡しのなかでこう明言し、事実を認定している。

「旧日本軍の七三一部隊等が陸軍中央の指令により、衢州、寧波、常徳、江山に対し細菌兵器の実戦使用を行い、これによって住民がペストやコレラに罹患（りかん）して、多数の死者が出たことが認められ、自分自身や親族がこれらの細菌戦による疫病に罹患し、死亡するなどしたことの各原告の陳述書等による供述内容も十分理解し得る説得的なものである」

　さらに、判決骨子にはこうも断言した。

「このような細菌兵器の実戦使用はジュネーブ・ガス議定書を内容とする国際慣習法に違反し、被告にはハーグ陸戦条約三条を内容とする国際慣習法による国家責任が生じていた」

　現在も日本政府は、七三一部隊やその支部などが防疫給水部隊として存在していたことは認めるものの、細菌兵器を開発、実戦使用していたことは認めていない。それだけに東京地裁の認定は画期的だった。その後二〇〇五年七月の控訴審判決でも事実認定を勝ち取ったものの賠償はなく、二年後には上告棄却が決まった。

わたしは東京へ帰るたび、公判を傍聴してきた。裁判を通じて王選と知り合い、ハルビンへ一緒に旅することになったのである。

石井四郎の部屋

正面玄関から足を踏み入れると、一棟の入口はほとんど真っ暗だった。何故(なぜ)、これほ
1 ど暗くする必要があるのか、訝(いぶか)しく思いながら、目の前の階段を一歩一歩踏みしめた。
3 一四段のぼり、踊り場でさらに四段がつづく。二階の廊下に辿り着くと、ここも薄暗い。玄関の上に当たるすぐの部屋に案内された。
7 王選が連絡しておいてくれたおかげで、陳列館の副館長、程立卒ほか数名が待ち受けていた。副館長といっても三〇代の女性である。
「館長は明日から出張なのでいま来られませんが、もうすぐご挨拶(あいさつ)に参ります」

楕円(だえん)形の大きなテーブルがある部屋でこう話しはじめた。

「ここはもと霊安室だったのですよ」

副館長は何の感情も込めずにこう口にした。

廊下に出ると両側に部屋が並んでいる。堅固な建物の天井は高く、両側に部屋のつづ

く佇まいは病院を思わせるが、ここは各研究班を率いる研究者の部屋として使われていた。現在では展示室となり、発見された七三一部隊のあらゆる道具や機材が展示されている。展示の説明は中国語と英語だった。なかにはわかりにくいものもあったので、黒竜江大学で日本語を勉強した馬天龍という青年がわたしの案内をしてくれた。

「これは特設監獄で使用した鍵です」

馬天龍が拷問用の木製箱、火器、「特別軍事地域」と記された五〇センチほどの高さの石柱、いかにも手づくりの防毒マスクなどを説明する。暗い廊下を伝って、建物の右奥にあたる「第六展室」に入ると、縦三〇センチ横五〇センチほどでアルミ製の「石井式培養缶」があった。模型の「宇治型爆弾」や「濾水用ポット」と記され、いかにも使い込まれたアルミの缶も展示されていた。部屋の隅には木製のロッカーと椅子があって、わきに「石井部隊」と綺麗に彫られてある。

「ここは、石井の部屋だったところです」

馬天龍がこういった。なるほど、細長い一棟の端の東角なので、石井の部屋だったことはまちがいない。しかし、石井の使っていた部屋がそのまま残っていると思っていたわたしには、展示室として手を加えられた部屋を見て何かがまちがっているように思えた。

六〇年前にこの広大な施設は破壊され、その後、中学校として長い間使われていたのである。とはいえ、二〇年ほど前に訪ねた人の話によると、戦後になって壁と床の一部、窓などは補修したが、あとは全部元のままの状態で使っていたという。もし、それがそのまま残っていたら、石井がここで何を考え、何をもくろんでいたか、何かを語りかけてくれたかもしれない。しかし、窓を塞ぎ、妙に部屋を暗くした演出たっぷりの展示に、わたしは異和感を覚えたのである。

　階下の展示室の実験機材や用具は、さらに石井部隊の実態を伝える〝リアリティ〟に溢（あふ）れていた。「第九展室」には、表にある七棟を掘り起こしたときに発見された注射器、実験で使われた湿度計、「七三一部隊の実験室で使われたバクテリア培養用のボトル」という英語の表示の上に、年代ものの細長くて四角いガラス製の瓶が並んでいた。その隣のガラス瓶も古いもので、形は丸い。解剖ばさみやピンセット、のこぎり、茶色の帽子、手袋などの展示のなかで、不可思議な形をした用具が目を引いた。英文による説明がついていた。

「七三一部隊の生体解剖で使われた人間の内臓を吊（つる）すハンガー」

　それはまさに衣類を下げる小型ハンガーのようなもので、五つのカギ状のものが内臓を吊すようになっている。生体解剖では内臓をひとつずつ取り除いたという描写を読んだことがあったが、取り出すたびにここにぶら下げたというのだろうか。

　石井の部屋の向かい側の「第三展室」には、粘土でできた精巧な人形に石井部隊の実験の様子を語らせる模型があった。白衣を着た医師の姿をした人形が、凍傷実験を行っている。次の模型は裸の人形が実験台にあお向けに寝かされている「生体実験」。「マルタを火に入れるところ」という模型は数人の医師が裸の人形を焼却炉に入れる様子を表している。

一階にはノモンハンの野外訓練、ペストに苦しむ村人というもっと大きな模型があり、一体、何を根拠に再現したのか、馬天龍に思わず問い質すと、

「これは残されたものの記憶をもとに作られたものです」

というおだやかな口調の答えが返ってきた。わたしはこの建物から出て外気を吸いたくなった。

掘り起こされた特設監獄跡

「あの建物に長くいると気分が悪くなるんですよ」

王選が出口でわたしの顔を見るとこう言った。目の前には掘り起こされた地面とこれを補強するためのセメントが剝き出しになっていて、セメントのあいだから雑草が伸び放題になっている。

「四方楼細菌実験中心跡地」

という中国語の説明板が立てられていた。英語を読むと、特設監獄の七棟跡地だとい

1　3　7

うことがわかった。かつて一棟の奥には七棟と八棟を囲む形で三、四、五、六棟が建っていた。上空からみるとちょうどロの字に見えたために口号棟と呼ばれたあの建物である。その口号棟は見事に破壊され原型を留めていないが、特設監獄の七棟跡だけはきれいに掘り起こされていた。

「三年前まで、この上には民家がありました。政府が民家を買い上げ、掘り起こしの復旧作業をしたのです」

馬天龍がこう説明する。目の前に広がるのは七棟だけで、八棟はまだ掘り起こされていないというから、七棟だけでもずいぶん広い敷地になる。補強工事のためのセメントのあいだに細い階段があった。これを伝って降りていくと、七棟の地面に着く。そこには煉瓦の間仕切がほとんど全部残っていて、細長い一角がいくつも続いている。

七棟の特設監獄のひとつひとつの牢に自分の足で立ってみると、萩原英夫の供述書にあった間口二・五メートル奥行き三メートルくらいという記述が正確なことがわかる。

掘り起こされた七棟跡地のすぐ向こう側にはピンク色の六階建てアパートが一列に長く並び、明らかに本館（口号棟）のあった端の上に建っていた。これは裏にある材木工場の工員用アパートだという。

七棟跡地を通り越して、全壊されずに残ったボイラー室と二本の煙突の残骸に近づくとその脇には鉄道の引込み線が走っていた。その先にある材木工場の資材を運び出すのにいまでも使われているという。引込み線からピンクのアパートの横をすり抜け、鉄製の別の門を抜けると、そこには凍傷実験室跡が残されていた。さらに北にはジリスの一種であるダウリアハタリス飼育小屋が当時のままに復元されている。本部正面口の門からそこまで歩けば、優に一〇分はかかるだろう。

本部正面口の南側にあった講堂も、東郷村と呼ばれた軍属のための住まいも、外の住宅地のなかにまぎれて、もう見当たらなかった。残された一棟からつづく七棟跡地、ボイラー室、凍傷実験室跡とハタリス飼育小屋だけを見まわしても、この施設がどれだけ大規模であったか想像ができる。千葉県から送られた篠塚少年が満州の原野に白い真新しい建物群を見て、驚いた様子が思い浮かぶ。

王選とわたしは翌日、バスに乗って長春へ向かった。ハルビンの南二四〇キロのところにあるこの都市は戦中まで満州国の国都だったため、日本が建てた建物がそのまま多く残っている。かつての関東軍司令部は中国共産党吉林（きつりん）省委員会、満州国の最高行政機関であった国務院は、吉林大学として使われている。溥儀（ふぎ）が〝ラストエンペラー〟となったときの皇宮は現在、その西院が陳列館として一般公開されている。そんな建造物を横目に眺めながら、マイクロバスに揺られて「一〇〇部隊」跡に向かった。第二章で記したように、正式名を「関東軍軍馬防疫廠（しょう）」といい、一九三六年の軍令によって設置された七三一部隊の姉妹部隊である。表向きは軍馬などの動物がかかる病気の手当てを獣医が研究するという防疫上の施設だった。しかし、ここでも動植物を主とする細菌戦研究が行われていた。

シェルダン・ハリス著『死の工場』によると、一〇〇部隊駐屯地の建物の配置は、多くの面で平房に酷似していたという。営区は、東西一・五キロ、南北二・五キロの面積を専有。この一画は、駐屯地で雇われている労働者と少数の招待された中国人専門家を除き、中国人にはいっさい立ち入り禁止となっていた。

大雨の降るなか、ホテルから西におよそ一〇キロ進むと、マイクロバスは孟家屯に到着した。「長春自動車」という工場の大きな門の前に横づけされると、なかから工場長が出てきて門を開け、内部へ案内してくれた。入ってすぐの広場には、白い馬の像がある。一〇〇部隊が残したものにちがいない。

この広大な自動車工場のなかに残っているのは、二棟の動物舎と給湯台の土台だけである。給湯台の土台のなかは雨水でいっぱいになり、その横には錆(さび)付いたトレーニング・マシンのような機械があった。

「ここは一〇〇部隊のジムがあったところですよ」

工場長はこういって笑った。自動車工場として使われている施設そのものは広大なものである。しかし、これが平房の施設に酷似しているものか、判断もつかなかった。

一〇〇部隊を見るために、この工場を訪ねる人はめずらしいらしく、東亜経賀新聞の記者が来ていた。王選が取材に応じているあいだ、わたしはそっと表に出て、大雨が上がるのを待った。次の日にはハルビンへひとりでもどり、新潟へ飛ぶ南方航空の旅客機で日本へ帰ることになる。しかし、その前にもう一度、平房の施設を訪れてみようと思った。

第二部　終戦そしてGHQ

第五章　「１９４５終戦当時メモ」

渡邊あきにとって、満州の暮らしは何不自由ない満ち足りたものとして記憶に残っている。もっとも、冬の寒さは予想以上で、地面はすべて凍りつき、馬車もツララを垂らして走っていた。外に出るとあっという間に鼻のなかまで凍りつくかと思うほどで、日の当たらない窓は凍って外が見えなくなったが、官舎のなかはスチーム暖房で暖かく、内地で悩まされたしもやけができることもなかった。春になって大地が融(と)けて土が見える頃になると、こんどは砂塵(さじん)で空が真っ赤になるほどだった。

それでも部屋のなかは快適そのもの、畳やふすまなどが壊れると部隊がすべて直してくれたばかりか費用も請求されなかった。施設内には、軍酒保という売店があって、そこでは他の店より廉価(れんか)で買い物ができた。

「こんなに良い生活、いつまで続くのかしらって話したものです。国が滅びない限り大丈夫だって、主人は言っていたのに……そうしたら、本当に国が滅びちゃったんですね。それからがたいへんでした。無一文で帰ってきました」

東大井の自宅であきは平房からの帰還についてこう語り始めた。満州で生まれた三人の幼い娘の手を引いて貨車へ乗り込んだのは、一九四五年八月十二日だった、と続けた。

「本部の方をみんなぼんぼん燃やしたらしいのです。汽車に乗っていてその火の粉が見えたんです。その汽車にしても無蓋車。動物と同じように、床に藁敷いて……。普通だったら三日くらいで着くのに、八月末までかかって、雨は降るし、ビシャビシャになるし、虱は湧いちゃうし、お手洗いもないし、そうすると、蛆虫が湧いちゃう。八月の暑いときだったから、汚い水を飲んで下痢しちゃって、その下痢がなかなか止まらない。もう本当に命からがらで帰ってきました」

夫は一緒だったのかと訊ねると、部隊員は家族とは別だったという答えである。

「自分の実家（加茂）に帰ろうとしたとき、いろんなデマが飛んでいて、東京はアメリカ人にみんな占領されちゃって入れないとか……まあ、しょうがないから行けるところまで行ってみようと思っていたら、そんなこともなく家に着いて。そしたら家の人が私たちを見て、『どこの乞食が入ってきたのか』って思ったようでした。お風呂も全然入っていなかったでしょう。煤だとかで真っ黒になってしまって、まるで乞食のよう……」

あきはこういって笑った。

帰ってから部隊のことは喋るなといわれていなかったか尋ねてみた。予想した通りの答えが返ってきた。

「なにか、秘密部隊だってことで、ロシアの捕虜になったとき自殺するんだと青酸カリをくれました」

そのとき隊長はどこにいたのでしょうか？

「さあ、どこにいらしたかわかりません」


渡邊あきに限らず、八月九日以降の石井四郎については、知るものがいない。八月九日から終戦までの足取りが不明なばかりか、さらには帰国した日付も時期も明らかでない。

それだけに渡邊家で発見された、石井四郎本人による「１９４５－８－16終戦当時メモ」は、歴史の貴重な記録である。これには満州で迎えた終戦時の通達、命令などが記されてある。

このノートを手にとって眺めてみる。敗戦という言葉でなく「終戰」という言葉を使い、「１９４５－８－16終戰当時メモ」と新しいＡ５判の表紙に一気に書き込んだとき、石井はどんな思いだったろうか。

ノートを開けてみると、石井の字は明治生まれの軍人として決して達筆とはいえない。独特の崩し方はいかにも癖が強く、判読するには難解で、そこにも強烈な自我を発する彼の性格を見るようだ。彼自身でないとわからない宛字や意味不明の事項も多い。とくに急いで記したため、勢いのある大きな字が縦書きの行を超えて躍るような箇所では、興奮している様が明らかに読み取れる。鉛筆書きの文字のなかにときどき赤鉛筆や青鉛筆の書き込みがある。恐らく記録を残す習性に駆られ、頭にある懸案事項を一気に書き記した様子であるが、彼自身の感情や行動についてはここから推察するしかない。

メモのはじまりの八月十六日は、天皇の玉音放送の翌日に当たる。この日、石井は夜二〇時になってから、Ａ５判のこのノートを取り出し、処理事項などを書き込んだ（以下、ノートの引用については〈　〉で括って記載する。＊印は判読不能。カタカナはひらがなに、旧漢字は常用漢字にした）。

はじめの頁の冒頭に石井はこう書き込んだ。

〈八月十六日、二〇時発　大連の処置〉

一九四五年の夏を満州で迎えた日本人にとって、敗戦は八月九日よりはじまっていた。その日、午前一時前、ソ連軍が国境線を超えて怒濤のように満州へ侵攻を開始したのである。翌年四月まで結ばれていた日ソ中立条約を破って、ソ連軍は兵士一五〇万人、戦車五〇〇〇台を超える総力で攻め入ってきた。

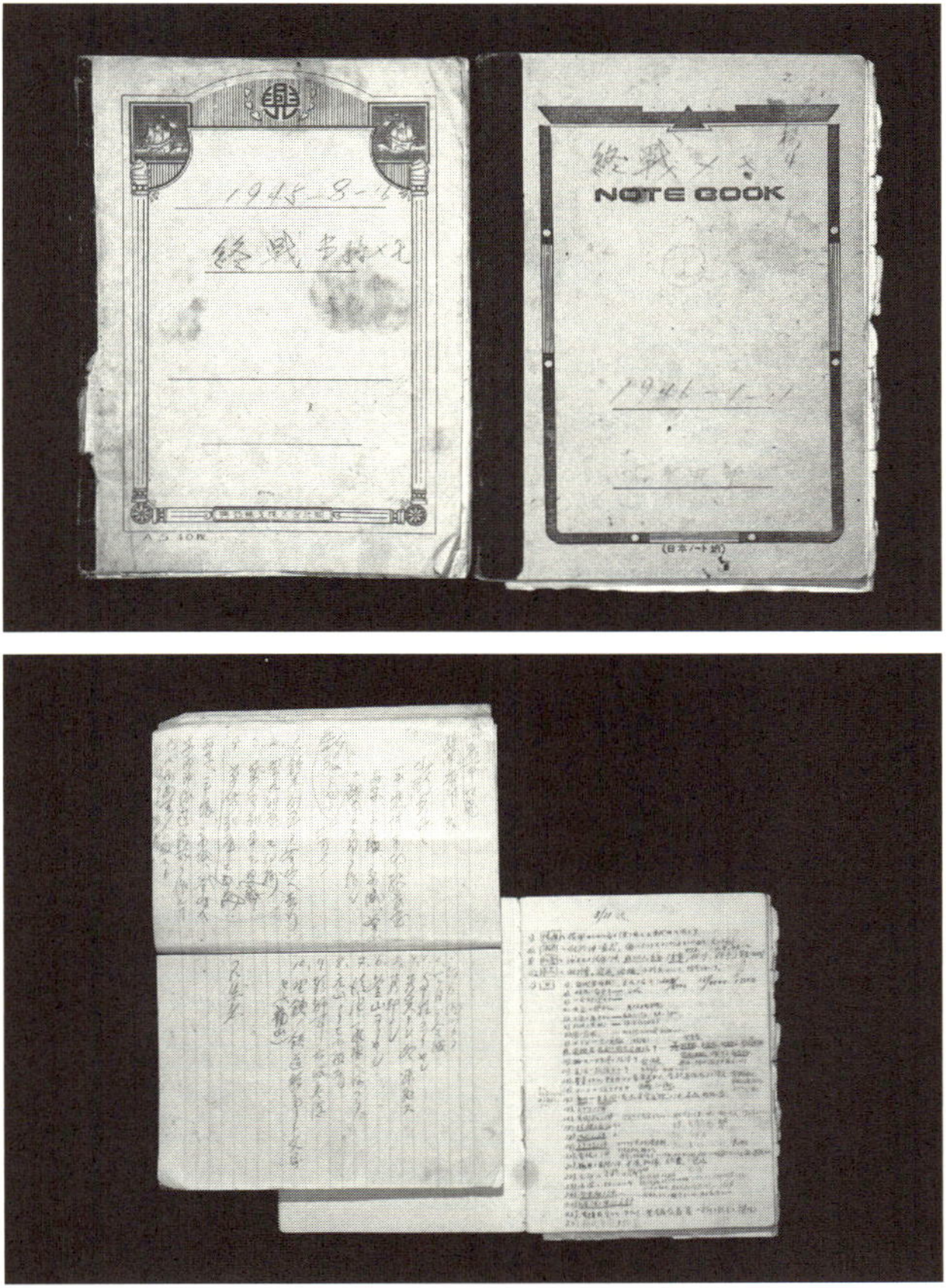

左が「1945－８－16終戦当時メモ」、右が「終戦メモ1946－１－11」
下の写真からは、２冊のノートの筆跡が非常に異なることが分かる。

『ソ連が満州に侵攻した夏』（半藤一利著）によると、新京の関東軍が受け取った「ソ連侵攻」最初の報は、以下の第五軍参謀からの報告であった。

「虎頭方面砲撃を受けつつあり……」

つづいて牡丹江の第一方面軍司令部から、

「東寧、綏芬河正面の敵は攻撃を開始せり」

の電信を総司令部は受ける。また、

1 「牡丹江市街は、敵の空襲を受けつつあり」

という電報も飛びこんでくる。

3 午前一時すぎには、新京上空にもソ連機が侵入し郊外に投弾した。

関東軍総司令部では参謀たちが緊急参集した。しかし、半藤いわく、「おっとり刀」
7 と言うほどには緊迫感がなく、総司令官の山田乙三大将に至っては、「ソ軍の侵攻はまだまだ先のことであろうとの気持ち」

ということで、大連に出張中で不在だった。

留守を預かる総参謀長の秦彦三郎中将が慎重にも慎重を期して、午前三時頃出した命令は、全面開戦を「準備すべし」という悠長なもので、その後の各方面軍からの報告によって、関東軍司令部がソ連軍の全面攻撃開始を確認したのは、夜も明けてからだった。

午前六時、秦総参謀長は大本営からの正式命令を待つことなく、準備してあった作戦命令を全軍に下達した。ここにやっと戦闘命令が下ったのである。
「このことは初動において約六時間も第一線野戦軍司令部が存在しなかったにひとしい。とりも直さず全陸軍が見通しをまったく誤り、それゆえに優柔不断であったことをそのままに物語っている。いや、対ソ連有事を考えたくなかった、考えようともしなかった全陸軍の肚(はら)の決まりのなさが、ここに見事に反映している」

と半藤は指摘する。

「今朝、ソ連は卑怯(ひきょう)にも突如として満州国を攻撃してまいりまし……」

朝のラジオだけはしきりに勇ましくこう放送していた。

石井四郎がこのラジオニュースをどこで耳にしたか不明だが、少なくともソ連軍の侵攻がこの時期にあると予想していたことが、彼の演説から読み取れる。石井が準備したのは、ソ連軍との〝決戦〟であり、〝最後の手段〟を使って敵を打ち砕くことだった。

細菌兵器を使った〝最後の手段〟に踏み切る決断については、のちソ連軍に逮捕され抑留された関東軍総司令官の山田乙三が『ハバロフスク公判書類』でこう述べている。

「一九四五年春、細菌兵器の最も効果的なる用法の研究が完了した後、細菌兵器を増産すべしとの陸軍省の通達に接したので、私はその通達を実行する為(ため)に必要な一切の処置を講じました」

細菌兵器の最も効果的なる用法とは、山田の言葉を引用すると、

「『石井式』細菌爆弾の使用、飛行機によるペスト蚤の散布および地上細菌謀略の方法」を意味する。

そこでペストノミをつくるために不可欠なネズミの増殖が命令され、九月までに三〇〇万匹繁殖するよう石井は命令を下していた。関東軍の全地上部隊がネズミ狩に駆り出されるという、およそ戦闘部隊としての末期症状を呈していたのである。

戦況がますます逼迫するなかで、陸軍省としてみれば細菌兵器こそが起死回生の秘密兵器だったはずなのに、結局、ソ連軍に対して、目にも止まらぬ速さで撤収・撤去作業を余儀なくされるとは、石井にとって思惑からはずれた最悪のシナリオだったにちがいない。ソ連軍の侵攻が予想を遥かに上回るスピードだったのである。数日で満州を席捲するほどの勢いに対して、細菌兵器を仕掛ける余裕はなかった。

それどころか、無用の長物になったこの部隊の施設のすべて、隠さねばならない細菌工場やロ号棟などの証拠をすべて灰にして退去しなければならなくなった。

関東軍に見放され辛酸をなめたおよそ一〇〇万を超える避難民に比べると、石井部隊がいかに優遇され、いかに手際よく撤収したか、石井の「1945―8―16終戦当時メモ」（以下、「1945終戦当時メモ」）には、そのディテールが克明に記録されてある。

ノートの後頁には、八月八日より十四日の「御聖断」まで続く国内の動きが年表ふうに記されてあって、その下の段には部隊の動きが書き込んである。

これを見ると、神出鬼没で掴みどころのなかった九日からの石井の行動がほぼ姿をあらわしてくる。そのなかには、東京から新京まで飛んできて、石井自身に面会、指示を与えた〈軍司令官〉についての記述もある。

この〈軍司令官〉とは、参謀本部作戦課の朝枝繁春主任のことで、これまで朝枝の証言のみで伝えられた両者の面会が、石井側からも確認されたことになる。

その表は〈八月八日、ソ連対日宣戦布告〉の日からはじまる。表の下段には〈十二班の破壊〉と石井は記した。ソ連の一方的な対日宣戦が決まれば、東京の指令をあおぐまでもなく、ただちに平房で一二を数える重要な研究班を破壊する方針が決定していたことをものがたる。

〈八月九日　原子爆弾　ソ宣戦に対する午前十時、宮中最高戦争指導会議〉の下段には〈関東軍より電報〉とある。

〈八月十日　臨時閣議〉の下段には〈関東軍より電報〉。

十一日の下段には〈新京に軍司令官当地訪問〉とある。

秘密は墓までもっていけ

一方、八月九日の東京の動きを見てみると、ソ連参戦の報が初めてとどいたのは午前四時、モロトフ外相が佐藤尚武大使を招致して対日宣戦を通告した、というニュースがソ連のモスクワ放送によって世界に流されたときだった。夜が明け、ソ連参戦の報に驚きを隠せなかった軍部首脳や政府関係者のうろたえぶりは、見通しをまったく誤った関東軍首脳と同じようなもので、これに続く決断も同様に緩慢としたものだった。参謀次長の河辺虎四郎中将の手記の冒頭の、

「蘇（そ）は遂（つい）に起（た）ちたり！　予の判断は外れたり」

の言葉は悲痛をとおり越してその〝お人よし〟は滑稽（こっけい）にすら思われてくる、と半藤は記している。

これまで日本国内では、日本の降伏を求める連合国のポツダム宣言受諾をめぐって、これを受け入れようとする和平推進派と、反対する徹底抗戦派とのきびしい対立が続いていた。首相鈴木貫太郎はじめ日本政府は、ソビエト政府に和平工作を依頼しているからといってその返答を毎日じっと待ちつづけていた。六日、広島への原爆投下直後に届いたソ連からの回答は、和平工作どころか無数の砲弾であり、戦車を主力とする一五〇万の兵力による部隊の強襲だったのである。

午前十時半から宮中で開かれるはずの最高戦争指導者会議は十一時近くになってようやく六名の参集を見る。ポツダム宣言受諾がはじめて具体的に討議されはじめた。

新京の関東軍作戦班長の草地貞吾大佐は、早朝から軍用直通電話を使って、東京市ヶ谷台の参謀本部作戦課を呼び出していた。東京サイドでは対ソ主任の朝枝繁春参謀が応

対したが、会議中を理由に何ひとつ明確な返答がない。

参謀総長は、二年前まで関東軍司令官を務め、七三一部隊の責任者でもあった梅津美治郎である。その朝、市ヶ谷台の参謀本部作戦課作戦室の机上で仮眠していた朝枝は、ソ連侵攻の報を受け取ったときのことをこう記している（『昭和史講座』「昭和二十年八月・大本営」）。

「私はガバと起き上がって、机上の満州の地図を睨みながら、関東軍、北方軍（北海道）、朝鮮軍（第十七方面軍）、支那派遣軍に対する大陸命（大本営陸軍部命令）及びこれに伴う大陸指（参謀総長の指示事項）の起草にとりかかり、大陸命起案用紙に鉛筆で（ボールペンなどは無い時代だったので）なぐり書きして、起草が終ったのはたしか七時だった」

その起草案をもちまわって、作戦部長や河辺虎四郎参謀次長などを経て、梅津参謀総長のOK印を取り付けたのが九時だった。梅津参謀総長はこれをもって天皇のもとには せ参じ、この大陸命を上奏した。この大陸命が天皇の命令として発効、最高度の暗号の軍機電報に組み替えられ、各方面の第一線軍に対して有、無線電話で発信下達されたと朝枝は同記録で語っている。

ソ連侵攻の報が入ってから八時間後、ようやく全軍に下達された大陸命は攻撃命令でなく「作戦の発動を準備する」という曖昧なものだった。

一息ついた朝枝のもとへ九日午後、関東軍作戦参謀、瀬島龍三中佐から電話が入ったと同記録はつづく。

「朝枝君、大陸命、大陸指はどうも関東軍としては不可解で理解出来ない。前線では、交戦中なのに、攻めるのか守るのか、全く解らないではないか」

と瀬島はもらし、関東軍に対して東京はどう行動すれば良いのか明確にして欲しい、と要求してきた。これを聞いた朝枝は、起草した本人自らが新京に赴いて、とくと関東
1 軍に判断、協力を求めるしかないと決意した。

同時に、朝枝は同記録にこうも記している。

3 「私が苦慮した大きな問題がもう一つの問題。それは世界にもない細菌部隊七三一部隊（別名石井部隊、加茂部隊）にまつわることであった」

7 一九九四年、当時、健在だった朝枝はインタビューに答え、以下の証言をしていたことが、映像作家の近藤昭二によって記録されている。

八月九日、関東軍からソ連侵攻の知らせを受け、七三一部隊のことを頭に浮かべた朝枝は、あの部隊のことが明るみに出ると累は天皇に及ぶ、と考えた。すぐさま自分で案文を作成し、参謀総長名で石井四郎隊長に電報を打った。

「貴部隊ノ処置ニ関シテハ朝枝参謀ヲ以テ指示セシムルノデ一〇ヒ新京軍用飛行場ニテ待機セラレタシ」

この電報は明らかに東京の参謀本部からの電報であり、「1945終戦当時メモ」にある〈関東軍より電報〉とは別のものかもしれない。あるいは、関東軍を経由して送られたため、メモには〈関東軍より電報〉とあったのだろうか。

関東軍総司令官の山田乙三も八月九日、または十日に、

「爆破による第七三一部隊及び第一〇〇部隊の解消」

という命令を伝えたと、関東軍参謀副長の松村知勝は、『ハバロフスク公判書類』のなかで供述している。松村少将の名前はこのメモのなかにも石井の直筆で登場している。彼は後年、帰国してから発表した著書で「陸軍には石井という気狂い軍医がいる」と記したあの元軍人である。

朝枝は新京へ飛び、新京の軍用飛行場格納庫のなかで、石井と約一時間にわたって立ち話をしたことが記録されている。

「マルタが何人いるか」

朝枝は石井にこう訊ね、細かい指示を出した（「昭和二十年八月・大本営」）。

「①貴部隊は全面的に解消し、部隊員は一刻も早く日本本土に帰国させ、一切の証拠物件は永久にこの地球上から雲散霧消すること。

②このために工兵一個中隊と爆薬五トンを貴部隊に配属するように、既に手配済みに

つき、貴部隊の諸設備を爆破すること。
③建物内のマルタは、これまた電動機で処理した上、貴部隊のボイラーで焼いた上、その灰はすべて松花江（スンガリ）に流しすてること。
④貴部隊の細菌学の博士号をもった医官五十三名は、貴部隊の軍用機で直路日本へ送還すること。
その他の職員は、婦女子、子供に至るまで、満鉄で大連にまず輸送の上、内地に送還すること。このため満鉄本社にたいして関東軍交通課長より指令の打電済みであり、平房店駅には大連直通の特急（二千五百名輸送可能）が待機させられています」

この時、朝枝は三十三歳。既に、五十三歳を数える石井四郎が、二〇歳も年若い参謀から命令を与えられた。その命令を聞き終わった石井が、帰りしな、ふと格納庫で足を止め、振り返ると朝枝にこう訊ねた。

「研究データだけでも持ち帰ってはならないですか」

石井はこう食い下がったというから、作成した研究データを放り出すことは、身を引き裂かれるほどの思いだったのだろう。医学者にとって精魂込めて作成した研究データほどたいせつなものはない。そのために満州に一大施設をつくり、一〇年もの歳月をかけて研究してきたのではないか。手放すなど、どう考えても無理だった。

「いや、ならない」

若き参謀は言下にこう答えた。すべての証跡は抹消しなければならない、というのが参謀総長名の命令である。

「1945終戦当時メモ」には〈新京に軍司令官当地訪問〉に続いて、〈徹底的爆破焼却、且、徹底防諜を決定す〉と記されてある。日付は八月十一日。朝枝繁春の記憶によると、格納庫での会合は十日になっている。どちらが正確か判断することは難しいが、これだけ混乱した状態では一日くらいの記憶違いが出るのは仕方ないことかもしれない。

朝枝参謀にしつこく尋ね拒否されたにもかかわらず、石井四郎は研究データの一部を密かに持ち帰った様子が「1945終戦当時メモ」に記されてある。

〈八月十二日　ポツダム受諾に対する＊　例の返電到着〉の下段には、以下、四項目が続く。

〈1．工兵爆破、2．焼却、3．抽出持込、4．第一家族出発〉

〈抽出持込〉とは主要な研究データを抽出し持ち込むこと、ではないか。

翌日には次の記載がある。

〈八月十三日　連合国側正式回答受取る八時〉

下段には以下、七項目が続いている。

〈1．工兵爆破、2．焼却、3．搬出積込、4．隊長　植村中尉を訪問、5．柴野隊出

発、6．第＊＊来訪、7．永山、江口、南棟整理〉

ここにある〈搬出積込〉も研究データの搬出と積み込みである。さらに、石井は研究データばかりでなく濾水機やワクチンまで持ち帰っている。

その持ち帰った研究データが、後年、マッカーサー率いる米占領軍との取引で石井たちを救うことになるのだから、これも石井四郎の強運だろうか。

朝枝からは〈徹底防諜を決定す〉という厳命もあった。

当時の平房の混乱については、隊員によって残された証言がいくつかある。

「七三一の秘密はどこまでも守り通してもらいたい。もし、軍事機密を漏らした者がいれば、この石井がどこまでもしゃべった人間を追いかけるぞ」

石井は撤収直前、平房の石炭山の上で、大声をはり上げ眼をつり上げ、摑みかからんばかりの形相でこう言い放った。軍刀を抜き、仁王立ちになって全身をふるわせる石井には鬼気迫るものがあったという。七三一部隊第三部本部付運輸班のトラック運転手だった越定男が著書『日の丸は紅い泪に』に残した証言である。部隊員に与えられた任務は以下の三項目だった。

一．郷里へ帰ったのちも、七三一部隊に在籍していた事実を秘匿し、軍歴をかくすこと。

二．あらゆる公職には就かぬこと。

三．隊員相互の連絡は厳禁する。

とくに、この最後の演説で石井が何回も厳命したのは、

「七三一の秘密は墓までもっていけ」

という強い言葉だった。

石井のこの言葉を聞いた元部隊員の証言は数多い。あるいは新京の駅で石井のその言葉を聞いたという証言もある。そのために戦後になってから、石井が箝口令を敷いた理由は、彼自身が戦犯になるのを恐れたためだったと証言する部隊員も多かった。

しかし、石井メモを見れば〈徹底防諜〉という言葉が東京の参謀総長名の命令で届いていたことが明らかになる。石井が七三一部隊について箝口令を敷いたのは、彼自身が戦犯になることを心配する以前に、石井部隊のことが米軍にばれたら天皇にも累が及ぶと案じた参謀本部からの命令だった。

同様に、石井以下多数の軍医が爆撃機で無事、東京へ帰ったことについても、多くの反発を呼んだ。実際、その人数は五三名全員ではなかった。浅見淳軍医のテープでも、当時、軍医の間で批判の声が高かったとあるが、部隊の軍医がソ連軍に捕まることを避けるため、参謀本部が石井に命じたことだった。もっとも、ソ連国境近くの支部にいた軍医は見放され、ソ連に抑留されたものが出たことは大きな失敗である。

石井はこの間、増田美保薬剤少佐の操縦する飛行機で飛びまわり、破壊された平房本

部の写真を上空から撮影、そのフィルム現像のために大連に立ち寄った、と大連衛生試
験所の目黒正彦が証言している。
〈飛行機は「ヤケ」でも飛んで、事故多し〉
石井がノートに記したこの一行は、飛行機で動きまわるのがどれほど危険だったか、
その思いを端的に書き込んだものにちがいない。
　このメモを記した八月十六日夜、
1 〈1）新京停車場貴賓室に徹夜〉
と石井は記している。この晩、破壊した平房の写真をもって石井は新京まで駆けつけ
3 たのだろう。
　翌十七日には、ソ連軍が平房に雪崩（なだ）れ込んでいる。まさに間一髪、ソ連軍が平房に足
を踏み入れたとき、石井部隊はすべて引き揚げを完了していた。ほんの一日でも遅れて
7 いたら、残った全員がソ連軍に捕まり、そのままシベリアへ送られるところだった。
　ソ連軍がそこで発見したものは巨大施設の跡地だった。大急ぎで根こそぎ破壊するに
は堅固すぎるほどの規模であったため、燻（くす）ぶる異様な瓦礫（がれき）のなかからは煙突が二本、破
壊を免れてそそり立っていた。
　広大な地所に広がる瓦礫のなかから、大量のネズミやダウリアハタリスが出てきて走
り回り、ウサギやモルモットなどの小動物も大量にみつかった。付近では病気にかかっ

た牛、羊、山羊、その他の家畜の群れ、ラバ、ロバが放棄され、数百匹のサルがうろついていたとも伝えられる。

八月十六日の処置

石井四郎が新しいノートの表紙に「1945―8―16終戦当時メモ」と記したのは、「丸ビルの十四倍半」とうそぶいてみせた一大施設の徹底的爆破、破壊、焼却などが片付き、家族も部隊員も全員汽車で出発、平房の後始末が完了した後のことである。ハルビン市内南崗の陸軍病院の整理も終了した。

冒頭に書き込んだ〈大連の処置〉というのは、大連にあった衛生試験所の処置のこと。この試験所は、そもそも一九二五年に「南満州鉄道株式会社衛生試験場」として設立され、その後、関東軍移管となって石井部隊に併合された。その衛生試験所を再び、

〈満鉄に全部移管〉

〈機秘密書類の徹底焼却〉

と命令しているのがこの処置である。この試験所ではワクチンが大量に製造されていた。〈破傷風予防液四〇万人分、発疹チフスワクチン五万人分を奉天の荷物廠へ補給〉という指示もある。

ソ連軍を逃れ、満州の荒野を南下して平壌へ到着してみると、朝鮮も決して安全な避

難所ではなかった。
〈一．支線不通　暴動のため本線一日一本〉
〈二．平壌＊北及牡丹江　燃料集結焼却〉
〈三．昨夜、三、〇〇〇朝鮮人　牡丹江集結〉

に続く九項目を読むと、朝鮮では各地で暴動が起こり、本線は一日一本に制限され、家族を乗せた列車の引き揚げがいかに困難であったか、想像に難くない。

六項目めに、

1 〈六．松村参謀は内地から平壌へ〉

3 とあるように、この日、東京から平壌へ帰り着いた関東軍参謀副長の松村知勝に会う
ために石井が平壌へ立ち寄ったことが確認できる。松村参謀は十五日正午の玉音放送を
7 聞き、全面降伏という事実を確かめるために東京の大本営へ飛び、平壌へ戻ったところ
だった。

松村参謀副長の手記にも、こう明記されてある。

「八月十六日、筆者が東京へ連絡に行った帰途、平壌飛行場に降りると石井中将に会った。彼はこの時、『部隊を早く解散して全国に分散させたいので早く隊員を帰国させてもらいたい』と筆者に要請した」

その参謀から石井は以下の命令を受けた。

〈一．内地へドシドシ返して可なり〉

〈二．輸送機関はないから工夫せよ〉

〈三．召集者は召集解除して可なり。内地召集者は帰している〉

終戦の混乱のなかで情報が錯綜したのは当然のこと、続いてノートには、

〈皇帝は汽車で平壌迄、飛行機で東京へ〉

とある。皇帝とは満州国皇帝溥儀のことであり、後の記録によると、彼は十二日、家族とともに特別列車で新京を離れ通化に向かった。しかし、あいにく通化の飛行場は日本行き大型機の離陸を許さなかった。やむを得ず中型飛行機で奉天に飛び、そこから満州航空の大型機に乗り換え、東京へ向かう予定だった。


皇帝溥儀の搭乗機が奉天飛行場へ着陸したのが八月十九日、すかさずソ連軍の先遣隊が同飛行場へ到着し、皇帝と随員は拘留された。石井メモにあるように、汽車で平壌まで到着できていれば、皇帝溥儀はソ連軍に拘留されることはなかった。その後、シベリアの収容所でソ連の執拗な尋問に遭うこともなく、ソ連軍の手で東京へ連行され、東京裁判で証言台に立つ運命にもならなかった。

石井は平壌停車場駅長室で関東軍四課疎開本部長の山形少佐にも会い、
〈疎開支部を作れ〉
という命令を受け取っている。山形少佐が疎開支部として指定したのは、

〈安東、平壌、京城、釜山〉

と記されてある。

〈私服とせよ、地方人の〉

という命令も徹底された様子で、〈私服とせよ〉の文字はマルで囲ってある。関東軍は軍服を脱いで、私服で逃げるように指令を受けた。

〈1．鈴木列車を釜山へ直行　2．野口列車も同様　3．柴野列車も同様　4．草味列車も同様〉

平房から出発した石井部隊の四列車を釜山へ直行させることの確認が記されてある。〈鈴木列車〉は東北帝大医学部出身の鈴木穐男少佐が先導したと思われる。〈野口列車〉は京都帝大医学部出身の野口圭一少佐、〈柴野列車〉は東京帝大医学部薬学科出身の薬剤将校で資材部長の柴野金吾大佐、〈草味列車〉は同じく薬剤将校の草味正夫大佐が率いて走らせた。

このなかで健在なのは、名古屋で開業していた産婦人科医の野口圭一医師のほかにない。

二〇〇三年五月、わたしは名古屋の野口宅へ何回か電話を入れて、話の糸口だけでも摑もうとしたが、野口医師は高齢を理由になかなか口を開いてくれない。

「ご遠慮いたします。とにかく、九十歳と九ヵ月になったのです」

　電話の声は九十歳とは思えないほど張りがある。その旨を伝えると、

「いや、ところがね、声だけ。耳が遠くなったものだから、声ばっかり大きいんですわ。耳が遠いということは他人に迷惑をかける」

「でも、事実をはっきりと次の世代に伝えていくことも大切だと思います」

「もう少し前だとね、もうちょっとしっかりしていましたけれどね……」

「いえ、まだまだお話なさっているお声もお元気ですし……」

「まあ、しかし、ご辞退いたします」

「でも、当時のことを時々思い出されて、お考えになることはございませんか」

「まあ、最近はないですね」

「そうですか……」

「私あまりね、詳しくはないんです」

「はい。後の方でいらっしゃったわけですね」

　ここで後の方と言ったのは、野口医師が平房本部へ送られたのが終戦に近い一九四三（昭和18）年だったからである。電話口の声がこう続いた。

「ずっと後から行ったし、それから本部の本館の方には入れて貰えなくて、別棟におりましたからね」

「野口班というのは別棟、要するにロ号棟と呼ばれた建物とは別のところにあったので

すか」

とわたしは思い切って訊いてみた。野口医師は第四部第二課「野口班」の班長だったからである。

「そうそう、それの横ですね」

野口医師がこう答えてくれたので、野口班が本館横にあったことが確認できたことになる。さらに、こう訊ねてみた。

「先生は、終戦でソ連が入ってくるという時に飛行機でお帰りになったのですか」

「いえ、私は汽車で帰ってきたんです。汽車を編成しましてね」

予想通りの答えが返ってきた。

「実は私、昔、鉄道守備隊におったものだから、鉄道のことは詳しくて……それで梯団を編成して行きなさいといわれまして、ずっと釜山まで下がってきました」

野口圭一医師は〈野口列車〉を率いた野口少佐に間違いなかった。これはどうしても野口医師に会わなくてはならない。ようやく約束を取り付けるとわたしは単身名古屋へ向かった。

野口医師との対話

指定された名古屋市内のホテルロビーに約束の時間より一〇分早く到着すると、野口医師はソファに座って既に待っていた様子だった。九十歳という高齢とは思えないほど、長身でスマートな姿には驚いた。思わず、身長を訊ねると、

「私は一七六センチです。軍隊ではいちばん大きい方でした」

「石井さんも大きかったようですが……」

「ああ、あの人も大きかった。ずいぶん肥っていた。大きくて貫禄ありましたよ」

一九一二（大正元）年生まれの野口医師は、京都帝大医学部を卒業すると、軍医学校へ入学。その年、七月に支那事変が起こり、ハルビンに近い一面坡の独立守備隊に配属され、一般診察のほか小児科、分娩を手がけた。戦後、産婦人科医として開業したのはこのときの経験からだったという。四年後には軍医学校へもどり、尉官学生として防疫研究室へ入った。その時の指導教官が米国から帰国した内藤良一だった。ニューヨークのロックフェラー研究所へ黄熱病ウイルスを貰いに出かけたドクター・ナイトウはニューヨークの後、ペンシルベニアまで足を伸ばしていた。

「内藤さんがペンシルベニア大学から真空ポンプを買ってきて、初めて国産第一号の真空ポンプを作ったんです。だから、私たちが軍医学校に入ってすぐ内藤さんに言われたのは、機械工学や電気工学を勉強しなさいということだった」

「内藤さんという人は目利きの人だったようですが……」

「内藤さんは傑物ですよ。ものすごく八方に頭が働く」

「人柄は……温厚な方ですか」

「とんでもない。全然、温厚でない。物凄くみんなピリピリしていましたよ。人遣いが荒いことはないが、勉強せんとあかんですね」

「勉強しないと怒るわけですか」

「そう、勉強しないと怒るし、ぼやぼやしておったらダメ。その代わり、アドバイスは上手でしたね。ミドリ十字があれだけ大きくなったのは、彼にいろいろアイディアがあ
1 ったからでしょう。私はあまりようわからんけれど、大分、私の知った奴がおったものね。えらい叱られながらやっていましたからね」
3 内藤良一が戦後の五〇年代、「日本ブラッドバンク」を設立することになる端緒は、元を辿れば、ペンシルベニア大学留学中に買ってきたこの真空ポンプだった。これをも
7 とに国産第一号の真空ポンプを作り、輸血のための乾燥人血漿を供給することが、内藤の専門になったのである。野口医師は軍医学校で指導教官の内藤良一から、この乾燥人血漿を学んだ学生の一人だった。
「いちばん初めは東京の救世軍で採血をやっとったね。内藤さんのアイディアですが、血液のなかの血漿部分だけを取って、それを凍結真空乾燥して第一線へ送っていたんです」

「それはいつ頃のことですか」

「昭和十七年の終わりから十八年、東京の救世軍で物凄く採血して乾燥人血漿を作った。それで吸血鬼と言われたね」

「吸血鬼という悪い評判だったのは……」

「女の人から血液を採ったためです」

「男性は戦争に行っていなかったから、お国のためにといって……」

「そう、『銃後の女性の血液が第一線の兵士の命を救う』というキャッチフレーズで採血した。それで内藤さんは技術有効章をもらった。内藤さんは気前が良いから、研究生一五人でこれわけなさいと。それでわれわれも協力者として軍事債券を二〇〇円もらったんですわ。その後、満州におけるプラントをつくるというのが、私の課題だったんです」

　一九四三（昭和18）年、軍医学校を卒業する前の二月、陸軍医務課からラバウル出張を命じられた野口軍医は、そのまま八月付で平房本部へ配属され、第四部第二課「野口班」の班長になり、満州で乾燥人血漿のプラントを作る仕事を任されたという。

「それで結局は満州へ行かされて、大陸の方がよく血液が集まるし、プラントをつくれと、工場ですわね。でも、全然、できなかった。建物の外側と壁、屋根はできました。鉄の確保も陸軍省へ出かけていって貰ったんだけれど、しかし、その鉄でハイバックポンプ、確かそう言ったね。あの真空ポンプをアメリカから輸入できないものだから、日本で作らせようと計画しとったけれど、結局、計画倒れでしたね」

「そのプラントは完成しなかったんですね」

「全然、機械も入らなかった。そんなところで、あまり石井部隊のことは知らんですわ。それに彼らはみんな極秘主義ですからね。全員が……」

「そういうものですか……」

「石井部隊というのは、お互いに、連中が全部、やっている仕事を隠している」
1 「たとえば、マルタだとか、人体実験だとか、そういう話もほとんど聞かれなかったのですか」
3 「やっとる連中だけの話であって、あとは……石井さんが大っぴらに偉そうなことをいうんですね。オーバーにね」
7 「当時、陸軍では細菌戦を考えていたわけですね」
「だから、ワクチンを作ろうと。結局、あそこでは大量にワクチンを作っとったですよ。発疹チフスのワクチンとか、ペストのワクチンとか、いちばん多いのは腸チフスだとか、赤痢だとか、三種混合だとか、ああいうワクチンの大量生産をやっていたね。ワクチンは必要ですもの。結局、それで随分お金がかかったんじゃないですか」

「細菌の大量生産とか、そういうものにはほとんどタッチしていらっしゃらなかったわけですか」

「ワクチンをつくるのと同じようなもので、これでやりゃいいわ、ということになっとるんじゃないですか。それは本部の本館の方でやっていたね。とにかく、私は四部という製造の方ですから、つまらんことをやっとった。エサを作ったり、血漿を作ったり。卵の黄身と白身を分けて、それを乾燥しとったね」

「何のためですか」

「白身と黄身を分けて、凍結真空乾燥をやるわけです。それを両方一緒にやるとダメなんですわ。分けてやってのち適当に混ぜると、また生卵ができます。それを大量にストックしとったようです。みんな第一線用ですわ」

「それで兵士に栄養をつけるわけですね」

「そうそう、保存が利きますからね」

「先生が平房にいらっしゃる間に、石井四郎は東京の方から帰ってきて、部隊長に復帰したわけですか」

「そう復帰したんですね。私が行った時には北野さん、東大を出て満大の教授をやっとった人です。あの人が部隊長でしたね」

「北野さんというのはどういう人でしたか」

「満州医科大学で細菌をやっておった。非常に頭の良い人で、要するに感染症だとか、細菌学者としてはよう勉強されておった」

「石井さんというのは前から知っていたんですか、軍医学校にいらっしゃった頃から」

「軍医学校のときには教官でしたからね」

「ああ、そうですか。要するに彼が教官で教わったという時期があるわけですね」

「教わらんね。あの人はハッタリが強いんですわ」

「そうみたいですね」

「とにかく、初めのうちは脅かされとったけどね、だんだん慣れましてね。みんなハッ
1 タリばっかりで大きなことを言いましてね。全部できたようなことを言ったり、いろんな映画見せたり……」
3 「学者としては北野さんの方が石井さんより優秀だったわけですか」
「そう思うね。ところが、石井閣下の方はあんなに偉い人はいないんです。というのは、
7 マネジメントね。ある研究で行き詰まると、すぐにエキスパートを紹介してくれる。だから、北野さんの下におるより、石井さんの下におる方が研究ははかどったね」
「だけど、学者という意味では疑問だったのですか」

「しかし、あれだけマネジメントやっとるものだから、耳学問は凄い。何でもよく知っていた。私たちが研究やっとると、試験管やピペット使ってやるでしょう。ああいう技術は石井閣下にはないんだ。北野さんはあるわね。しかし、石井さんはもうひとつ上のこうやれ、ああやれということは良く出来た。だから、よう知っとるわね」

「それで北野さんから、石井さんになって随分変わりましたか」

「いや、変わらんで、全部同じことですわ。でも、わからんね。自分のやっていることは同じことやっていて、他の研究部でもそうではないかと思いますね」

「他の研究部と話す機会はないのですか」

「接触する機会がないですから」

「例えば、高等官食堂で食事しますね……」

「飯食ってすぐに帰ってしまう。どこでもそうだと思いますけれど、研究者とか学者というのは全く秘密主義だね。いまの大学でもそうでしょう。自分のやっている仕事は見せないでしょう」

「同じ第四部にいた川島さんとか柄澤さんというのはご存知でしたか」

「川島さんというのは部長だったからね。部長だったけれども、あまり詳しくない。柄澤というのは隣の製造をやっとったわね。同じ第四部だけれども、第一課の大量生産の方で、大量生産工場の方は本館にあったと思います。ぼくには見せてくれなかったんですわ。見たかったんですけれど、見せない」

「見せないのですか。そんなものですか」

「見せてくれなかったね」

「話も聞けないわけですか」

「何ぼつくってるんだ、何百人分だということぐらいなものですよ。どういう大量生産方法をやっているかと訊くと、極秘にして見せてくれない」

野口列車

野口医師は平房本部の本館で行われていた活動については全く知る立場になかったと続けた。そこで、一九四五年三月、石井四郎が部隊長に復帰した当時に話を戻した。再び、野口医師から聞く。

1 「当時、ソ連が攻めて来るのではないか、という恐れはあったのですか」

3 「ええ、五月くらいから言っていましたよ」

「ということは、少しずつ移転するという話になっていたのですか」

7 「ええ、ありましたよ。噂によると、五月くらいからソ連を通じて講和をお願いするということで、それを全部、傍受しとったね。とにかく、子供のころからハルビンで育った奴、そういうロシア語の達人を集めて。通信というのは物理学校出たのがやっとった」

「そういう部隊もあったのですか」

「恐らく陸軍より優れていたでしょう。とにかく、外交なども全部傍受していた」

「敗戦が近いという感じはありましたか？」

「初めからわかっておった。だから、もう撤退する支度をしておって、朝鮮へ下がる予定までしておった。だから、昭和二十年春、石井閣下が部隊に戻ってきた頃には、もう負ける話ばかりでしたね。ソ連を通じてアメリカと交渉する。もし、戦争が長引くようだったら、全部、撤退して朝鮮の江界（こうかい）へ行く。あそこには水力発電の物凄く大きなトンネルが三つあったので、あそこへ疎開（そかい）しよう。そういう案を石井閣下が提案して、皆、調査へ行っていましたね。とにかく大きなトンネルなので、そこへ研究室全部が入ってしまうというのです。江界に予定しておったけれど、終戦になったから、それを辞めて内地まで下がってきたのです」

「八月九日はどうしていたのですか」

「ソ連の侵攻が始まった日、私は大連にいたんですわ。大連の衛生試験所にいた」

「もう平房から大連へ移っていたのですか」

「いやいや、大連の衛生試験所へ出張しておったのです。あそこに鉄道研究所というのがあって、鉄研というのですが、そこに大きな冷凍室があったんです。マイナス七〇度まで下がる部屋ですね」

「すごいですね」

「それを見せて貰（もら）いに行っとったんです。そうしたらソ連が侵攻してきて、鉄道が通らんようになった。新京まで何とか帰ってきたけれど、新京から郵便局を通じて本部（平房）へ電報打ちまして、石井閣下を呼んだのです。関東軍司令部へ来て、今後、どうするのか決めてくれと。隊長は八月十一日のうちに来たはずです。私は隊長の乗ってきた飛行機で帰った」

「その時、新京で石井に会ったのですか」

「いや、会っていない。会おうと思ったけれど、もう、直接司令部へ行ってしまった。飛行機に乗ってきた当番からそう聞きました」

1 「野口列車というのは」

「私は十一日の夕方に本部（平房）へ帰ってきて、十二日にはもう本部の爆破をやって
3 おった。これはえらいことになった、撤退だということになりまして、私、独立守備隊におったものですから、機関士とかそういう用意してやれ。それから梯団つくるのに、
7 まず水を補給せにゃならない。乗っとる連中に食べさせなければならない。だから、私の梯団がいちばん安全に帰ってきましたね」

「石井のメモに〈釜山へ直行〉とありますが、そうだったのですか」

「平房を出たときはあくまで江界へ行くつもりでした。ところが、通化で玉音放送を聞いて、それでも江界まで行きまして、江界で本部と連絡を取ろうとしたけれど、全然、連絡が取れなくて、しょうがないから一泊して釜山まで行ってしまった。釜山に着いたときにはもう二列車くらい着いていた。鈴木列車というのは、庶務をやっとった鈴木と

いうのが家族を連れて行ったが、鈴木君は鉄道のことなど詳しくないものだから、女子供がプラットフォームでへたっていたのです。草味列車も柴野列車というのも知りません。草味は薬剤大佐で、戦後、昭和薬科大学の学長になった人です」

「石井がいつ帰国したのか、わからないのですが」

とわたしは続けた。

「私も全然わからない。私は増田知貞（ともさだ）さんと一緒だったのです。増田さんは当時、われわれの部長だった。だから、釜山でこんなことをしていてはいかんと。すぐにも船舶とか汽車とか、確保しなければならない。そこで増田さんと増田さんの側近二〇名から三〇名といっしょにすぐ船をチャーターして、いちばん早く下関に着いたのです。下関に渡って、増田さんの側近の人たちが、まだ釜山にいるたくさんの部隊の受け入れ態勢を準備させたのです。私の方は私の班だけの連中で門司から汽車に乗せて、新潟に向かったんですね。その途中で、ひとりずつ降ろしていった」

金沢の旧制四高から京都帝大医学部へ進んだ石井の後輩であり、石井の幕僚である増田が、野口とともに下関へ向ったというのは新しい発見である。

「増田軍医はどうしましたか」

「増田さんは下関でわれわれと別れましてね、トラックにガソリンを積んで数人と山陰を通って東京へ帰ったのです」

「そのとき、資料をたくさん持って帰ったのですか？」

「それはないね。資料なんて持っていなかった。だいたいわれわれと小さな船で釜山から下関へ揚がって、下関で若干の荷物、食べ物だとか身の回りのものだけですね」

「新潟へ向かったというのは、軍医学校が新潟の競馬場へ疎開していたからですか」

「私は金沢で降りたのです。他の連中は新潟まで行く人もおった。私は金沢へ着いて、すぐそばの小さな旅館で待機しておったのです。次の部隊が来るのを待っとった。しかし、いつまで経っても来ないのです。私よりちょっと上の二木（軍医）と二人でおりましたので、金沢の住人の二木に全部お願いして帰ってしまった。二十五日か二十六日のことです」

「何故、金沢に集まったのですか」

「平房を出るときから、最後はどこに集まろうかということになって、京都がいちばん良いのですが、京都はもう危ない、狙われている。だけど、金沢は爆撃を受けとらんし、石川太刀雄丸もおったでしょう。それで良くわかっとるもんだから、金沢へ行こうと」

　石川太刀雄丸とは石井四郎の後輩として平房に初めて送られた京都帝大医学部出身の軍医のひとりで、病理を担当した。日本の生理学界の草分けといわれる石川日出鶴丸京都帝大名誉教授の息子という毛並みの良さで、一九四三（昭和18）年には平房から内地へもどり、金沢医科大学（現在の金沢大学医学部）の教授になっていた。

「第二陣はなぜそんなに遅れたのですか」

「結局、汽車がノロノロして」

「増田軍医とはその後」

「それ以来会わない。連絡も取らない。連絡先は聞いておきましたけれどね、東京の家が焼けなかったから。確か、杉並の方でした」

　野口医師はこれまでどんなインタビューにも応じず、七三一部隊に関して見事なほど口を閉ざしてきた。その老医師の口から語られた終戦時の撤退の様子はさすがに、あの時、あの満州にいなければわからないことばかりであった。

　とくに野口軍医が新京から郵便局を通じて平房へ電報を打ち、その日のうちに石井が飛んできたという事実。それが八月十一日だったという野口医師の証言は、〈新京に軍司令官当地訪問〉と記された石井メモの日付八月十一日とぴったり合っている。

　平房へ帰り着くと梯団を組んで撤退する様子、さらには石井四郎の右腕だった増田知貞が野口とともに、下関にいちばん乗りで帰国したという事実など、これまで全く知られなかったディテールに満ちている。

〈八月十七日　野口一、八一〇列車、江界一五、〇〇――八時平壌〉

　石井メモにも以上の記述があり、野口列車が八月十七日午後三時に江界を出発、朝八時には平壌へ到着したことが記されてある。

しかし、野口医師と石井の足跡とがわずかに交差したのは八月十一日、新京飛行場でのこと、それ以来、野口医師も石井四郎の行方については全く知らないという。

帰国していた石井

石井が自分の居場所を明確に記しているのは、既に記したように「1945終戦当時メモ」一〇頁（ページ）目以下の部分である。

八月十六日には、

〈1）新京停車場貴賓室に徹夜〉

これに続いて、関東軍作戦班長の草地貞吾大佐の名前が登場している。

〈2）作業案を碇（いかり）や況と共に作りて草地参謀と相談　指示を受けて〉

明らかに新京停車場貴賓室には、関東軍作戦班長の草地参謀も到着していて、石井部隊の碇や況とともにつくった作業案を検討、石井は指示をあおいでいた。

この日以降の石井の足跡は、「1945終戦当時メモ」である程度辿（たど）ることが出来る。

十六日、〈新京停車場貴賓室に徹夜〉した石井は、四車両にわかれて南下する部隊を無事、内地へ送り届けるために奔走している。同日、

〈明朝早く安東に飛び　鈴木・柴野梯団を推進せしむ〉

とあるが、実際、安東へ飛んだのは、十七日午後のことだった。

八月十七日については、野口列車が平壌へいちばん乗りしたことが記され、さらに、〈安東へ石井部隊、東郷部隊、二五二〇一部隊を第一番に平壌へ向う様に山形参謀から大尉以下八名に厳命ずみなり〉とあり、続いて、〈十七日午後五時（十七時）三十分安東を出発す〉と石井自身の行動が記されてある。

次に石井が向かったのは釜山だった。〈岩田中尉は早く呼び返すこと。余は釜山にて＊す〉

八月二十二日にはこう記されてある。〈菊池隊一五四着釜　貨物汽車　ロスイキ甲は通化の停車〉

ロスイキ甲というのは、四種類あった濾水機のうち、いちばん大きな濾水機だった。トラックで運ぶほど大きな濾水機甲を貨物列車で運んできたが、通化で下したという意味だろうか。あるいは、通化の停車場にあるという意味かもしれない。

釜山へ着いた石井は早速、貨物船の手配をしている。〈徳寿丸　二十二日着、23／Ⅷ（八月二十三日）予定〉

以上のような連絡事項のなかに、研究データや資材の集結と隠匿を指示する一行がある。

〈資材は全部集結して、内地に隠匿すること〉

さらに、濾水機についても以下の命令がある。

〈処置、濾水キ用心　トラック、燃料を運べ〉

さらに、次の一行には丸太（マルタ）ばかりでなく、PXという記号までが登場するが、その意味するところは読み取れないようにしてある。

〈内地へ出来る限り多く輸送する方針　丸太―PXを先にす〉

徳寿丸の予定の後には、

〈帰帆船ならば人員、器材が輸送出来る見込み〉

石井部隊が平房から引き揚げるについては、さまざまの憶測と噂が流れた。なかでも、機密漏洩のおそれがあるため、「家族全員を殺せ」と石井が命じたという説がある。第一部部長の菊池斉が「責任をもって朝鮮まで家族を連れて行き、秘密の漏れないようにするから、任せてくれ」と頼み、ことなきを得たというが、このメモには、

〈方針　一・婦女子、病者、及び高度機密作業者は万難を排して内地に　能う限り速かに内地へ帰還せしむ〉

という方針が明記されている。婦女子を速やかに内地へ帰すことは朝枝参謀が伝えた参謀総長からの命令でもあった。「家族全員を殺せ」と石井が命じたという説は、数多い憶測の類ではないか。

米軍の進駐についても多くの噂や流言が流された様子で、〈徳寿丸〉に続いて、

〈相見浜に二十五日米兵上陸全国にばらまく〉

八月二十二日の頁には、

〈八月二十六日　宇品に敵の一部進駐〉

という情報が記されている。

次の頁には五隻（せき）の船が調達できた様子でそのリストがある。

〈一．江崎丸　八八〇屯　全部四五〇屯　二〇〇人〉

〈二．住吉丸　四〇〇屯　一部四〇屯　一〇〇人〉

〈三．徳寿丸　四〇〇〇屯　他全部〉

〈四．洋瑞丸　二二〇〇屯　全部一〇〇〇m^2　一五〇〇〉

〈五．第五アガタ丸　八八〇屯　全部（八〇〇m^2）（五〇〇）〉

次に日付があるのは26／8（八月二十六日）、以下の記載がある。この間、八月二十二日から二十六日までのあいだに、石井が飛行機で厚木か立川の飛行場へ降り立っていたことはまちがいない。しかし、残念なことに帰国した日取りも場所も記されていない。石井がほかの医師とともに帰国したのか、彼らが無事帰ったのを見定めた後、最後に飛んだのか、その詳細もわからない。ただし、帰国した石井は八月二十六日、陸軍省医務局を訪ねていたことが次の数行に明らかである。

26／8

〈1．医務局　予備　復員　資材は附近の陸病へ

2．高山、中山　復員案　一部は東一院附　明日退　研究抽出。

3．河辺、民族防御賛成　科学進攻賛成、科学の負け、犬死をやめよ、予備帰農賛成。

4．梅津、民族防御賛成、科学進攻賛成、静かに時を待て。多年、ご苦労を謝す。

5．荒尾、予備賛成、説明は誰でもできる。他人の方が可。民族防御賛成、基礎科学をしっかりやること。誠心誠意、最後まで後始末を堂々。豚箱に入る約一年の期間あらん〉

一行目にある〈資材は附近の陸病へ〉という記載を見ると、船で運ばれてきた資材は近くの陸軍病院へ移された。あるいは、釜山から船で舞鶴（まいづる）に運ばれた資材は列車で金沢へ運び、金沢陸軍病院へ収めるという方針が決まったという意味であろう。

〈一部は東一院附〉

と記されてあるのを見ると、東一（といち）と呼ばれた若松町の東京第一陸軍病院（現在の国立国際医療センター）へも資材の一部は運搬されたように見える。

当時は参謀本部も陸軍省も同じ市ヶ谷台上（現在の新宿区市谷本村町、防衛省）の建物にあった。八月十五日以降、ここでは機密書類を燃やす煙でむせぶほどだったことだ

ろう。石井の若松町の家からは、現在の東京女子医大を通り越し、徒歩一五分ほどで煙の上がる市ヶ谷台へたどり着けたはずである。

そこで石井は、陸軍参謀次長の河辺虎四郎陸軍中将、参謀総長の梅津美治郎大将、第四部（軍務）第三課の荒尾興功大佐に会っていたことがわかる。三人とも石井にとって馴染み深い軍人だった。

とくに梅津美治郎は東郷部隊を母体として「関東軍防疫部」を新設するときの陸軍次官で、後の七三一部隊の新設に力を注いだ。その後、関東軍司令官として一九四〇（昭和15）年には、寧波、金華など浙江省への細菌戦攻撃を命令している。

荒尾興功については参謀本部作戦課にいた一九三九（昭和14）年当時、細菌をつかった攻撃についての会議に出席、翌年にも浙江省における細菌戦実施計画を決める会議に出席していることが「井本日誌」に記されてある。

米軍の受け入れ態勢打ち合わせのため、日本側連絡代表団としてマニラへ飛んだ河辺虎四郎は、不時着事故を起こしながらも二十一日に帰国していた。その河辺の持ち帰った米軍の命令第一号によると、米軍先遣隊の厚木到着はじめ、鹿児島、館山、横須賀などへ進駐してくるのは八月二十六日のはずだったが、台風のおかげで四八時間延期され、二十八日と決まったのがこの前日のことだった。石井がノートに記した、

〈相見浜に二十五日米兵上陸全国にばらまく〉

〈八月二十六日　宇品に敵の一部進駐〉
などの情報はやはり流言の一部だったのである。

河辺、梅津、荒尾の三名が〈民族防御賛成〉と同じ意見を述べているのは、五五〇万人の将兵をもつ日本陸軍の一部が暴走して勝手なクーデターを起こすことに強く反対し、ポツダム宣言を受け入れることによって民族防御することに賛成するという意見に三人が同意したということである。

1 河辺の〈犬死をやめよ〉は、玉音放送の直前に自決を遂げた陸相・阿南（あなみ）大将の轍（てつ）を踏むな、という意味を込めていたのだろう。阿南大将こそ命をもって陸軍の暴走に歯止め
3 をかけた陸相であり、割腹自殺はこれ以上意味がないという諭しだった。

三名が痛感したのは、日本と米国の科学の差だった。爆撃機から原子爆弾に至るまで、
7 米国の科学は、ことごとく日本を凌駕（りょうが）して日本を打ち負かした。〈科学進攻賛成〉という言葉には、これから日本も科学を多いに進めるべしという苦い教訓が込められているように読み取れる。

〈豚箱に入る約一年の期間あらん〉という荒尾の言葉には、元参謀本部作戦課の荒尾大佐も戦犯として捕えられる覚悟をしていた様子が窺（うかが）える。実際には、その後、戦犯に問われたのは、梅津美治郎のみで、河辺は戦犯も公職追放も免れ、米軍の協力者になっていく。

この三人に石井が加わった会話がどんな様子で進められたのか、この数行で判断するのは難しいが、敗戦という最悪の事態を迎えながらも、大本営の大将や中将がまるで他人事のように戦争を振り返っている会話のように聞こえる。大将や中将といえども帝国陸軍という大きな歯車のなかでは、ひとつのコマに過ぎなかったといっているように思えるのだ。

この無責任さが戦後、多くの国民によって非難されることになるのは当然である。誰も責任を取ろうとしないのは、今も当時も変わらず、日本の指導者の専売特許なのだろうか。

二日後、連合軍のテンチ大佐以下一五〇名の先遣隊部隊が到着。さらに二日後の八月三十日には、厚木飛行場にダグラス・マッカーサー元帥（げんすい）が到着した。

平房から日本へ向かった家族や部隊員がようやく無事、故郷の土を踏みしめたのもこの頃だった。飲まず食わずの過酷な旅だったとはいえ、日本へ帰国できた者は幸運だった。満州に残されたため、ソ連の手に落ちた日本人は一六〇万人から一七〇万人ともいわれている。

ソ連軍に捕まった日本兵の多くがそれから長期間、シベリアに抑留され労働力として使役された。そのなかには、関東軍総司令官の山田乙三のほか、石井が平壌で会った参謀副長の松村知勝、さらには新京の格納庫で石井に指令を与えた若き参謀、朝枝繁春、そして七三一部隊第四部の川島清部長、柄澤十三夫ほか、一〇〇名ほどの部隊員や関係者も含まれていた。しかし、そのなかから、部隊の秘密を告白する者が現れることを、石井四郎は予想しえただろうか。

第六章　占領軍の進駐とサンダース中佐

横浜港に到着した米国の細菌学者マレー・サンダース中佐は、思わず身を乗り出して、目の前に広がる敗戦の街を凝視したことだろう。波止場北側のずっと先には造船所が見え、日本の航空母艦が一隻(せき)傾いたままに横たわっていた。南側には海岸通りに面してホテルが一軒、破壊されずにようやく佇(たたず)んでいた。しかし、西側一帯に見えたものは、黒く炭化した家屋の残骸(ざんがい)と灰色の荒廃で、それが一面、見渡す限りつづいていた。かすかに街を感じさせるものといえば、ただ白い線を引くように見える通りや河川のあまりにも寂しい流れだけだった。

この焦土は、米戦闘機と爆撃機の編隊六〇〇機から投下された爆弾の威力をまざまざと見せつけていた。さらに悪いことに、折からの強風によって爆撃で蹂躙(じゅうりん)された街は、大火によって舐(な)めるように焼き尽されていた。

「ドクター・サンダース」

声もなく立ち尽くす中佐に、舷門(げんもん)で声をかける者があった。振りかえってみると、近

寄ってきた日本人は英語で、

「わたしの名前はリョウイチ・ナイトウです」

といって自己紹介した。

内藤良一は米国の細菌戦基地キャンプ・デトリックで撮影された中佐本人の顔写真をもっていた、とサンダースは後に回想している。内藤がなぜサンダースの写真をもって横浜港まであらわれたのか、誰が内藤を迎えに出したのだろうか。

終戦直後、日本の細菌戦調査のため、米細菌戦基地から送られてきたアメリカ人科学者と石井部隊の日本人軍医との出会いは、そのはじまりから何者かに仕組まれ見事に操作された不可解なものだった。

とはいえ、マニラを経由して敗戦を受け入れたばかりの敵国日本に足を踏み入れたアメリカ人科学者は、英語の話せる日本人の出迎えにどれほど安堵したことだろうか。マレー・サンダースと内藤良一は、初めて握手したこの日から手を携え、生涯、交友を続けていくことになる。しかし実は、内藤の方が一枚も二枚も役者が上で、若いアメリカ人科学者をすっかり騙して利用し続けた。そのことにサンダースが気づくのは、半世紀近くもたった一九八〇年代後半のことになる。そのとき、内藤は既に鬼籍に入っていた。「ミドリ十字」の薬害エイズ事件が起こる直前のことである。

戦前、そもそも米軍が日本の細菌戦について疑問を抱くようになったのは、第二章に記したように、このドクター・ナイトウが黄熱病ウイルスを求めて一九三九年にロックフェラー研究所を訪れてからのことである。

日本人軍医に応対したバウアー医師は、二年後、陸軍省軍医総監部ジェームズ・シモンズ大佐宛に長文の報告書を認めた。これを読んで、日本人軍医の動きに危険な匂いを読み取ったシモンズ大佐は、早速、陸軍省情報局参謀二部へメモランダムを送付。これを受け取った参謀二部は、衛生局へこう書き送っている。一九四一年二月三日付。

「日本人は細菌戦に備え、黄熱病のウイルス入手に全力を投じている」

当時、シモンズ大佐は米軍のなかでも細菌戦の可能性を具体的な脅威として考えた数少ない関係者のひとりだった。それ以前、多くの米戦略家たちは、細菌兵器は戦争兵器にならないという意見をそのまま受け入れ、信じ込んでいた。

そんな常識を覆したのは、シモンズ大佐の柔軟性のある科学的知識と熱意にほかならない。陸軍長官ヘンリー・スティムソンがついに同意、米国の戦略を一八〇度転換させた。

「細菌戦に手を染めなければならない」

と確信したスティムソンは、ルーズベルト大統領に委員会の設置を勧告し、大統領はその勧告を受け入れ、プロジェクトを承認した。

一九四二年八月、製薬会社の社長、ジョージ・マーク率いる細菌戦研究チームが発足し、米国の細菌戦計画は本格的に稼動をはじめた。すでに、はるか満州で石井四郎が「東郷部隊」の活動を開始してから九年もの歳月が流れていた。

『死の工場』（シェルダン・ハリス著）によると、ソ連は細菌戦を広範囲に行っていたし、英国はポートン・ダウンで研究を進め、フランスはパリ郊外に大きな細菌戦開発施設をもち、ドイツも研究に従事していたとある。第二次大戦直前にはポーランド、イタリアをはじめとするヨーロッパの小さな国々も細菌の専門家を雇っていたと同書は明らかにしている。

当時、ドイツは日本に細菌戦を教えるほど先んじていて、強制収容所で人体実験も行っているという情報が盛んに流れていた。

すっかり出遅れた米国は、急ピッチで開発を進めた。細菌戦の研究は米国陸軍化学戦部局に一任されることになり、本拠地をメリーランド州フレデリックにあるキャンプ・デトリック（のちにフォート・デトリックと改称）に決定、一九四三年四月には工事が開始された。

キャンプ・デトリックは当初、八五名の将校と三七三名の下士官兵でスタートしたが、三ヵ月後には全体の経費が四〇〇万ドルを超える大きなプロジェクトになっていた。ライバルは、ロスアラモスの砂漠で極秘に原爆製造を進めていたマンハッタン計画だけというほどの規模である。

同時に、日本の細菌戦に関する情報については徹底的に収集せよ、という指令が陸海軍情報局、戦略事務局（ＯＳＳ）、ＦＢＩに通達された。米国立公文書館に保管されている「生物戦特別ファイル」には、世界各地から送られた当時の秘密文書が数多く収められている。

一九四一年二月二十五日、参謀二部から参謀部への公電。

「信頼できる情報によれば、日本は細菌戦部隊をもっている。それは化学戦部隊に付随し、二連隊につき一大隊という割合になっている。二〇〇〇人以上のパラシュート部隊員が訓練を受けている」

一九四二年一月三十日、Ｊ・エドガー・フーヴァーから海軍情報局（ＯＮＩ）宛の手紙。

「東京に長く住んでいた信頼できる情報提供者によれば、酒の席と断りつつ、ドイツ人医師の何人かは日本人に細菌戦を教えるために日本に滞在しており、いつの日かドイツはそのような武器を使ってアメリカに報復を果たすだろうと述べた、という」

一九四二年二月下旬、ＦＢＩの覚書。

「ロサンゼルスにおいて情報提供者から入った電話によると、日本の工作員が水道施設に混入させるための腸チフス菌およびペスト菌の混合物であるゼリー状の物質が入った缶を五つか六つ所有している」

中国、重慶の米大使館武官からワシントンの国務長官宛に送られた一九四二年四月十一日付文書に関係者は目を疑った。

「中国において日本が細菌戦を行っているといういくつかの申立て」

というこの文書には、中国衛生署署長、金宝善博士の報告（一九四二年三月三十一日付）が同封されていた。

「……過去二年間で、日本が細菌戦実用化実験のための実験台に、中国の国民を使おうとしていることを示す十分な状況証拠が集まっている。これまでに集められた事実は次の通りである」

続いて、この報告には一九四〇年十月、浙江（せっこう）省寧波（ねいは）、衢県（くけん）、同年十一月、金華で発生したペストの流行について詳細が記録されていた。さらに、翌一九四一年十一月に湖南省の常徳で起こった事件は次のように記されてあった。

「四日午前五時頃、敵機が一機だけで湖南省の常徳上空に現れ、低空飛行。爆弾の代わりに、小麦、米粒、紙片、綿のかたまり、得体の知れない粒子が投下された。目撃者は大勢おり、長老会派病院のＥ・Ｊ・バノン夫人や常徳在住の外国人もいた。検査の結果、ペスト菌に似た微生物の存在が明らかになった。七日後、最初のペスト患者が発見された。さらに十一月中に五人、十二月に二人発病、最後の患者の発生は翌年一月十三日だった。ペストという診断は、十一月の六例のうち一例については、細菌培養および動物接種試験によって、疑問の余地なく確認された。

これまでに集められた数多くの事実から、日本軍が中国において細菌攻撃を行っていると結論せざるを得ない。彼らは浙江省や湖南省において飛行機から汚染物質を散布し、ペストの流行を引き起こすことに成功した」

中国政府は日本軍が細菌兵器や毒ガスを使用していると以前から訴えていたが、米情報部は中国の訴えをまともに受け止めていなかった。日本のような後進国には、高度な技術を必要とする細菌兵器や毒ガスなど製造できる科学的知識があるはずがない、と高を括っていたのである。それより米軍は、ドイツ軍が細菌兵器の使用を計画しているかもしれないという戦略事務局の情報に神経を尖らせていた。

しかし、一九四四年春に状況は一変した。熾烈な戦いでガダルカナルを落としてから、日本は完全に守勢にまわった。二月十四日付で高級副官部から戦地の各司令官に航空便で送られた「生物戦」と題する文書には、

「敵は次第に劣勢となっており、追い詰められて細菌戦に走る可能性がある」

と記されてある。続いて送られた三月二十八日の文書には、前線における細菌兵器の謀略的使用に対して、兵士がどう身を守るか、その防御方法が具体的に指示されていた。米国は初めて本気になって日本の細菌戦を警戒しはじめたのである。

戦線はますます日本の劣勢となり、日本が南の島を失うにつれ、米軍は細菌戦に関す

る貴重な文書を押収した。

太平洋地区統合情報センターに送られた文書第8438号には、第二六部隊飛行訓練兵O・Yの教習ノートに書かれていた「特殊爆弾マーク7号」に関する情報が含まれていた。

同文書第8306号は第五一部隊の工兵隊所属A・W海軍中尉の業務用ノートの要約で、「特殊爆弾マーク7号」が細菌爆弾であることを明記していた。ノートには「軍極秘」の判があり、これは日本の細菌戦用装備についての初めての記録である。八月には特殊爆弾1号から7号までを列記した機密文書の翻訳がワシントンに送られた。

当時、南の島で捕虜になった日本兵のなかには一九四三年末から始まった、関東軍の「南方転用」によって、満州から送られてきた兵士が多かった。米軍は捕虜のなかで医療関係、とくに給水業務に携わった兵に尋問を集中した。

その結果、一九四四年秋までに米情報部は、日本の細菌兵器開発の大枠をつかむようになった。日本兵から得た情報を分析した結果、満州には「防疫給水部」の偽名で細菌兵器を開発する部隊があり、そのトップがシロウ・イシイということも米軍は掴んだ。細菌戦の実戦には鼻疽菌、ペスト菌、コレラ菌、赤痢菌、結核菌、チフス菌などが使用されているという結論を下した。

その年、『日本の秘密兵器』という本がニューヨークで出版され、米軍は日本の細菌戦についての情報が一般に漏れるのを恐れた。しかし、もっと困るのは、米軍も細菌戦研究を極秘のうちに進めていることが一般に知られることだった。議会による調査などがはじまれば、キャンプ・デトリックの研究にも支障が出る。ワシントンはこの本の発行停止処分を考えたほどだったが、幸か不幸か読者の関心を引かず、この本は書店から姿を消した。

一九四五年に入ると、米軍は日本の細菌戦について詳細まで把握するようになった。五月二十四日付、シモンズ大佐宛に送られたメモには、米軍がビルマで日本軍の「ゴム製細菌戦用スーツ」を接収したと記されてある。このスーツはワシントンへ送られ、その使用目的が検討された。

スーツの鑑定に当たった大佐は次のような結論を出している。

「これは、多分、ペストのような病気にかかった患者の検死解剖に使われたものではないか」

七月二十六日付の「日本の生物戦」と題する陸軍情報部文書第2263号は、三二頁に及ぶ包括的分析結果である。ここには、収集した文書のなかで最も重要なものとして、石井部隊の北条円了軍医大佐の記した「細菌戦について」という文書が添付されてある。ドイツ語に訳された三〇頁におよぶこの文書には、コレラ、赤痢、黄熱病、鼻疽熱など一五種類に及ぶ細菌が網羅されていて、「細菌戦の攻撃で使用されるかもしれない」という説明がある。

この年、連合軍はドイツを占領。六月二十日、ベルリンに駐屯していた米陸軍は爆撃によって瓦礫（がれき）となった街のなかで、日本の大使館付軍医大佐の北条円了を逮捕していた。五十一歳になるこの細菌学者は、早い時期に背陰河（ベイインホー）や平房（ピンファン）で働き、上海（シャンハイ）派遣軍に発生したコレラを突き止め、コレラで苦しむ部隊の惨状（さんじょう）をフィルムに収めた。このフィルムによって石井が、戦闘部隊に欠かせない浄水の補給の重要性を陸軍省と参謀本部へ認めさせたのは既に記したとおりである。

一九四一年二月、韓国、満州、シベリアを経由してベルリンに到着した北条は研究員として滞在し、ヘルシンキやローマ、フィレンツェなどにまで足を伸ばして細菌戦研究の情報収集というスパイ活動を行っていた。

ワシントンへ移された北条は国防総省で医学部隊の大尉から尋問を受けた。北条はドイツに赴任するまで所属した東京の防疫研究室では陸軍へのワクチン供給が行われていた、とドイツ語で行われた尋問で供述。ペストのワクチンは毎年二〇万人分が満州駐屯の兵士のために製造されたとも語っている。

国防総省は尋問が終わると、十二月に入ってから、北条を日本へ送還した。四年半ぶりに帰った故国は、マッカーサーの君臨する占領軍の地だった。

ウィロビー直属のあつかい

陸海軍情報局や戦略事務局（ＯＳＳ）、ＦＢＩが収集した日本軍の細菌戦に関する情報が、横浜に到着したサンダース中佐にどれだけ伝えられていたか、大いに疑問である。ロックフェラー研究所へ黄熱病ウイルスをもらいに出かけたのが内藤良一だったことも、サンダースには知らされなかった。そればかりか、内藤が石井部隊の軍医だったことも知らず、さらには北条円了がこの時期、ワシントンで尋問を受けているという報告も伝えられた形跡がない。

一九一〇年生まれのサンダースはこの年、三十五歳、シカゴ大学で医学博士号を取得後、ニューヨークのコロンビア大学医学部で細菌学専任講師を務めた。一九四三年に入隊、キャンプ・デトリックに配属され、東京に送られたときには、陸軍化学部門生物学プロジェクトの主任であり、マッカーサーの特別補佐官という立場でもあったと本人は語っている。

もっとも、サンダース中佐に与えられた初めての任務は、一九四四年十二月、米本土モンタナ州で発見された奇妙な風船の調査だった。それは、直径九メートル、周囲二七メートルもある和紙で作られた巨大な気球である。焼夷弾（しょういだん）を搭載し、北米大陸をターゲットにして日本から送られてきた爆弾であることは明らかだった。

米軍はこの「風船爆弾」に細菌が搭載されているのではないかと殺気立った。早速、この調査にキャンプ・デトリックから選ばれた細菌兵器の専門家がマレー・サンダース軍医中佐だったのである。

アラスカやカナダ、ハワイ、ミシガン州にも同様の風船爆弾がたどり着き、翌四五年三月までに北米大陸で一〇〇件が確認された。サンダース中佐は爆撃機に乗って西海岸を北から南へ移動しながら、この気球を徹底的に調査した。その結果、気球には細菌など搭載されていないことを確認して胸をなで下ろした。次にマニラへ直行するよう指示を受けた中佐は、そこでマッカーサー指揮下のコンプトン博士の一行に合流した。降伏直後の日本へ入り、日本軍の細菌兵器開発の実態調査を行え、という特命が発せられたのである。

マレー・サンダース中佐は、日本に向かう科学情報調査団第一陣に組み込まれてマニラを出発、この調査団は正式には、「米陸軍太平洋司令部科学・技術顧問団」、通称コンプトン、あるいはモーランド調査団と呼ばれ、原爆開発や化学・細菌兵器など日本の軍事科学技術の研究成果を調べるという使命を帯びていた。団長はマサチューセッツ工科大学の理学部長、E・L・モーランドで、顧問が同大学の学長、K・T・コンプトンである。

マレー・サンダースは一九八〇年代に行われたインタビューのなかで、日本に到着した日取りについて、

「ミズーリ号で降伏の調印が行われる二、三週間前だった」

と語っている。しかし、サンダースの記憶にある二、三週間前というのは全く不可能で、恐らくたいへん早い時期に日本の地を踏んだことだけが記憶に刻まれたのだろう。

マニラを発った米司令艦「スタージョン号」は、一九四一年の開戦以来、日本の桟橋に接岸する最初のアメリカ船として、八月三十日未明に横浜へ到着している。この船には総司令部の上級将校や第六軍、第八軍など錚々たる顔ぶれが揃っていた、とのち公衆衛生局局長になるクリフォード・サムズ准将は記している。モーランド調査団あるいはコンプトン調査団と呼ばれた科学者たちも、この司令艦に乗っていたことはまちがいない。

ダグラス・マッカーサー元帥が厚木飛行場へ到着したのは数時間後、同じ八月三十日午後二時五分のことだった。二日前には先遣隊のテンチ大佐ほか一五〇名が到着、当日の朝には第八軍司令官のアイケルバーガー中将の率いる部隊が厚木に進駐していた。

愛機「バターン号」の扉からあらわれたマッカーサーは、二歩タラップを下り、コーンパイプを二度ふかし、サングラスと軍帽でカメラマンのためにポーズを取った。余りにも有名になったあの勇壮な姿である。

一気にタラップを下りながら、出迎えたアイケルバーガー中将の敬礼に返礼、握手しながら、歴史に残る言葉を伝えた。

「メルボルンから東京までは長い道のりだったが、どうやらこれで行き着いたようだね。これが映画でいう結末だよ」

マッカーサーが日本軍の進撃でフィリピンのコレヒドールを脱出、メルボルンへ逃れたのは一九四二年三月、それから三年半後にようやく凱旋した興奮をこう表現したのである。もっとも、コレヒドールを脱出したマッカーサーには、残ったアメリカ兵を見殺しにした卑怯者という意味を込めて「ダグアウト・ダグ・マッカーサー」というありがたくないニックネームがつけられていた。そんな汚名をそそぐためには、厚木到着こそが危険を恐れない男であり、英雄であることを示す格好の機会だった。ウィンストン・チャーチルは後にこう語っている。

「今次大戦中の驚嘆すべき行動の中でも、私はマッカーサー将軍の厚木着陸を最も勇敢な行為と考える」

響きわたるトランペットのような声や端正な顔立ち、貴族的な振る舞いなど、いわば天賦の将軍かと思われるほどのマッカーサーの資質のなかで、もっとも秀でていたものは、実は、この自己宣伝の能力であり、自分をいかに演出するかという才能に関しては天才とまでいわれた。

この日、連合国軍総司令官（ＳＣＡＰ）に任命されたマッカーサーは、新しい〝日本の大君〟としての記念すべき第一日をサングラスとコーンパイプという庶民的な道具を使い、上機嫌で数日前までの敵地へ降り立ったのである。

九月二日、マッカーサーはじめ交戦国九ヵ国の代表と日本政府・日本軍とのあいだで降伏文書の調印が行われた。二人の日本代表が、降伏文書に署名した。帝国軍隊を代表したのが梅津美治郎将軍で、帝国政府の代表が外交官の重光葵だった。その瞬間、海軍戦闘機一五〇〇機に護衛されたB29爆撃機四〇〇機が東京湾上空を覆った。同時に、横浜に上陸した第一騎兵師団をはじめ多くの部隊が完全装備のまま戦闘態勢で上陸した。

米軍は関東平野にはまだ一七個師団の日本軍が残っているとにらみ、降伏したとはいえ本土ではカミカゼ特攻隊にも等しい攻撃が待ち受けていると予想した。ところが、彼らを迎えたのはやつれ果てた哀しげな顔ばかり、うつろな目をしたり、なかには薄笑いを浮かべ、一様にボロをまとった市民だった。日本人は腹をすかし、食べるものも住むところもなく、憔悴し、疲れ果て、誰もが家族を失い、家や財産を失って呆然自失だった。

戦争の惨禍を正確に計量することは不可能であり、敗戦日本がどれほどの代償を払ったかほぼ妥当な推量がえられるまでには数年を要した、とマサチューセッツ工科大学のジョン・ダワー教授はピューリッツァー賞を受賞した著書『敗北を抱きしめて』で指摘している。

「戦争の結果死亡した戦闘員および非戦闘員は少なくとも二七〇万人であり、これは一九四一年の日本の人口七四〇〇万人の約三―四パーセントにあたる。このほか数百万人が負傷、病気、もしくは重度の栄養失調となった」

連合軍による攻撃によって日本の国富の四分の一が破壊されたという。マッカーサーの総司令部は一九四六年はじめの時点で、日本は「全国の富の三分の一と、全所得の三分の一から二分の一を失った」と発表。生活のレベルは農村部で戦前の六五パーセントとなり、都会では戦前の三五パーセントまで下がった。六六の大都市が大規模な空襲に見舞われ、東京では家屋の六五パーセントが失われた。

横浜に到着したサンダースは第八軍が露払いした東京を目指した。横浜から東京へ向かうクルマのなかからは再び、行けども行けども廃墟と化した墨絵のようなモノトーンの街がどこまでも広がっていた。すべてがぺちゃんこになり、焼け爛れ、時折、親指のように突っ立っているものといえば、浴場の煙突や堅固なビルの残骸ばかり。

しかし、東京の中心部に近づくと不可解なことに皇居から丸の内一帯は焼けずに残っていた。アメリカ大使館も帝国ホテルも、そして市ヶ谷台の陸軍参謀本部もほとんど無傷のまま不思議な静寂のなかにひっそり建っていた。米爆撃機は占領後に使える建物を攻撃せず、残したのである。

九月八日、アメリカ大使館に星条旗が翻り、ここがマッカーサーの公邸に決まった。十七日には、接収されたお濠端の第一生命ビルに総司令部（GHQ）が移された。

フランク・ロイド・ライトが設計したクリーム色の大谷石と渋茶色のスクラッチ煉瓦(れんが)を組み合わせた帝国ホテルは将校用ホテル、新橋の第一ホテルは大佐用ホテルとして接収され、サンダースには第一ホテルの一室が与えられた。オフィスは総司令部のマッカーサーの部屋の隣室だったと語っている。

「総司令部で協力できることは何でもやるし、必要と思うことはどんなことでもやれることを保証する」

マッカーサーはこういってキャンプ・デトリックから送られてきた中佐を励ました。サンダースは情報部門を率いる参謀二部チャールズ・A・ウィロビー部長直属の扱いになり、四人の兵士と二台のジープが貸与されたというから、よほどの厚遇を受けたことになる。

九月九日、占領軍は日本の管理方針に関する声明を行い、翌十日には言論、新聞の自由に関する覚書を次々と発表。十一日には東条英機など三九名の戦犯逮捕を命令した。その東条がピストルで自殺を計り、横浜の米第八軍衛生病院に収容され、一命を取りとめたというニュースが敗戦の街を駆け抜けた。戦犯逮捕はこの日から始まり、逮捕者の数は膨れ上がっていった。

当時、満州から帰り着いた石井部隊の軍医や技師、隊員が、どれほど不安な日々を過ごしていたか、想像に難くない。日本の無条件降伏を要求したポツダム宣言には、

「吾等(われら)の捕虜を虐待(ぎゃくたい)せる者を含むいっさいの戦争犯罪人に対しては厳重なる処罰を加えられるべし」

という条項が明記されてある。さらに、米英仏ソの四ヵ国代表による「ロンドン条約」も、非人道的行為を犯罪とする「人道に対する罪」を規定していた。彼らは焦土と化した故郷で、平房で過ごした日々と現実との折り合いをどう付けようとしたのか、あるいはただひたすら戦犯となることを恐れていたのだろうか。

「イシイはどこか」

厚木飛行場へ到着したマッカーサーの言葉は新聞にも発表され記録されたが、彼が発した第一声には次の言葉もあったという説がある。

「ルーテナント・ジェネラル・イシイ（石井中将）はどこにいるか」

これは石井四郎の長女、石井春海(はるみ)が「ジャパン・タイムズ」紙（一九八二年八月二十九日付）のインタビューに答えて後年、語ったもので、もちろん彼女自身が聞いた言葉ではなく、誰かから聞かされた話だった。

石井の家族は全員、東京の空襲を逃れ終戦のこの年三月にハルビンへ渡り、吉林(きつりん)街の隊長官舎に住んでいた。ロシア人の建てた豪邸といわれる。しかし、五ヵ月後にはソ連軍の侵攻開始。石井の家族も部隊員とともに満州から列車で撤退した。

もどってみると陸軍軍医学校は爆撃ですっかり被害を受け、戸山町一帯もほとんど焼け野原になっていたが、若松町の石井の自宅が戦災を免れたことは幸運だった。

当時、石井四郎は行方不明になっていた。「1945終戦当時メモ」には、石井が八月二十六日以前に満州から無事、帰国していることが記されているが、当時、そのことを知っている者はごく限られていた。春海は先の「ジャパン・タイムズ」紙のインタビューに答えた後、ジャーナリストの西里扶甬子のインタビューにも快く応じ、次のように証言している。

「結局私たちが山口県の仙崎に船で着いたのが八月三十一日ですから、その二日程前に父は自家用機で羽田か厚木に着陸していたはずです。九月は東京に、若松町の自宅にいました。私たちも一緒にいましたから。陸軍省の幹部と打ち合わせをやっていました。復員してくる人達とも本当に密かに会っていましたよ」

七三一部隊の運輸班員だった越定男も著書に貴重な証言を残している。満州から故郷の長野へ無事帰り着いた越は、家族を長野に残して東京へ出た、と記しているのである。

「家族を送り届けたら、直ちに東京へ来いという指令を石井隊長から受けていたので、そこに家族を残して東京へ出向いた。……東京に着くと直ちに金沢へとんでくれという話であった。七三一部隊は、舞鶴から汽車で金沢に行き、金沢の野間神社に仮の本部をおいていたのである。釜山まで、貨車で運んだ荷物は相当なもので、これを舞鶴から金沢へ運び、いったん金沢陸軍病院の倉庫へ移したことがわかった」

野間神社には幹部が一五名ほどいたと越は記している。その顔ぶれが誰だったか記されていないが、幹部は進駐軍の動きを見ていたようであった、という。

「私への指令は、金沢医大病院倉庫（原文ママ）の荷物を二台のトラックで東京へ運べということであった。トラックの運転台には、私服で袋におさめた一本の軍刀を持つ菊池少将（第一部長）や大田大佐（総務部長）がいて、直接指揮をとった。ほかに増田少
1 将がいた。地図をひろげては道を探し、デコボコ道を縫って飛騨山脈を越えた」

この飛騨の山越えで、もう一台の車が崖から落ちて、横倒しになったという。運転手
3 は樹木に引っかかって無事だったというが、ロープをつけてトラックを引き揚げるために、重い荷物の一部を谷底に落とさなくてはならなかった。ガラガラと金属音をたてて
7 落ちていった荷物は貴重な顕微鏡などの器具類のようだった、と越は記している。

それから下呂温泉、諏訪大社で宿泊して東京へ向かったというから、岐阜から長野の山道を通り抜け、占領軍の目を盗みながらの旅だったにちがいない。

東京へ無事到着してから、杉並のオリエンタル写真工業、近くの民家、若松荘の三ヵ所で荷を下ろしたという。若松荘と呼んでいるのは、若松町の石井の自宅のことである。

「若松荘の二階に、石井隊長が寝ていてびっくりした。私は平房を発つ直前、直々の隊長命令で隊長車を特別に用意せよといわれ、フォード三七年型新車二台にドラム罐十本、

オイル交換をし、予備のオイルも用意して待機していたが、直前にとりやめになった経緯がある。

私はずっと隊長の所在安否が気がかりであった。種々の情報を集めてみると、通化で見た者がいるということであった。私自身新京と釜山で会っている。その後の消息はわからなかった。内地まで、潜水艦か飛行機で帰ったものだろうといわれていたのだが――。

その隊長がそこに寝ていたのである。ピアノなどが置いてある部屋で、二十四歳ぐらいと思ったが、娘さんの明美（著者・春海の間違い）さんもいた。私はこの部屋に厳重に梱包（こんぽう）してある荷物をいくつか運び込んだ。それは七三一部隊の生体実験の資料なども含まれていたのであろう」

その後、越運転手は、千葉県にいた増田少将のもとへかなりの荷物を運んだと記している。増田知貞はこの年六月に大佐から昇進して少将になっていたと越は記録している。野口医師も、下関まで増田知貞と一緒で、その後、部隊員が金沢へ集合することが決まっていたと話していたから、越の証言と符合することになる。

越定男がこの本を出したのは一九八三年のことであり、それまでは石井の居場所について証言する者も少なかった。

サンダース中佐は石井四郎が日本にいるとは思ってもいなかった。石井はまだ満州にいるらしいという情報を鵜呑みにしていたというから、彼の調査が困難を極めたのは当然のことだった。

石井の方ではサンダースの動きを遠くから見張っていた様子がある。

「終戦メモ1946－1－11」には、サンダースの名前が何回か登場している。そのなかでとくに目を引くのは、次の一行である。

〈Sanders は学術的研究の蒐集するだけなり〉

石井はサンダースの調査がどのような種類のものか、つまり、戦犯の取り締まりではなく、あくまで学術的研究のものだと把握していた。サンダースの調査の裏で、日本人関係者がどう動き、彼らの工作がどう進んでいたか、石井がしっかり摑んでいた様子がこの一行に見て取れる。

〝高度の秘密を要する〟状況

サンダースは与えられたリストに従って調査を開始した。最初に会ったのは東京帝国大学「伝染病研究所」所長の宮川米次である。宮川についてサンダースは「リンパ腺研究の第一人者であり、日本では最高の科学者」という知識しか持ち合わせていなかった。

もし、サンダースがもう少し詳細な報告を受け取っていたら、戦前の一九三九年、ロックフェラー研究所に黄熱病ウイルスをもらいに行くようワシントンの日本大使館へ電報を打ち、内藤良一をおくったのが、「伝染病研究所」所長である宮川米次博士であり、六ヵ月後にはロックフェラー研究所宛に手紙をおくり、学会に出席するドクター・コバヤシに黄熱病ワクチンに使われているウイルス株を渡して欲しいと頼んでいたことも判明したはずである。

終戦近い一九四四年、米国の細菌戦関係者のあいだに衝撃を与えた『日本の秘密兵器』のなかには、宮川博士の論文も引用されていた。ところが、サンダースにはそうした情報が何も伝わっていなかった。

当時、日本医学界の大御所的存在だった宮川博士は、戦前に黄熱病ウイルスの入手を試みたことから見ても、軍医学校の防疫研究室と近い関係にあったことはまちがいない。とはいえ、日本の細菌兵器調査のために送られてきた若いアメリカ人細菌学者を前に、博士はしらを切ってこういった。

「私は戦争中、研究室にこもっていたので、外のことについては何も知らない……」

サンダースは博士のこの一言ですっかり肩を落とした、と後日語っている。彼にははるか満州の平房に発し、そこから繋がる闇の深さも、その広がりも何ひとつわかっていなかった。しかし、気を取り直した中佐は九月二十日、軍医学校防疫研究室室長だった出月三郎軍医大佐と細菌学教室室長だった井上隆朝軍医大佐の尋問から本格的な調査を開始している。

二人の軍医大佐は細菌戦との関係を問われると、軍医学校では防御面、つまりワクチンの開発などのみを行っていたと答え、前線で防御部隊として実際に活動したのは防疫給水部だったと語った。防疫研究室と第一線の防疫給水部隊とを繋ぐのが、防疫給水部本部であり、ハルビンから北京（ペキン）、シンガポールまで五つの場所に置かれていたと述べている。さらに、細菌戦の攻撃面に関する研究はいっさい行われていなかった、と言明した。

サンダースはのちに総括的な調査報告「日本における科学情報調査リポート」、通称「サンダース・リポート」を作成した。現在、米国立公文書館に保管されているこのリポートは、神奈川大学の常石（つねいし）敬一教授が一九八四年に『標的・イシイ』を発表してほぼ全文を紹介している。

ここで七三一部隊に関する日本の研究がどう進められたか、簡単に記しておきたい。常石教授が日本の細菌戦部隊について調査をはじめたのは一九七七年のことだった。それまでにあった資料は『ハバロフスク公判書類』と軍医団雑誌などに発表された七三一部隊の医師による報告だけだった。このほか、TBSが吉永春子による七三一部隊のドキュメンタリーを放映していた。常石は、二年後の一九七九年に「科学朝日」へ七三一部隊について連載、一九八一年には『消えた細菌戦部隊』（海鳴社）を発表する。

同年にはサンフランシスコに住むアメリカ人ジャーナリストのジョン・W・パウエル

二世が「ブレティン・オブ・ディ・アトミック・サイエンティスツ」という雑誌に、戦後、米国が七三一部隊と取引をしてデータを入手したという文書を情報公開法によって発掘、発表した。パウエル二世は、占領時代に米国が日本へ送った科学者たちのリポートを発見していた。現在では国立公文書館に保管されている「サンダース・リポート」のほか、その後送られたフェル、ヒルなどの科学者のリポートや、七三一部隊の医師たちを戦犯に問わないことを協議するアメリカ政府内の極秘文書も発見している。

一九八一年から八三年には、森村誠一著『悪魔の飽食』三部作がミリオンセラーとなり、七三一部隊について多くの人に知られるようになった。その後、慶応大学松村高夫教授らが七三一部隊などが行った致死性の毒ガス、イペリットの人体実験を示す資料を公開、一九四〇年に中国東北部の農安や新京で流行（はや）ったペストの報告「高橋正彦ペスト菌論文集」を発見。中国からは戦犯になった部隊員の供述書や「特移扱（とくいあつかい）」として平房へ送られた市民の名前が公表されるなど、次第に新しい資料が発掘されてきている。

「サンダース・リポート」には、この日の尋問についての「評価」が以下のように記されてある。

「これは細菌戦についての最初のミーティングだったが、全く、不満足なものに終わった。日本の軍医の言葉が本当なら、防御面は全く稚拙で粗っぽいものである。……細菌戦の研究についての内容が腸管系の病原体に限られ、風土病が強調されていたことに注目すべし。情報不足は否定できないが、これらの言明がわれわれの情報活動による報告と一致することは興味深い。さらに防疫給水部と細菌戦とが結びついているという報告とも一致している。本インタビューは不満足なものであり、陸軍省の医務局長を召喚することにした」

陸軍省医務局長の神林浩軍医中将が尋問に呼ばれたのは九月二十五日。神林医務局長は、サイパン島全滅直前の一九四四年七月五日、米軍に対する細菌戦攻撃を検討する会議で、サイパン島と西部ニューギニアに近いビアク島での使用を提案していることが、大塚文郎の「備忘録」にあるが、サンダースはそんなことは全く知らない。彼は日本の細菌戦研究について質問されると、個人的見解を先に述べることを認めて欲しいと主張、「自分は個人的に細菌戦に反対であるが、それは人道的な理由だけでなく実戦的理由によるのです」

といって長々と持論らしきものを展開した。しかし、肝心の細菌戦研究について具体的な質問をすると、のらりくらりと一般論を持ち出すばかりで、彼からは何の情報も得られなかった。とはいえ、石井に関する質問には多少、興味を引く回答を寄せた。サンダースはこう記している。

「ジェネラル・イシイが日本国内の医務当局から嫌われていたことは、インタビューで得られた情報から明らかである。彼は過去一〇年間で満州に一大組織を作り上げた野心的な法螺吹きと考えられている。関東軍という独立した組織ゆえ、ジェネラル・イシイは自分の考え通りに研究を組織できる立場にいた」

続けてサンダースは末尾の「評価」にこう記した。

「本インタビューでは具体的な情報が得られなかった。しかし、神林将軍は非常に協力的という強い印象を受けた」

横浜に到着してからおよそ三週間、サンダースの仕事は暗礁に乗り上げていた。石井四郎についても確かな情報は何ひとつ得られなかった。彼は二十七日付で、ワシントンの直属上司に当たる陸軍省科学技術顧問部のワースリー大佐に報告の手紙を認めている。

「コンプトン博士とモーランド博士率いる科学・技術顧問団に配属され、私はたいへん幸運に思います」

こうはじまる手紙には、異国にひとり置かれた寂しさと仕事の進捗に焦燥する軍医の本音がうかがわれる。モーランド博士が五、六週間後には本国に向けて発つ予定であり、それまでには自分も任務を終えて帰国する必要があり……仕事が終了した時点、十一月中に帰国予定です、と記しこう続ける。

「これまでに細菌戦の防御面についての情報は大部分把握しています。これはわれわれ参謀二部の防御面一般についての情報が正確であったことを示しています。しかし、まだまだ収集しなければならないデータはたくさんあります。……現時点での基本的問題は、満州ハルビンにいると思われるジェネラル・イシイにいかにコンタクトするかという点です。この重要人物は細菌戦に関する主要活動に関わってきたと私は推測しており、彼の活動は防御ばかりでなく攻撃的活動にも及んだようです。ジェネラル・イシイは巨大な独立した細菌戦組織をもっていたといえそうです」

　彼は続けてハルビンへの調査旅行を希望していると記し、ロシアの領土であるから難しいかもしれない、と案じている。明らかに、石井がハルビンにまだいると信じ込んでいたのである。

　八日後、サンダースはワシントンのワースリー大佐へ再び、私信とも呼びたくなる二回目の手紙を認めた。

「この数日、たいへん重要な事件がいくつも起こったので、私の使命についての現状をお伝えしておく方が良いと思いました」

　こうはじまる文面には明らかに焦燥や孤独感がすっかり消えている。サンダースが自信を取り戻したことは明らかで、嬉々とした調子がつづく。

「私が関心をもっていたすべての問題は、この数日間で、合理的な期待以上に、完璧に、成功のうちに、うまく解決しました（つまり、東京到着後に抱いた期待という意味です）。詳細の多くは確認が必要です。しかし、本日までに、防御的および攻撃的な日本の活動を、首尾一貫して分析できるに十分な証拠文書が入手できたのです。この事実を喜んでご報告できるのは、当地の状況はもっともデリケートであり、情報は〝高度の秘密を要する〟状況で手に入れたものだからです」

　出月、井上両大佐にすっかりはぐらかされ、神林中将からも核心に触れる情報が得られず、まして部隊幹部や主要関係者と接触すらできなかったサンダースに、突然、思わぬ事態が展開したことが文面に明らかである。ワースリー大佐への二回目の手紙には、具体的に何が起こったか記されていないが、〝高度の秘密を要する〟状況で情報が入手できたのは確かである。九月二十七日付の一回目の手紙から、十月五日付の二回目の手紙までの八日間に何が起こったのだろうか。

「サンダース・リポート」によると、一回目の手紙の直後には、井上隆朝大佐に対する再尋問が行われている。尋問の日付は十月一日。

「このミーティングは軍医学校で行われたが、日本側が細菌戦について議論することを渋っていたことは明らかであった。井上大佐は軍医学校の細菌学教室の室長で、対細菌戦防御の任務を帯びていた。その研究の記録について質（ただ）したところ、空襲によってすべてのファイルが焼失してしまい、入手は不可能だと語った。軍医学校の九〇パーセント以上が空襲で完全に破壊されているので、入手不可能ということは恐らく確かであろう」

サンダースが記した文面からうかがえるように、井上尋問の時点では明らかに彼の焦燥もまだ続いていた。同日には新妻清一中佐への尋問も行われている。同リポートによると、

「日本陸軍の全技術研究を統括することが私の任務だった」

と新妻は語っている。以下、質疑応答。

1 問　日本の参謀本部は武器としての細菌兵器をどう考えていたか。

答　われわれにはその可能性について見当もつかない。その分野の研究をほとんどやっていないからだ。

3 問　独自の部隊、たとえば関東軍などで細菌戦研究を行うことは可能か。

答　われわれは研究の全般的指示に責任を負っていた。私は全部門の予算を査定していた。細菌戦はそこに含まれていなかった。

7 問　それらの指示と査定の記録文書を見たい。

答　米軍が日本に上陸する前に焼却された。これについてはマッカーサー将軍に報告済みである。

「評価――新妻中佐は細菌戦の問題についての戦術的情報をほとんどあるいは全く知ら

ないのか、そうした情報は隠すように命令されているのかのどちらかである。しかし、この将校は細菌戦の資料の収集についての協力を自発的かつ積極的に申し入れている」

こう記されているサンダースの新妻尋問調書（十月一日）を読むと、キャンプ・デトリックから派遣された中佐は、再び、はぐらかされ、核心から程遠い円周上をひとりとぼとぼ歩いている印象すら受ける。

しかし、占領軍が厳重に警護する第一生命ビルを訪れた元大本営参謀の新妻清一中佐の方は、どんな面持ちでサンダースと対面しただろうか。新妻は尋問のやり取りを詳細に至るまで克明にメモし「尋問録」として保管していた。

それからちょうど五〇年後、新妻は共同通信の太田昌克記者にこのときの貴重な尋問録を手渡していた。一九九七年五月、八十七歳で死亡する二年前のことである。

太田記者はのちに著書『731免責の系譜』のなかで「尋問録」などを発表。

これによると、新妻は233号室でサンダースと顔を会わせるなり、通訳の内藤を通じて自分の方から切り出した。

「あなたの任務は何だろうか」

サンダースは、自分たちはワシントンから直接指示を受けた「科学的援助者」である、と答えたという。太田記者は「援助者」という言葉が、おそらく「アシスタント」「コンサルタント」あたりの単語を通訳の内藤が援助者として訳してしまったのではないか、と推測している。
「われわれの目的は日本を助けることです」
サンダースは好意的な台詞(せりふ)を口にすると、新妻に対してこう言い放ったというのであ
る。
「私は日本陸軍の細菌兵器準備について知りたい。戦争犯罪とは無関係に純科学的調査
をする」
1 新妻の克明な尋問録にあるこの言葉を、サンダースが口にしたことはまちがいないだ
ろう。ということは、〝高度の秘密を要する〟状況というのが、石井部隊関係者に「戦
3 争犯罪とは無関係に純科学的な調査をする」と約束することだったことがわかってくる。
戦犯逮捕で日本社会全体が大きく動揺していたこの時期、戦犯訴追を免れることはど
7 れだけ大きな意味をもっていたことだろうか。石井部隊にいた者は戦犯として裁かれる
ことを恐れ、自分だけは逃れることができないものかと考えたのは、当然のことだった。

戦犯の追及を逃れるためには、占領軍から確約を貰(もら)ったうえで知っている情報を提供
するしかない。しかし、情報を提供すれば、「七三一部隊の秘密は守ってもらいたい」

と目を吊(つ)り上げて叫んだ部隊長の厳命に逆らうことになる。それも恐ろしいことだった。

一方、一介の中佐にすぎないサンダースが独断で、

「戦争犯罪とは無関係に純科学的調査をする」

という言葉を尋問相手に語れるはずがなかった。こう言明するには、ワシントンの了解なり、少なくともマッカーサーの了解が必要だったことだろう。サンダースがワースリー大佐に一回目の手紙を送った直後に何かが起こったにちがいない。

内藤が仕上げたリポート

マレー・サンダースは一九八七年に死亡する前、ジャーナリストのインタビューに三回答え、その記録が残されている。

一九八三年八月十四日、朝日新聞を大きく飾ったニューヨーク支局小林泰宏特派員のインタビューが初めて活字になって発表されたものである。

「細菌部隊の戦犯免責、マッカーサーが保証」

こういう見出しに続き、インタビューに答えるサンダースの写真が掲載され、記事は次のように続く。

「サンダース博士は、戦後はコロンビア大教授（細菌学）などを務め、退職後は、フロリダ州ボカラトンに医学研究所を設立、研究・治療にあたっている。大戦中は、化学戦争部隊に配属され、一九四五年夏、フィリピンで、マッカーサー総司令官から『七三一』の調査を命ぜられ、日本に上陸、調査を開始した。

インタビューは、同博士のオフィスで行った。同博士の記憶は、はっきりしていた。

——事前情報は、どの程度あったのか。

終戦の数ヶ月前から、満州の平房で『防疫（ぼうえき）給水部』の偽名で細菌化学兵器を開発している部隊があり、そのトップがイシイという名前であること、中国人を実験台にし、中国領土で細菌をまいたことがあることなどを知っていた。

——隊員との最初の接触は。

調査開始後、通訳としてドクター・ナイトウがやってきた。私は最初、ナイトウが七三一部隊幹部とは知らなかった。今から考えると、だれが彼をよこしたのか不思議だ。ドクター・ナイトウは、その後、ミドリ十字の社長になった。彼とは、その後も非常に親しく付き合った。

——調査はどう進んだか。

最初、名前を知っていたミヤガワ、キムラといった京大教授たちに会った。だが、彼らは内部情報は何も知らなかった。

そのうち奇妙な事態が続いた。深夜、ナイトウのいない時を狙（ねら）って、七三一の幹部から若い兵士たちまで、こっそり私に会いに来た。細菌爆弾の設計図を渡しに来た者もいた。みんな、そのかわりに自分だけは戦犯を見逃してくれと私に頼んだ。

——内藤氏は？

あまり協力しないで逆に私をためそうとした。一ヶ月ほどしたころ、私は『これでは厳しい尋問をする人間に任せざるを得ない』と通告した。すると、その夜、彼は徹夜して報告書を書き、持って来た。それにより、私は初めて全体像をつかめ、リストにより次々と幹部を尋問することが可能になった」

実は、朝日新聞の記事より二年早く、当時『週刊ポスト』誌米国駐在員だった安田弘道がサンダース・インタビューに初めて成功している。一九八一年六月二十六日のことだった。彼は「サンダース・メディカル・リサーチ財団」に博士を訪ね、二日間にわたるインタビューを行い、取材メモをもとに原稿用紙一六枚に及ぶ「マレー・サンダース医学博士取材報告」を作成した。

これによると、内藤（ミドリ十字）会長の紹介であなたを知った。石井部隊のことに関してインタビューをしたい、と安田は電話で申し込みをしたという。

「二十六日午後二時十五分、飛行機は三十分遅れてウエスト・パーム・ビーチに到着。空港には、サンダース夫妻が出迎えにきてくれた。博士は、がっしりした体格で、一見したところ七十一歳とは思えないのだが、やはり『最近、足、腰が衰えてきたし、現在眼の手術中』ということで杖（つえ）をつきながらゆっくり歩く。

早速、事務所へ向う。車中で博士は気掛りそうに、

『私は記憶している限り、なんでも話をしてもいいと思う。私にはなんの規制もない。しかし、誰であれ、迷惑をかけるのが心配だ』

と繰り返す。理由を尋ねると、こう語った。

『私はあの当時〝真実を語ってくれたら、戦争犯罪人として追及しない〟と約束したからだ』

安田弘道の取材報告には「インタビュー（概略）」と明記されて以下のやり取りが続く。

「——当時与えられた任務は？

サンダース（以下Ｓ）　日本のＢＷ（細菌戦）の実態について調べることだったが、その時私に与えられていたのは、ほんの数人の名簿だけ。この名簿に基き、最初に会ったのがミヤガワ・ヨネジ東大医学部教授。（略）なにかの手掛りがつかめるのではないかというのでリストアップされていたのだが、彼は何も知らないとのこと。ガッカリしたのを覚えている。それから会ったのが、日本軍の軍務局長・次官・軍医関係高級将校などで上林（神林のこと）、イズキ（出月のこと）なども含まれていたが、全員〝細菌兵器の開発などやっていなかった〟と百％否定。最初の十日間で調査は行き詰ってしまった。

——細菌兵器の開発は行っていないという証言を信用したのか？

Ｓ　いや信用しない。というのは、私たちは一九四四年の早い時期から、陸海軍情報部の報告を受け取っており、日本軍が研究していたことは知っていた。

行き詰った時、私は内藤氏にこう語った。〝このままでは、私は本国に戻り、彼らは調査を拒否していると報告せざるを得ない。この場合、どんな事態が起こるかわからない。

そこで、彼らがもし真実を語るならば、その秘密を守り、戦争犯罪として追及しないようにするが……〟

内藤氏が応えた。〝二十四時間待ってもらえないだろうか。どうかその間に本国へ戻るというような決心はしないで欲しい〟

――なぜ、戦争犯罪にしないと約束したのか？

Ｓ　彼らが恐れていることは、戦争犯罪の点であることはわかっていたし、私の任務は、犯罪追及ではなく、全貌を知ることにあったからだ」

「内藤氏の反応は」という次の質問に対して、サンダースは机の引出しから実物大の複写写真を取り出した。大判用紙に手書きしたもので、実物は当時、フォート・デトリックに送り、控えに残したものだとサンダースは言った。これは、二四時間待ってもらえないだろうかと言って帰宅した内藤が徹夜で仕上げた「マレー・サンダース中佐への秘密ドキュメント、一九四五年九月」と題するリポートである。その内容は「取材報告」に続いて掲載されている。

「科学者として熱心に調査を続けているあなたに、ＢＷについて私が知っていることを話す義務があると感じている。この情報の目的は、我が貧しい、敗戦の国を救い、損害を避けることのみにある」

　こういう言葉ではじまる内藤良一の秘密文書は「もし、科学的な真実を提供するなら、あらゆる努力をして、この貧しい国を救うことに協力する」と言ったサンダースの言葉を引用し、「私はこうすることによってあなたから個人的な償いを受けようというものではない」と内藤自身の気持ちを吐露している。興味深いのは続く以下の部分である。

「あなたがＢＷに関する調査をはじめて以来、大本営参謀本部高級将校の間では、大変な狼狽（ろうばい）が起き、長時間に渡って、真実を答えるべきかどうかの議論がありました。

　多数意見は、敵を攻撃するようなＢＷは持っていないのだから、真実を話すべきだというもの。しかし、少数ながら、話せるような科学的実験がないから隠そうという意見もあった。

　後者である軍務局長、参謀本部副官は、日本が攻撃的ＢＷのための研究所を持っていた事実が判明すると天皇の命運にかかわることを懸念（けねん）している。

　日本陸軍が防御用のためだけでなく攻撃用のＢＷのための組織を持っていたのは事実です。

　多くの研究者が動員され、それぞれが特別のテーマを与えられました。実験結果は、秘密を守るためということで、公表されません。又研究者は他の研究員がなにをやっているかわからず、各研究所の責任者は常に入れ替わっています。これに加え、ロシア軍の突然の侵略と同時に、研究結果は焼かれており、ハルビンの実験報告を入手するのは不可能と思います。

こうした情報（提供）が参謀本部スタッフ（の意向）に反するものであることを心配しています。あなたが読んだ後で焼却するように頼みたい。私はこの情報に生命を賭けている。私が情報提供したことがわかれば、殺される……」

サンダースはこの貴重な資料をもとに内藤の協力を受けながら関係者に会っていった。北は北海道から、南は九州までジープで飛ばしたという逸話を語っている。

安田の「取材報告」には免責について、これ以上記録されていない。先の朝日新聞の記事にはもっと詳しいディテールが記されていた。

「——戦犯免責の取引は関知していたか？

イエス。四五年の秋だった。ＧＨＱの私の上司だったウィロビー少将に相談して、二人で総司令官室に行った。マッカーサーをはさんで私たちが座った。その時のやりとりは、よく覚えているが、次のようだった。

ウィロビー『七三一部隊の解明は、彼らを戦犯に問わないという保証をしてやらないとうまく進まない。サンダース中佐がその保証をしてやっていいですか』

マッカーサー『それでよろしい』

ウ『サンダース中佐が、あなたの言葉として使っていいですか』
マ（黙ってうなずく）」

ふたつのインタビューで明らかなように、七三一部隊の核心に触れることができず苛立ったサンダースは、内藤を脅した。言葉使いは各インタビューで異なっているものの、このままでは戦犯を扱う部門に引き継いでもらうしかない、という内容だった。彼は「戦犯」というマジックワードがどれだけ力をもっているか、目の当たりにしたことだろう。内藤はこのマジックワードを耳にするなり、徹夜して報告書を書き上げ、サンダースに提出した。

しかし、サンダースは免責まで約束する必要があったのだろうか。マジックワードをちらつかせるだけで内藤は縮み上がり、サンダースが必要とする報告書を持って来たではないか。免責を与えると決定する前に、何かが抜けていると思えてならない。

捕虜は実験モルモットか

第三のインタビューは英国のテレビ・チームによって行われたものである。『UNIT 731——天皇は知っていたか?』という題名で放映されたドキュメンタリーで、英国、ソ連ばかりでなくヨーロッパ各国、アジア諸国でオンエアになったが、日本と米国では未だに放映されていない。一九八九年になってから、製作に関わったピーター・ウィリアムズとデビッド・ウォーレスの共著として同名の単行本が出版された。一九八五年、彼らはサンダースにかなり長時間のインタビューを試みたらしく、サンダースが内藤を脅して報告書を入手したくだりについて詳細が記されている。

　これによると、興味深いことに、内藤を脅すというアイディアはマッカーサーとの会話のなかから生まれたものだという。

「総司令部でマッカーサーはサンダースを呼び出した。調査はいったいどう進んでいるかね、と総司令官は尋ねた。うまくいっていません、とサンダースは答えた。二人でじっくり問題を考えた末、内藤を脅してみようと決まった」

と同書に記されている。

　内藤を脅す言葉は安田インタビューとほぼ同様であるが、多少の違いもあるので、同書を引用する。

「『私は面目を失った』と（サンダースは）内藤に言った。『私は尋問官として失格だ。私は本国へ送還され、もっと手ごわい奴（やつ）がこの調査を引き受けるために送られてくる。私は君に余りにも優しすぎた』。私は米軍の食料を内藤に分け与え、家族まで助けていたのだった。そして、同盟国のソ連とも連絡を取ると内藤に伝えた。ソ連がこの調査に参加する時期なのだ、とも伝えた。すると、内藤は早めに帰っていった」

　翌朝、内藤は手書きの一二頁（ページ）におよぶ報告書を持参したと同書は記している。そこにはTennouheika（天皇陛下）を筆頭に参謀本部と陸軍省の下、どんな指揮系統で防疫給水部が存在し、そこでは攻撃面での研究も行われていたことを示すチャートがあった。もちろん、石井の名前もあったし、彼の下で働いていた多くの研究者の名前も載っていた。内藤が、陸軍には防御面だけでなく攻撃面も含む細菌戦組織があったことを明記していることは、サンダースを喜ばせた。さらに、天皇は陸軍あるいは海軍が化学戦の準備をすることを嫌っていた、としている。そのために、化学戦の研究は大規模になり得なかった、と記している。

　サンダースがどれだけ内藤報告に飛び上がって喜んだか、同書にははっきり記されている。しかし、この報告に載っていない決定的な質問をわすれなかった、とサンダースは英国人に強調した。彼はその質問を内藤にぶつけ、答えを報告書の最後に注意深く自分の手でこう記したという。

「私はドクター・ナイトウに、捕虜が実験モルモットとして使われたことがあるか、と訊いた。彼は誓ってそんなことはなかった、と答えた」

　サンダースは内藤の秘密報告書の最後に自分でこう書き加えることによって、彼が疑っていた捕虜への人体実験について、内藤に問い質し、その回答を明記したのである。サンダースは免責を与えるアイディアがいかに生まれたか、英国人のインタビューにこう答えている。

「それは私の人生でもっとも興奮した瞬間だった。報告書は石井と部隊、細菌戦を繋げ、天皇との結びつきも示していた……もっとも内藤は否定したが。これこそ我々が待ちわびていた突破口だった。それはダイナミックにも多くの幹部の名前を網羅していた。しかし、どうやって必要な科学的ディテールを入手できるのだろうか？　どうやって科学者たちを見つけ出すのだろう？　たとえばイシイはどこにいるのだろうか？　ソ連は既にイシイを戦争犯罪人として尋問したいと要求しているのだ」

同書によると、サンダースは内藤の秘密報告を手にマッカーサーに面会を求めた。参謀二部のウィロビーも、コンプトン博士も同席した。

四人はこの問題について意見を戦わせた。サンダースが提案した。

「細菌戦関係者は、誰も、戦犯として告訴されない、と内藤に約束するしかない」

マッカーサーはこういった。

「まあ、君が科学的研究を担当するのだから、もし、すべての情報を収集できないと思うのなら、われわれは彼らを拷問にかけるわけにもいかない。マッカーサー将軍の許可だといって内藤にその約束をしてやるのだね。そしてデータを取って来い！」

『UNIT　731』に記されたマッカーサーの言葉には、困りきった中佐の立場を理解する頼り甲斐のある親父のような雰囲気がある。朝日新聞の簡潔な言葉とは大分違っている。そればかりか、内藤は脅されただけで報告書を仕上げ、これを見たサンダース自身が石井ほか多くの科学者を尋問していくには、免責を与えるしかないという結論に達したこと、この提案をマッカーサーが承認したことが明らかになっている。

　朝日新聞や安田インタビューとは微妙な違いが見えるが、サンダースは英国人の長時間インタビューで少しずつディテールを思い出したのだろうか。あるいは後年になって記憶が鮮明になってきたのだろうか。

　実際、この報告書を手に入れた後、サンダースは十月六日の内藤本人の尋問を皮切りに、石井部隊幹部の尋問を次々と進めた。内藤が腹を決め、内藤の腹心として東京の防疫(ぼうえき)研究室を運営していた金子順一や増田知貞軍医らの尋問をアレンジした。ハルビンへ調査旅行に行きたいという希望は叶(かな)わず、また石井の尋問にも及ばなかったが、彼はようやく「サンダース・リポート」を完成させた。

「概要」には以下の記載がある。

「一九三六年から一九四五年まで、日本陸軍が攻撃的な細菌兵器を、それも多分大規模なものを準備していたという情報を得た。これが天皇の知らないところで（そして多分その意志に反して）行われたものであることは明らかである。これが事実とあれば、攻撃的な細菌兵器に関する情報を出し渋ったことが部分的に説明できる」

「細菌戦のいちばんの中心機関はハルビン近くの平房にあった。ここは巨大な自給自足的な施設で、一九三九年から一九四〇年には三〇〇〇人の部隊員がいた（一九四五年には一五〇〇人に減少していた）」

「細菌兵器を実戦的兵器にすることに力が注がれ、少なくとも八種類の特別な爆弾について、大規模な細菌の散布の実験が行われた」

「一九三九年までにはっきりした進歩が達成されたが、日本は細菌兵器を武器として使う機会が一度もなかった。しかし、何種類かの爆弾における進歩は、日本の研究のきめ細かさを示すものである」

「日本の攻撃的細菌兵器の性格は、見通し、エネルギー、精巧さ、同時に研究のある面については驚くほど素人っぽいアプローチをしており、想像力の欠如が奇妙に入り混じったものとなっている」

リポートは日本が細菌戦を始める最初のきっかけとして、石井四郎中将の主張とソ連による細菌戦の実行を挙げている。

ソ連による細菌戦の実行に関しては、情報源のひとり増田によればと断って、こう記している。

「一九三五年に関東軍は、多数のソ連スパイが細菌の詰まった瓶を携帯して関東軍支配地域に侵入していることをつかんだ。この人物は、これらスパイが保持していた容器の検査と、そこに炭疽菌が入っていることの証明は自ら行った、と主張している。同様の主張は内藤博士も行っている」

同リポートは、平房の研究所は日本の大きな細菌戦施設だった、と記しこう続けている。

「平房プロジェクトの大きさの指標として、各種の攻撃準備に加えて、各部隊のワクチン生産能力が年間二〇〇〇万人分の水準だったという事実以上に適切なものはないだろう」

　リポートの末尾には、ワクチンと血清の年間生産能力が記されている。ペスト・ワクチン二〇〇万人分、腸・パラチフス・ワクチン四〇〇万人分、赤痢ワクチン四〇〇万人分など、相当数のワクチン生産量を示す数字が並ぶ。血清については、ガス壊疽血清五〇〇〇リットル、破傷風血清五〇〇〇リットル、ジフテリア血清五〇〇リットル、炭疽血清五〇リットルなど。

　このリポートは細菌爆弾について多くの頁を割き、各爆弾の設計図も添付した。とくに宇治型爆弾とハ型爆弾については詳細まで記している。さらに、彼は爆弾に使用される可能性が高かった細菌として、ペスト菌、炭疽菌、鼻疽菌などを上げ、こう評価している。

「細菌兵器用とされた病原菌の能力は粗末で不十分なものである。（略）細菌兵器病原体の候補の選択が、日本のプロジェクトの基本的欠陥のひとつになっていた」

　もちろん、このリポートには「捕虜がモルモットとして人体実験に使われることはなかった」と内藤報告に自分自身で書きこんだその数行が入っていない。まして、報告者がどんな約束の下に証言をしたか、という記載は全く見あたらない。

とはいえ十一月に入ってから、マレー・サンダースは内藤良一の誓いの言葉を信じ、意気揚々と日本をあとにした。尋問の答えが操作されたものであるとは気づかず、日本の研究はおよそプリミティブで幼稚なものであると生涯信じ込んだ。その後、続いて送られた三組の調査団がどんな情報を摑み、ついには人体実験の資料も入手していく事実も知らなかったのは、キャンプ・デトリックに戻ると喀血し、それから二年間、結核患者として療養生活を送ったせいだったのだろうか。

第七章　トンプソン中佐の石井尋問

マレー・サンダースの後任として続いてキャンプ・デトリックから送られたのが、アーヴォ・T・トンプソン獣医中佐だった。一九四五年、クリスマスの翌日に行動命令を受けたトンプソンは、翌年の一月十一日東京へ着任した。ところが、不思議なことに渡邊家で発見された「終戦メモ1946―1―11」（以下、「終戦メモ1946」）にはトンプソンの名前がまったく見当たらない。

「終戦メモ1946」を手に取って頁（ページ）を繰ってみると、このノートでは石井四郎の筆跡がすべて横書きになる。相変わらず癖の強い字だが、横書きの文字は細い罫線（けいせん）の行間にすっぽり収まってしまうほど小さくまとまって、なかには判読できない小文字もある。「1945終戦当時メモ」より時間をかけて丁寧に書かれてあるのは明らかで、崩し方もあまり酷（ひど）くない。しかし、文字が小さいだけに判読が難しく、そのうえコード名と思える不可解な文字や記号を使って、彼自身にしかわからないように書き込んでいる。第六章で記したように、サンダースの名前は数回あらわれ、

〈Sanders は学術的研究の蒐集するだけなり〉

とあるように、サンダースを英語で Sanders と表記する箇所もある。同様に、トンプソンについても、Thompson と記してあっておかしくないはずだが、そんなものは見当たらない。あるいは、トンプソンについて石井は特別のコード名を使っていたため、こちらが読み取れないのだろうか。

「終戦メモ1946」を開けてみると、まず、第一頁目上段には1／11と記され、続いて一五項目が箇条書きにつづく。Mという不可解な人物が第一項目の始まりから登場する。

〈1．M、池谷来訪。昼食す。出張、被服の件　手順をなすことに決定。
2．Mは2／11の会合の件、春海に依頼す。鶏1、鴨　見付け桜井持参す〉

この日、Mが池谷という人物とともに訪ねて来て昼食をして、出張と被服の件について手順を決めたと記されている。

Mは出張、被服の相談を受け、さらに会合の手配などしていることから、石井のマネージャーのような役を務めていたように見える。例えば、総司令部と石井とのあいだの連絡というような特別の任務を帯びた人物だったのかもしれない。

とすると、2／11の会合というのは何だったのだろうか。この頃になると、長女の春海は父親の補佐を務めていた。米将校を招いての食事会などでは、彼女が料理を引き受けていたと証言しているから、Mが春海に依頼した会合というのは、米将校を招くようなものであってもおかしくない。

〈鶏1、鴨　見付け桜井持参す〉とある桜井という人物は、かつて満州で石井の運転手をしていた男だったことがはっきりした。終戦直後の一時期、石井家に住み込んで私設秘書をしていた、と後で紹介する人物の本のなかに明記されてある。さらに、この「終戦メモ1946」の表紙の上端には青鉛筆で、〝桜井〟とある。

〈3・草味、増田の生活方針を樹立す〉

これは草味列車を率いて帰国した元薬剤将校、草味正夫と野口軍医とともに帰国した増田知貞軍医の二人の生活を石井が心配して記した一行。

このノートの後頁には、千葉県君津郡秋元村の住所とバスで訪ねる場合の道順が記してある。当時、増田知貞が密かに蟄居していた住所である。しかし、そこに増田の名前はない。増田の居所は厳重な秘密にされていた様子がうかがえる。

もと運輸班員だった越定男の証言を思い起こして欲しい。金沢からトラックで荷物を運んだ越運転手は東京へ着くと、若松荘と呼んでいる石井の自宅へ荷物を下ろした後、千葉県にいた増田少将のもとへ「かなりの荷物」を運んだと記している。

ということは、部隊の資料など貴重なものを千葉県に蟄居した増田が保管していたにちがいない。というより、貴重な資材などを保管するために、増田が千葉県に蟄居したといったほうが正確なのだろう。そこで何とか生活していくためにどうしたら良いか、石井は若松町の家で案じていた。

〈生活方針を樹立す〉という言葉は頻繁に登場する。石井家の生活方針ばかりでなく、元部隊員や親戚（しんせき）などの生活が石井の肩にかかっていた。多くが石井に相談を持ちかけてきたのだろう。しかし、続く以下の項目を見ると、石井家でもいかに倹約して生き延びることに汲々（きゅうきゅう）としていたか、その内実が見えてくる。

〈6．カバンの整理、修理、習学堂整理、嘱託、技師に方針示す。
7．＊＊（判読不可能）来、嘱託応接す。
8．佃矢より七日行きの返電あり。
9．池谷へ桜井を使す。
10．春海、誠一に御上及国民に対して謹慎、遠慮すべきを色々悟せり。
15．後に命ず
　1．行李（こうり）ずめ
　2．煙草（たばこ）の買出し
　3．牛乳の配給
　4．恩給証書の書き込み
　5．春海の方針

6. 教育方針
7. 経済節約方針〉

次の頁上段には、2／11と記されている。このノートは一九四六年一月十一日からのものと思っていたが、翌日が2／11なので、一九四六年十一月一日から始まる備忘録であることが判明する。2／11、つまり翌十一月二日にも、同様の覚書と指令が一九項目続く。

〈1. 嘱託の生活方針の起案提示す。
2. 技師の生活方針及び農家の方針提示す。
3. 嘱託夫婦帰省す。操（みさお）の無礼、夫を構わず、金をやる等の失言を注意す。
4. 三郎を荷物持ちにやる　200を渡す（靴）、野菜（米200を渡す）
5. 桜井を池谷に使いにやり　千葉連隊区承知の報　問い合わす。
6. 3／11の配給食の献立及びカロリーの立案をなす。実施方を命ず。
7. 本日の人員、母、主、妻、子6、幸、郡、桜＝12なり。
8. 米72kgの配給あり　米一升＝1、400g、水一升、2、100
米1kg＝約7合なる判明す
9. 母に電気ストーブ、寄かかり台、電気フトン、電気湯沸しを説明す。

10．ベランダ整理〉

以下、19まで続く項目を読んでみると、この日、Mが春海に依頼した会合が石井家で開かれた様子は全くない。この日のメモからは家庭内の細部がとくに浮かび上がってくるようだ。

1．の嘱託、あるいは嘱託夫婦という名前は、この「終戦メモ1946」によく登場する。実は前日の1／11にも〈4．嘱託夫婦に示すべく土地、家屋、国＊案対策、復興等着食案を立案す。生計一覧表を作りて示す〉という項目があった。さらに頁をめくっていくと、10／11に石井家の屋号であるカネカ（㋕）がついに登場して、以下の記載が続く。

〈6．㋕での商売は嘱託夫婦、技師夫婦も村長、村内も賛成なり。但(ただ)し、手続㋕でやること。各家人はとし子に対して異議なし。

7．嘱託の生活方針は人も物もあまり使はず食器類及工業品のもといらず、金いらずの消極的政策で行きたい。天ぷら屋は別人で計画せんか？〉

ここまで辿(たど)ってみると、嘱託夫婦というコード名で石井が呼んでいるのが、石井四郎の実兄である石井剛男(たけお)と妻の操であることが明らかになる。石井家の次男、剛男は早い時期から満州へ渡り、平房の施設が完成すると特設監獄の見張り役である特別班の班長となった。特別班の主な任務はロ号棟の中庭にあった七棟八棟のマルタの監視と炊事などの世話である。剛男はここで石井姓を名乗らず「細谷剛男」という偽名を使い、弟である隊長のことを「閣下」と呼んでいた。

　およそ田舎もので真面目だけが取り柄の剛男は、加茂の家にいて繭の取次ぎなどをしていれば、戦後、これほど困ることはなかったであろう。しかし、石井四郎にとっていちばんの秘密をにぎる特別班の班長には、剛男以上に信頼できる人物もいなかった。それだけに故郷へ戻ってからの剛男夫婦の生活については、四郎に責任がかぶさった。操というのは後妻で評判が悪かったらしく、〈操の悪事一覧表を作れ〉と記した一行も後に登場する。

　同様に、技師夫婦というのも石井四郎の兄であり、石井家の三男、三男とその妻のとしだった。満州では動物舎の責任者をしていたのがこの三男であり、もと農林技師だったことから、技師と呼ばれるようになり、このコード名が生まれた。剛男も三男もともに子供に恵まれなかった。

　この日の石井家のハイライトは〈米72kgの配給あり〉という一行に尽きる。石井はキログラムと升・合の換算をして、さらに献立及びカロリーの立案をするなど、さすがに医学者らしい行動を取っている。その日、食卓を囲んだのが、母、夫婦、子供六人の家族のほか、三名の使用人、計一二名というデータをもとに、これだけの所帯に食べさせていくためのやりくりの跡が窺える。

十四日にはその配給米について、以下の記載がある。
〈皆の人よ　㊊が無くなった、節約せよ。方針は下の如し。
1）成長盛の子供には已むを得ず米を食わせよ。
2）大人は朝は「イモ」七分　米三分とせよ。
　　昼はイモだけにせよ。

　　夕は米七分　イモ三分とせよ〉

愛煙家の石井らしく同日には、以下の項目がある。

〈誠一はPhilip MorrisかChesterfieldか何でもLong caseを250円くらいで一箱を購入すべし〉

メモには煙草について他にも記されてあるが、お酒は毎日飲んでいたような形跡がない。渡邊あきに訊ねたところ、お酒は付き合い程度だった、という返事が返ってきた。

三日のメモにはMへの指示あるいは相談すべき件が27まで続く。Mが何らかの形で総司令部との連絡役を務めていたと思えるのは、以下のような項目があるからだ。

〈M　1）自由委任状、主人の書？
2）26名の命令？――
3）一度、邸を見せろ――
4）出発は10／11比　Mの名でも手紙〉

このほか、以下の二項目がいかにも意味深長である。

〈10）モーア少佐の招待？　5／10決定
11）高級の招待日は？〉

このほか、〈出発の準備をせよ〉とあるので、どこかへ出かけようとしているのは確かだが、頁を繰ってもいつどこへ出かけたのか明らかでない。それればかりか、14／11の後頁に衣類の梱包表が六頁も続く。恐らくこれが1／11にMに相談した〈被服の件〉にちがいない。第一梱包（上田用）から第七梱包まで細かく内容物のリストが続く。最大切と書かれた第六梱包には、洋服と和服、小物など防寒被服が記され〈小物〉というリストのなかに、〈ラクダの冬シャツ上下、一（梶塚中将ヨリ）〉という項目もある。これは、七三一部隊を指導する立場にあった関東軍総司令部軍医部長の梶塚中将のことである。終戦時にはソ連軍につかまり、ハバロフスク裁判で一二名の被告の一人として起訴された。第七梱包にはガーゼや注射針など医療品が続く。

これらの梱包をトラックに積んで、どこかへ届けたのだろうか。その旅を出張と称してMに相談していたのだろうか。〈モーア少佐〉とは誰なのか。〈高級の招待日〉は、高級将校を招待するということなのか。

「終戦メモ1946」には豪放磊落で知られたはずの軍医からはとても想像できない、几帳面で神経質なほど細部にこだわる石井四郎が顔を出している。彼は外出する様子もなく、決まった人間を呼び寄せては打ち合わせをするほか、娘の春海を用事に出すなど、まるで隠棲(いんせい)しているように見える。この頃までに、石井は既に米軍の前に出頭し、尋問も終わっていたはずなのに、何故(なぜ)、隠棲するかのような姿が記されてあるのだろうか。

「マッカーサー記念室」

この一九四六年一月から再開された米軍の調査では、行方をくらましていることになっていた石井四郎が、ついに、米軍の前に出頭し、アーヴォ・トンプソンの尋問を受けている。尋問は一月二十二日からはじまった。石井尋問の舞台裏では、占領軍の参謀二部、対敵諜報(ちょうほう)部隊（CIC）、民間情報局（CIS）ばかりでなく、日本政府の終戦連絡事務局、日本共産党や米通信社など、さまざまな機関のさまざまの思惑が微妙に絡(から)み合い錯綜(さくそう)した。

マッカーサー到着から四ヵ月、石井が米軍に出頭する舞台設定が整うまでに、日本はどれほど日々急激な変化に見舞われたことだろうか。九月二十七日、昭和天皇のマッカーサー訪問は、なかでもそれからの日本を左右するエポックメーキングな出来事だった。アメリカ大使館公邸入口で天皇を迎え入れたのは軍事秘書ボナー・フェラーズ准将(じゅんしょう)と副官のフォービアン・バワーズ。バワーズが天皇のシルクハットを受け取ると、マッカーサーがあらわれ、二人の記念写真が撮影された。その写真は二十九日の新聞各紙に掲載され、国民に与えた衝撃は計り知れなかった。
　それまで天皇の写真といえば「御真影」として崇(あが)められてきたというのに、征服者の
となりの天皇はいかにも「敗戦国日本」を象徴するものだった。長身を平服につつみ両
手を腰に当てたマッカーサーの余裕あるポーズに比べると、モーニング姿で直立不動の
天皇は精いっぱい緊張を隠そうとしているように見える。天皇に威厳が感じられないと
日本の内務省が新聞発表を禁止したのもうなずける。しかし、総司令部は内務省の禁止
命令を撤回させ、許可を出させた。米側は、こうした規制が言論・報道の自由に反する
1 というもっともらしい理由を挙げたが、実際は、これほど日本国民に支配者の交代を示
す決定的瞬間もなかったからである。
3 　東京の街には軍服姿の米兵の姿が目立ち、街並みは日ごと〝バタ臭く〟なっていった。
総司令部に近い日比谷交差点ではMPの文字の入った白いヘルメットをかぶる長身の米
7 軍憲兵が交通整理に立ち、街角には横文字表示が氾濫(はんらん)した。皇居を中心として放射線状
に伸びる道路に、第一号国道から時計まわりに「Aアベニュー」「Bアベニュー」「Cア
ベニュー」と名づけ、現在の晴海通りが「Zアベニュー」となった。さらに皇居を取り
巻く環状線は「1stストリート」から外側へ「2ndストリート」「3rdストリート」と広がっ
て、現在の環状七号線は「50thストリート」に指定され、その道路標示だけでもさながら
アメリカの都市の様相を呈してきた。

銀座四丁目の服部時計店は十一月二日以降米軍の「ＴＯＫＹＯ　ＰＸ」に取って代わり、東京宝塚劇場は戦死したアメリカ人ジャーナリストの名を冠し「アーニー・パイル劇場」と改名され、三越前には「タイムズ・スクエア」の文字が並んだ。日比谷公園は接収後、「ムーンライト・ガーデン」として占領軍専用の保養施設になり、東京の主だった建物はすべて接収され、法人から個人まで地図上に記載されたその数は一一四七ヵ所あまり。

マッカーサーはそんな街の移り変わりに目もくれず、アメリカ大使館公邸から第一生命ビルへまっすぐ通って執務した。週末も祝祭日も休まず、毎週七日間ぶっ通しで働き、休暇もとらず日本の名所を訪ねることもなかった。朝鮮戦争までの五年間で、彼が東京を離れたのは、マニラとソウルでの独立宣言式典に出席した二回だけ、それも夜にはもう東京へ戻っていた。

現在も、第一生命本社ビルには「マッカーサー記念室」が設けられている。第一生命ビルはその後改修されたが、マッカーサー執務室は「記念室」として、当時のままに保存されていることはあまり知られていない。わたしが訪れたのは二〇〇一年夏の盛りだった。その後、再び訪れてみようとすると、９・11以降、一般には公開されなくなったという。こんなところにも９・11の影響があるのを見た思いがした。

その夏の盛りの日、かつてＭＰが厳重に見張っていたあの入口の石段を上り、ロビー左手にあるエレベーターで六階まで上ると館内はひんやり静まりかえっていた。長い廊下を伝っていくと、「マッカーサー記念室」の表示がある。

開かれた扉から「記念室」に足を踏み入れた瞬間、そこは「記念室」というより、占領時代をそのままコンパクトに封印した場所のような気がして、思わずあたりを見まわした。それはわたしが、マッカーサーの副官を四ヵ月間勤めた、当時二十八歳の陸軍少佐、故フォービアン・バワーズにニューヨークで何回も会って、当時の話を聞いていた
1 ためでもあるだろう。バワーズに会うのはいつも朝九時頃、彼が住んでいた東九四丁目のアパートに近い「キンセール」というアイリッシュ・バーだった。

3 後に「歌舞伎を救った男」として知られるようになったバワーズは、歌舞伎以外のことはあまり話したがらなかったが、マッカーサーのとなりの小さな部屋をあてがわれ、
7 誰かが元帥に会いにくると、ぼくの部屋を通過しなければならないのだ、と語っていた。

入ってすぐの小部屋こそ、バワーズのその部屋にちがいない。ここを通り抜けるととなりの執務室は思ったよりずっと手狭だった。部屋のほぼ中央に机と椅子が置かれてある。パンフレットによると部屋の広さは五四平方メートル（一六坪）。壁はすべてアメリカ産のくるみの木製で重厚な感じがするものの、部屋のなかは昼間でも薄暗い。細長い窓がふたつあるだけで、マッカーサーの机はその窓に背を向けて置かれてある。

「マッカーサーが執務室からお堀越しに連日皇居を見下ろしていたという話がよく登場

するけれど、そんなのは嘘だよ」

　バワーズはこういってわたしを驚かせたものである。確かにこの執務室から皇居が見渡せるはずがなかった。ふたつの窓は南向きなのである。マッカーサーは当時の社長、石坂泰三が使っていた机と椅子をそのまま使用した。今でもそこにある机は、引き出しもない木製のシンプルなもので、即断即決を好み、書類を積み上げることを嫌ったマッカーサーが愛用したという。黒い革張りの椅子はところどころ革がはがれ、いかにも年代を感じさせるものだった。

　マッカーサーは毎朝九時四十五分頃、アメリカ大使館を出発、バワーズとともに専用車で、第一生命ビルへ到着。机につくとまず綺麗にマニキュアした白い手で新聞を広げ、それからバワーズの渡す文書を読んだ。元帥宛の文書は本国発のものも含めすべて副官のところへ届いたので、どれをマッカーサーに渡すか、バワーズは判断に迷った、と言っていた。マッカーサーの机には電話もなく、バワーズの席の電話を元帥に取り次いだという。それにしても、太平洋戦争中あれだけ戦場を駆けまわってきたマッカーサーは、何故この一六坪の部屋に引き籠もりを決めたのだろうか。

　その理由について、日本人は姿をあらわさない神秘の統治者を崇めるものだとマッカーサーは判断した、と回想録で記しているのは、チャールズ・A・ウィロビーである。マッカーサーは、敗戦を伝える玉音放送で、初めて国民に語りかけるまでラジオにも出なかった昭和天皇を見て、この国の統治者になるには神秘のベールをかぶればかぶるほど、一層、権威は増すと考えた。一方、天皇の方には、明けて一九四六年元旦(がんたん)に「人間宣言」を発表させ、自ら神性をかなぐり捨て人間へと変身させた。マッカーサーは自分と天皇の立場を入れ替える作戦を取り、見事に成功したのである。日本人はマッカーサーを受け入れ、彼を崇拝するものは多かった。

　マッカーサーはこの執務室から日本の非軍事化、民主化を進めるすべての指令を発し
1 た。一九四五年十月四日には、治安維持法廃止、政治犯の釈放、内務大臣および特高警
察の罷免(ひめん)を指令。十日には、共産党幹部の徳田球一や志賀義雄ら五〇〇名に上る政治犯
3 を釈放し、翌日、就任の挨拶(あいさつ)に現れた幣原(しではら)首相に対して、婦人の解放、労働組合の助成、
学校教育の民主主義化、秘密警察組織の廃止、日本経済の民主化など、「五大改革」を
7 指示した。

　新しい統治者にとって、日本という国はまっさらなキャンバスのようなものだった。どんな色を使いどんな絵を描こうと、統治者の好きなように作り変えられる作品が日本だとマッカーサーは思った。彼はここにアメリカン・デモクラシーという絵を描こうとした。実際、マッカーサーはこんな発言をしている。

「(日本国民は)子供のように適応性があり、模範的アメリカ人を作るために自分に与えられた粘土のようなものである」

さらに、自分は東洋人の心理についてたぐい稀な理解をもっている、とマッカーサーは信じて疑わなかった。とくに日本については浅からぬ縁があると思っていたし、実際、そうだった。

敬愛して止まぬ父アーサー・マッカーサー二世は日露戦争の観戦武官に選ばれ、その後、駐日米国大使館付武官を務めた。その時、父の副官として日本へ呼ばれたダグラスは、父母とともに長崎から八ヵ月にわたる極東情勢視察の旅に出たばかりか、日本へもどってからは日露戦争の名将大山、乃木、黒木などと親交を結んだのである。

第一次大戦ではドイツ軍攻撃で米国、フランスなどから数々の勲章を授与されたダグラス・マッカーサーは、その後、マニラ軍管区司令官を命じられフィリピンに赴任。フィリピン軍管区司令官、フィリピン国民軍創設のための軍事顧問を歴任、一九三七年には本国召還を避け軍事顧問としてとどまるため、米陸軍を正式に退役している。

もし、日本軍が南部仏印へ進駐することなく、また真珠湾攻撃も起こさなかったら、ダグラス・マッカーサーは米陸軍を退役したフィリピン軍事顧問として一生を全うしたことだろう。第二次大戦がなければ、米本土ではそのまま忘れられる運命だった。しかし、一九四一年七月、日本軍の動きに刺激された米国は、フィリピン陸軍を米国陸軍に編入させ、米極東陸軍と命名した。マッカーサーは少将として現役に復帰、米極東陸軍司令官に就任、その年、大将（待遇）に昇進している。

1 3 7

翌年、日本軍の進攻によってコレヒドールを脱出したマッカーサーには、米議会名誉勲章が授与され、フィリピン奪回を宣言した後には新しく制定された元帥の地位に昇進、厚木飛行場に到着したときには「連合国軍総司令官」という望んでも望みきれないほどの絶対的権力と責任ある地位をついに手に入れたのである。すべては日本のおかげといいたくなるほどの深い縁である。

マッカーサーに任されたもうひとつの大きな仕事は、戦犯容疑者を逮捕し「極東国際軍事裁判」、通称「東京裁判」で裁くことだった。

九月十一日、総司令部は東条英機など三九名の直接逮捕を皮切りに、十一月十九日には、荒木貞夫元陸軍大将ら一一名逮捕の指令を出し、十二月二日には広田弘毅元首相、梨本宮守正元陸軍大将ら五九名、六日には天皇にも近かった文官の最高責任者である近衛文麿元首相、木戸幸一元内大臣など九名の戦犯逮捕を命令した。その近衛は明日には巣鴨刑務所へ出頭という十二月十六日の朝、服毒して自らの生命を絶っている。

天皇を処刑せよという声は日ごと強まっていた。

「ムッソリーニは射殺され、ヒトラーが自殺した後、残るヒロヒトを絞首刑にせよ」

と訴える声は米国務省内ばかりでなく、オーストラリア、ニュージーランド、中国からも響いていた。しかし、マッカーサーはアメリカ大使館公邸を訪ねてきた昭和天皇に深い感銘を受けた。マッカーサー＝天皇会談でどんな話し合いがもたれたか、未だに論議されるポイントである。

「私は民主主義者として生まれ、自由主義者として育てられたが、位を極めたあれほどの人物が、かくも落ちぶれているのを見ると、心が痛み苦しくなる」

天皇との会見が済むと、マッカーサーは、大げさな言いまわしでこう感想を述べたとフォービアン・バワーズは記憶している。マッカーサーは天皇が命乞(ご)いに来ると思っていたのに、そうではなかったことに驚いた。会見での言いまわしはいろいろ議論されているが、バワーズは後にマッカーサーの言葉を次のように回想した。

「天皇はこう言ったのです。私には責任がある……私の名の下に行われたのだからと。だからマッカーサーが骨の髄まで感動したのです。四十四歳という若さの天皇が、私の身を捧(ささ)げるから好きなようにしてください、といったのでマッカーサーは心から動かされたのです」

このときマッカーサーは六十五歳、四十四歳の昭和天皇はいかにも若く見えたことだろう。会見五日後、マッカーサーは天皇を処刑せよという要求に立ち向かうための意見をまとめるようボナー・フェラーズ准将に命じた。十月二日のことである。天皇を戦犯に問わず、日本占領を円滑に進めるために利用することを決心したのである。

折しも、チャールズ・ウィロビー、さらに恐らくコンプトン博士とともにこの執務室に面会に来たのが、マレー・サンダース中佐だった。困りきったサンダースに向かって、部隊員には戦争犯罪が問われないことを約束に情報を取って来い、とマッカーサーは言い渡した。

天皇同様、石井四郎とその部隊員も戦犯に問わないことをマッカーサーはここで決めたことになる。

わたしはその話し合いの行われた部屋のなかに立っていた。マッカーサーは民主化を進め、日本をつくり変えていくなかで、天皇と石井部隊だけは戦犯として追及しないと決めたことに矛盾を感じただろうか。

石井の偽装葬式

一九四六年一月六日早朝、いつものように第一生命ビル六階の執務室に到着したマッカーサーは、米軍機関紙「スターズ&ストライプス」を広げ、思わぬ記事に目を止めたにちがいない。発刊から三ヵ月目に当たる英字紙の第二面には、こんな大きな見出しが掲げられていた。

「ジャップ（日本人の蔑称）はPW（捕虜）にペスト菌を与えたと告発」

この特報は、UP通信社東京支局が発信、世界に流したニュースである。ラルフ・ティースソースUP支局長の署名記事で、小見出しには「共産党からの情報による」と明記し、

「アメリカ人と中国人捕虜に細菌接種が行われた」

と記されてあった。

「TOKYO（UP）——日本共産党の指導者がユナイテッド・プレスに伝えたところによると、日本の医療部隊は満州のハルビンや奉天で、アメリカ人や中国人捕虜に腺ペスト菌の接種を行う細菌戦実験を行った。日本共産党機関紙『アカハタ』編集長の志賀義雄は、ソ連部隊がハルビン付近まで近づいたとき、この細菌戦施設は、実験の証拠を隠すために日本軍の飛行機によって爆撃されたと主張した。ハルビンや奉天で〝人間のモルモット実験〟を指揮したのは、日本医療部隊の中将で、ハルビンにあった石井機関の責任者である石井四郎博士だと共産党ソースは明らかにした」

UP通信はそれまで陸海軍情報局が極秘扱いしていた石井四郎の名前を初めて米国の新聞に発表したばかりではない。

「本州千葉県の大地主である石井は、日本へ逃げ帰り、健在で、自由の身にある。情報源によると、彼は村長の取り計らいによって、偽装葬式を挙げたといわれる」

と記事は続けていた。

実は、この一月六日付「スターズ&ストライプス」紙を発見したのは「シロウ・イシイ」ファイルを初めて手に取り、中身を探索しているときだった。「シロウ・イシイ」ファイルとは、占領開始直後から石井の居所を追っていた参謀二部の対敵諜報部隊

（ＣＩＣ）の秘密文書をまとめたファイルである。ここには驚くほど貴重な石井四郎に
関する情報が集まっていた。
　このファイルは、共同通信の春名幹男が情報公開法によって一九九二年に入手したも
のである。それ以前には米陸軍フォート・ミードに保管されていた。情報関係の文書の
多くはこのフォート・ミードに保管されたままで、ほとんどが入手不可能である。それ
だけにわたしは、米国立公文書館でこのファイルをみつけた時、胸が高鳴る思いがした
ものだ。
1 　占領初期から五〇年代はじめまでの、石井四郎に関する数多くの秘密文書に目を通し
3 てみると、報道機関の裏で対敵諜報部隊がどんな情報を摑んで密かに動いていたのか、
はじめて明らかに見えてきたのである。
7 　ちなみに、参謀二部傘下の対敵諜報部隊は、日本全土を第一管区（九州）から第六管
区（北海道）の六ブロックに分けて情報収集と監視に当たり、捜査権も持ち、日本の警
察も掌中に収めていた。東京九段下の旧憲兵隊本部を接収し、沖縄で戦死した情報将校
の名前にちなんで「ノートン・ホール」と改名、ここを本部とした。
「シロウ・イシイ」ファイルには、一九四五年十二月三日付対敵諜報部隊メトロポリタ
ン・ユニット80番の報告が含まれていた。これを読むと、ＵＰ電が流れる一ヵ月以上も
前、既に対敵諜報部隊が石井の偽装葬式について詳しい情報を摑んでいたことがわかる。

「以下の情報は、秘密諜報員80－11より取得。千葉県の大地主で、日本陸軍元中将の当該者は、一九四五年十一月十日、死亡を宣告され、千葉県山武（さんぶ）郡千代田村（加茂）にて葬儀が行われた。諜報員によるとこれは偽装葬儀で、イシイは千代田村長の助けを借り、地下へ潜った様子。反民主主義地下活動を展開する模様。

当該者は戦中、石井機関の司令官であり、彼の命令により実験のため、腺ペスト菌が、ハルビンでは中国人に、奉天ではアメリカ人に注射された。当該者は同様の実験を広東（カントン）でも行い、不注意のために当該地では腺ペストが猛威をふるった」

80－11というのは対敵諜報部隊のユニット80番の下にいる日本人スパイの秘密コード番号。対敵諜報部隊が日本人をスパイに仕立て、スパイ網を張り巡らせていた様子が見えてくる。報告書の文末には「評価」と記され、情報源の信頼度は「B」、情報の確度は「3」とランク付けされている。

対敵諜報部隊の情報格付けランクは「A」完璧（かんぺき）に信用できる、から、「F」信頼性は不明まで、六ランクに分かれていた。さらに、情報の確度についても「1」他の情報でも確認された、から、「6」真実かどうか判断できない、まで同じように六ランクの格付けがあった。

そこでスパイ80－11の伝えた情報は、かなり信頼性があったといえるだろう。ここまで石井四郎の動向をつかめたスパイは「加茂」の住人かその近くの人間で、石井家と何らかの縁によって蔓のように絡められていたひとりかもしれない。

しかし、現在、加茂の村人に石井の偽装葬式について尋ねてみても、残念ながら覚えているものはなく、そうした事実があったのかどうかも確認しようがない。

対敵諜報部隊の「シロウ・イシイ」ファイルには、日本共産党から寄せられた情報をまとめた報告書も見つかった。一九四五年十二月十四日付という日付を見ると、UP通信に情報を流す以前、日本共産党幹部の志賀義雄は、まず、対敵諜報部隊に石井機関についての情報を渡していたことがわかる。志賀義雄ほか共産党幹部は対敵諜報部隊によ
1 って釈放されたため、そこに情報を提供したのは当然のことだった。

3 ところが、参謀二部のチャールズ・ウィロビー部長は、対敵諜報部隊が日本共産党幹
部を釈放したことについて怒り心頭に発していた。ドイツのハイデルベルクに生まれ、
7 十六歳のときアメリカへ渡った移民ウィロビーは、数十年にわたる軍務生活を送った生
粋のアメリカ軍人で超右翼的な人物だった。彼は回想録『知られざる日本占領』にこう書いている。

「私は、アメリカの正義と真実に対しては絶対の信頼を置いていて、これを批判がましくあげつらう〝進歩主義者〟やリベラリストたち、いわんや容共主義者なら一層のこと、私の敵、アメリカの敵と見なしている。この点、私は決して誰にもゆずる気はない」

参謀二部を掌握するとはいえ、ウィロビーは当時まだ、対敵諜報部隊にまで力をもっ

ていなかった。当時の対敵諜報部隊長は、オーストラリアでマッカーサー率いるアメリカ軍情報担当チーフとなったエリオット・ソープ准将だった。ウィロビーはソープについてこう記している。

「残念なことに、この（ソープ准将の）人選は失敗だったといわなければならない。彼は、私の意に反したことを次から次へと行ったのである。特高を全面的に解散してしまったり、政治犯全員を刑務所から釈放させたのも彼である。共産党の幹部である徳田球一や志賀義雄は十月十日に出所したが、彼らはその足で、すぐ活動をはじめたものだ。……私は、延安から帰った野坂参三を、まるで凱旋将軍のように迎えたソープに対するいまいましさを、いまもこらえることができない」

ウィロビーはマッカーサーに強く進言し、ソープ准将を対敵諜報部隊長職から解き、着任七ヵ月後には本国へ帰してしまったという。ソープ准将がウィロビー少将の意に反し、民政局のホイットニー少将のご機嫌ばかり取り、あげくの果てに、ホイットニーに参謀二部内部の事情をいちいち告げ口していた節さえあるからだったという。

占領軍内部で民政局と参謀二部は対立していた。戦前のマニラで卓越した弁護士だったコートニー・ホイットニー少将は、戦後日本をアメリカが夢見る民主化の方向へもっていくために、一九四五年十月に設けられた新しいセクション民政局の局長となった。彼は民政局のスタッフに軍人より民間人を多く起用。そのなかにはルーズベルト大統領のニューディール政策を支持したニューディーラーたちが多く集まり、新憲法の起草、公職追放、財閥解体、農地改革、さらに婦人参政権に至るまでリベラルな政策を推し進めた。

ソープ准将も同様にリベラルな考え方の持ち主だった。そこがウィロビーの癇に障った。同じ回想録で、

1 「いまは亡きホイットニー将軍との思い出は、残念ながら『なつかしいもの』ばかりとはいえない」

とウィロビーは婉曲に批判しているが、その憎悪には根深いものがあった。

3 ウィロビーがソープに腹を立てたもうひとつの理由は、共産党の徳田球一や志賀義雄を釈放した対敵諜報部隊が、共産党から石井部隊に関する情報を受け取り、これを裏でUP通信に流すことを黙認したと考えたからにちがいない。ソープ自身、石井部隊に免責を与えたことを知っていたとは考えられないが、「参謀二部の内部事情をいちいち告げ口している」とウィロビーがソープを批判していることは意味深長である。ホイットニーのオフィスには志賀義雄がよく出入りしていたという。一方、帝国ホテルを住まいとしたウィロビーの部屋によく出入りしていたのは吉田茂だった。

7 まだ外地にいた旧軍人の復員や在外日本人の引き揚げ、さらに戦犯問題に関して、ウィロビーの手足となって情報活動を進めたのが、有末精三だった。

終戦時、陸軍中将だった有末は、情報部門を担当する参謀本部第二部の部長だった。いわば占領軍におけるウィロビーの立場である。

有末機関

厚木飛行場で米軍の先遣隊を出迎える総責任者をつとめた有末は、「対連合軍陸軍連絡委員会」、通称「有末機関」と呼ばれる機関をつくり、委員長になった。一五名ほどの旧陸軍参謀を集めたこの機関の目的は、連合軍との連絡窓口という表の顔をもつ一方、その裏で、対ソ関係の情報収集や国内左翼勢力の調査を行った。石井部隊に関しても、ウィロビーとの間に立って、戦犯免責を勝ち取るために陰で動きまわった。

有末が戦後記した回想録『有末機関長の手記』には、厚木飛行場で米先遣隊を迎え入れた後、総司令部参謀二部・対日連絡課長のマンソン大佐から電話が入ったときの回想が綴(つづ)られている。マンソン大佐とは旧知の仲で、彼が連絡課長として電話してきたことは、アメリカ軍の占領を前にして、

「地獄で仏に遭うとは、正にこのことであろう」

と自分の幸運を明かしている。昭和十年前後にマンソン大佐は日本に三年ほど滞在した語学将校で、日本語に堪能(たんのう)なばかりか、中国語、フランス語にも通じていた。

そのマンソン大佐が直属上官のウィロビー少将を有末に紹介したのは、九月はじめだ

った。

「その内に、貴官の敵情判断と米軍の作戦計画、両方の間の幕をあげて対照して見ようヨ。さぞかし面白かろう」

というのが、元敵軍の情報将校に会ったウィロビーの第一声だった。あれだけの大戦の後、「こともなげに、ゲームの後日研究」という言葉を放ったので、有末は「まことに印象的であった」と記しているが、これ以降、二人の会話はドイツ語で行われ、ウィ
1 ロビーは有末に対してあらゆる便宜をはかった。
有楽町にある日本クラブを本部にしてから一九四六年六月まで続いた「有末機関」の
3 二五〇日にわたる活動が回想録に記されている。とはいえ、有末自身、当然、戦犯に問われても決して不思議ではない立場にあった。「有末機関」の一五名の旧陸軍参謀とと
7 もに、ウィロビーから戦犯として問わないという約束があったことはまちがいないが、その約束については回想録では見事省かれている。
この回想録には石井四郎の名前も出てこない。しかし、厚木飛行場へ到着したマッカーサーが発したという「ルーテナント・ジェネラル・イシイ（石井中将）はどこにいるか」という言葉を耳にして、後年、春海に伝えたのは、有末、あるいは「有末機関」のメンバーだったにちがいないとわたしは思う。以来、有末精三と彼の機関員は、ウィロビーと石井四郎とのあいだに立って、石井部隊の戦後の舵（かじ）取りをする陰の原動力になっ

ていくからだ。

「有末機関」解散の後、東京駅前の日本郵船ビルに置かれた参謀二部本部の三階に、民間情報局の戦史編纂室を設け、元参謀次長の河辺虎四郎中将を筆頭に、有末精三中将や服部卓四郎大佐などを戦史編纂という名目で諜報活動に起用したのもウィロビーだった。当然、戦犯に問われるべき旧日本陸軍の参謀ばかりである。

マッカーサーが占領を円滑に進めるために天皇を利用したのと同様、ウィロビーは河辺虎四郎、有末精三、服部卓四郎ほか旧陸軍参謀を手足にした。彼にとって重要なのは共産主義者を挙げることであり、そのために旧日本陸軍の参謀を使うことはなんの不都合もなかった。彼にとって戦争犯罪などほとんど何の意味ももたなかったのだろう。

総司令部に石井部隊についての情報を伝えたのは、共産党ばかりではなかった。厚木飛行場に進駐して以来、マッカーサーは民間の投書活動を奨励した。これに応えて、市民は切々とした訴えをマッカーサーに送った。その数は一ヵ月に一〇〇〇通を数えたといわれる。なかには石井部隊に関するものも含まれた。

対敵諜報部隊の「シロウ・イシイ」ファイルには、民間から送られた告発文が含まれている。一九四五年十二月十五日に届いたイマジ・セツという告発者の手紙がそのひとつだった。イマジは内部情報に通じていて、石井が初期のころは実名を隠し、東郷一と名乗っていたこと、研究には動物ではなく、人間を使ったことが石井部隊のもっとも残虐な行為だったことを記している。

「犠牲者の大半は、犯罪者であったが、なかには罪もない農民や、中国共産党兵士、女性、子どもも含まれていた。鼻疽菌やペスト菌、そのほか強力な毒物実験のため、一〇〇〇人以上が犠牲になった」

イマジは石井の経歴にも触れている。石井の妻が京都帝国大学の総長、荒木寅三郎の娘であること、石井が開発した有名な濾水機は、政府から独占権を与えられた日本特殊工業で製造され、「石井や部隊員は別名で株主となり、配当金で多額の利益を得た」ことに言及している。

日本特殊工業の社長、宮本光一は石井四郎に特別の便宜を図っていた。石井四郎のおかげで「石井式濾水機」の製造を任され、陸軍から大量注文を受け取っていたからである。日本特殊工業は濾水機ばかりでなく、石井部隊の研究資材の発送なども行っていた。平房の研究施設完成が近づくと、日本特殊工業から派遣された技術者が器材の組立、取付けなどを行っていた、と萩原英夫の供述書にもある。

それだけ関係の深かった日本特殊工業から石井ほか幹部が金銭的な便宜まで図ってもらっていたことを知るイマジという人物は、明らかに部隊員のひとり、恐らくは軍医であり、偽名を使っての告発だろう。

一九四六年一月六日、東京から発信された「アメリカ人捕虜にもペスト菌が接種されていた」というUP電に驚いたワシントンの戦時局参謀二部は、その日のうちに、石井の逮捕と尋問を要求する命令を無線電報で東京の総司令部へ送ってきた。

UP電が流れた翌日に当たる一月七日には、この命令を受けた対敵諜報部隊のスペシャルエージェント２５００号が以下のメモランダムを残している。

「イシイの逮捕と尋問を要求するＷＡＲＧＴＷＯからの六日付無線電報を受信後、以下の調査を行った。

1．ラジオ東京ビルにあったUP通信社のティースソース支局長を訪ねたスペシャルエージェントは、前日の記事のネタ元が日本共産党機関紙『アカハタ』編集長の志賀義雄だったことを確認した。（略）志賀はティースソースに、近日中には、イシイの居所が摑めること、わかり次第、その情報を提出すると言い残している。

エージェント・ノート　司令部がイシイの現在の居所について関心を抱いている事実を公表しないよう（エージェントは）ティースソースに要求した。また、米軍が実験についてこれ以上詳しい情報を欲しがっていることを暗示することになるイシイ関連の記事は、今後いっさい書かないよう依頼。ティースソースは了解した。

2. スペシャルエージェントは同日、総司令部主任化学将校、S・E・ホワイトサイズ大佐を訪ね、イシイに関する情報を提出した。

エージェント・ノート　ホワイトサイズ大佐は、イシイが現在、ソ連軍の保護下にあるという噂（うわさ）を聞いたという。

3. 対敵諜報（ちょうほう）部隊は1月7日に追跡をしているものの、イシイの居所はまだ掴めていない。日本政府にイシイを送還する要求を出す」

この文書を読むと、ワシントンの参謀二部は石井の逮捕と尋問を要求するばかりでなく、UP通信社の東京支局長へ圧力をかけ、これ以降、石井部隊については書かないように命令するよう、東京へ指令を出していたことがわかる。ワシントンではキャンプ・デトリックからトンプソン中佐を二回目の調査に送ったところであり、これ以上、石井部隊に関する極秘の調査が報道されることはどうしても避けたかった。

対敵諜報部隊の「シロウ・イシイ」ファイルにある翌一月八日付のチェックシートを見ると、石井の居所が掴めたことがわかる。

「情報提供者の報告によると、ルーテナント・ジェネラル・イシイは帰国している。金沢大学医学部の病理学教授イシカワ・タツオ（著者・石川太刀雄丸（たちおまる）のこと）の元に立ち寄ったとのこと。石井は金沢市内か周辺に隠れていると思われる」

この情報を受け取った総司令部は翌一月九日、マッカーサーの命令で、以下の文書を

「日本帝国政府」宛(あて)に送った。「終戦連絡中央事務局」経由とある。

「1．日本帝国政府は直ちにジェネラル・イシイを東京にエスコートし、総司令部に引き渡すこと。

2．1946年1月16日24時（深夜）までに、ジェネラル・イシイは東京へ連行されなければならない。もし、この期日までに連行されなかった場合、日本帝国政府は直ちに総司令部へ彼の所在地、連行できなかった理由、そして彼が東京へ着く日取りを知らせなければならない。

3．ジェネラル・イシイは金沢近辺には現在見当たらず、イシカワ・タツオ金沢大教授も居所については知らないと言っている」

金沢で石井を発見できない対敵諜報部隊に対し、総司令部がいらついている様子が明らかに読みとれる。一方、マッカーサーのこの命令を受け取った「終戦連絡中央事務局」は、決められた期限の一月十六日深夜までに石井を連行できず、総司令部宛に返信を認(したた)めた。石川太刀雄丸教授に連絡を取り、また地元金沢の終戦連絡支局にも連絡を取ってみたが、石井四郎の居所は未(いま)だつかめていない。いつ石井を連行できるかその日取りも明らかではない、という内容である。

これに先立ち、北野政次が中国の上海(シャンハイ)から東京へ運ばれた。石井のライバルであり、また後継者として七三一部隊の部隊長を三一ヵ月務めたあの北野である。石井の部隊長復帰にともない、第一三軍軍医部長として上海へ転出、戦後もしばらく同地にとどまった。参謀二部は石井の捜査を進めると同時に、北野の居所を中国で探り、ついに見つけ出して送還した。米軍機で運ばれたというから、よほど参謀二部の威信をかけた捜査だったことが窺える。

トンプソンによる石井尋問

一月九日、厚木飛行場へ降り立った北野は、早速、クルマで東京・丸の内に連れて行かれ、その晩はホテルへ宿泊した。翌十日には「有末機関」を訪ね、有末精三に面会している。続いて十一日、ホワイトサイズ大佐による尋問を受けた。米軍の細菌戦研究基地だったメリーランド州のフォート・デトリックで見つけた尋問速記録を見ると、ホワイトサイズは北野に対し、細菌戦の攻撃的および防御的研究について平房の本部で何が行われていたか、データと詳細を述べよ、と尋問を開始した。これに対する北野の返事は曖昧で言い逃ればかりだった。

「イシイがどこにいるか知っているか」

という質問に北野は「全く知らない」と答え、

「中国人捕虜が実験に使われたか」という質問にも、

「実験に人間が使われたことはない」といってしらを切った。

尋問は短く成果のないものだった。キャンプ・デトリックから派遣されたトンプソン中佐は同日着任の予定だった。彼による北野尋問は二月六日に行われている。

トンプソン中佐が後に作製した「日本の生物戦研究・準備についてのリポート」、通称「トンプソン・リポート」はフォート・デトリックに保管されてあり、それをわたしは入手した。これを読むと、

「対敵諜報部隊はジェネラル・イシイが千葉県の隠れ家に潜伏していることを突き止めた」

と記されてある。

「ジェネラル・イシイをエスコートし、総司令部に引き渡すこと」という石井の送還命令がマッカーサーから日本政府に提出されていることを考えると、石井を収監せず軟禁状態に置くという決定も、マッカーサー自身によって下されたにちがいない。

「トンプソン・リポート」によれば、石井尋問は一月二十二日から二月二十五日までのあいだに飛び飛びに行われた。通訳を介し、質問書によって尋問された、とある。さらにリポートはこう記している。

「イシイは慢性胆のう炎と赤痢を患（わずら）っていたため、東京の自宅に留まることが許され、そこですべての尋問が行われた」

二月五日と八日の尋問記録を読む限り、石井は病人と思えないほど余裕たっぷり、と

きには自慢話や作り話を交え、若い獣医中佐をあしらっているといえるほどの応対ぶりだった。以下、二月五日の尋問。

陸軍軍医学校と平房以外では、細菌戦研究が行われていなかったのか、とトンプソンが尋ねると、石井は答えた。

「陸軍軍医学校は一般的予防医学を担当した。細菌戦研究は平房のみにて行われた」

京都帝国大学研究室では、とトンプソンが続ける。

「あそこの先生方はそんな仕事がお嫌いなのですよ。だから、何も行われなかった」

という答。しばらくやり取りが続いた後、石井は自分の部隊についてまちがった話が飛び交っていると文句をいって、こうつづけた。

「部隊内部でも、また、部隊外部の何も知らない者までが、秘密の細菌戦をやっていたとか何とか噂を広めているのですよ。うちの部隊が細菌戦攻撃を仕掛けた、大量の細菌を製造した、巨大な爆弾を製造し、そのために飛行機が集められただの……私はそういう誤りを正したいのです」

ということは、平房以外で細菌戦研究は行われなかったのか、とトンプソンが聞くと、〝中将〟は自信たっぷりに、

「その通り、行われていないですよ」

と答えた。トンプソンは方向を変え、敵が細菌戦兵器を使うことを予想していたか、

と尋ねた。

「私の考えでは何ヵ国か使ったかもしれないと思いますよ」

獣医中佐がどこの国かと聞くと、

「ロシアや中国だ。奴等は使ったことがあったし、また使うだろうと思っていた」

こういうと石井は米国が使うとは思っていなかった、と続けた。トンプソンがその理由を尋ねると、

「アメリカはお金も原料ももっているから、もっと科学的な戦術を取ったでしょう」

といって、まるで日本を見下したようないい方をした。

尋問者が細菌兵器は将来、有効なものかと尋ねると「勝っている戦争では」といって石井は持論を展開した。

「負けている戦争で細菌兵器を使う必要はない。効果的に使える機会がないのです。細菌兵器開発には人数もお金も材料もうんとかかる。それに細菌兵器が大きなスケールで効果的に使えるとは思えない。小さなスケールでは効果的かもしれませんがね」

それなら特定の条件下では有効といえるのか、と中佐が尋ねると、

「そういえるでしょう」

と〝中将〟はますます雄弁になって続けた。

「ロシアが細菌戦の準備を完了したとラジオで聞いて、私は震えあがったのです。しか

し、これが本当なのか、ただ機関紙や新聞が〝脅し〟のために書いたものなのか、わからなかった。奴らがどれだけ進んでいるのか知らなかったし、細菌戦攻撃を仕かけてきたら、奴らはいったい何を使うのだろうかと頭を悩ませたのです」

そのときロシアがどんな細菌を使うと思ったか、とトンプソンが尋ねると、石井は発疹チフス、コレラ、炭疽病、ペストなどを上げた。

「もし、シラミを大量に生産できれば、発疹チフスを多量に作ることができる。ドイツとポーランドのワクチンはシラミから作られたのです。シラミについての問題は、菌をシラミに感染させるためには感染した人間の血が必要なのです」

トンプソンはすかさず石井の実験では人間の血が使われたかと尋ねた。石井は否定し、

「われわれの仕事は兵士を守ることです」

と誇らしげに答えた。そして、自分の部隊で働く者でも、部隊の全貌を知る者はないといって、

「私自身と増田知貞大佐のみが知っていたのです」

と言い放った。

次の尋問は二月八日、石井は再び慇懃無礼な態度で獣医中佐に向き合った。一九四一年、中国の湖南省常徳で、飛行機から撒かれた物体によってペストが発生した事件について、トンプソンは質問を集中した。〝中将〟はこれを簡単に否定。黄熱病の実験につ

いて尋ねると、

「日本に黄熱病のウイルスはありません」

と断言した。日本人医師がロックフェラー研究所から入手しようとした証拠をもっているとトンプソンが迫ると、自信をもってこう答えた。

「日本の伝染病研究所の誰かが入手しようとしたことは聞いている。しかし、拒否されたのです」

もし、トンプソンがロックフェラー研究所の報告書を丹念に読んでいたら、その日本人医師がドクター・リョウイチ・ナイトウであったことを見つけただろう。しかし、サンダース同様、トンプソンもそこまでは知らなかった。さらに突っ込もうとせず質問の方向を変え、細菌戦の実行を承認した上官が誰なのか突き止めようとした。石井は命令書もなく上官の後押しもなく、ほんの小さなスケールで細菌戦研究をした、と答えた。

トンプソンは石井に翻弄されっぱなしだった。人体実験についても簡単に否定されるだけで、何も引き出せなかった。

サンダース同様、トンプソンも参謀二部のウィロビー部長の下で調査を進めていた。参謀二部は人体実験について何も引き出せないトンプソンの石井尋問に業を煮やしたのだろう。対敵諜報部隊の「シロウ・イシイ」ファイルには、参謀二部から対敵諜報部隊宛の二月十五日付の文書が含まれていた。

「以下にリストされた人物は、ジェネラル・イシイの活動、とくに平房での細菌戦について何らかの情報をもっている者である。イシイ尋問は進んでいるが、これまでのところ、人体実験について何も情報は得られていない。以下の人物のなかでイシイを快く思わない者を上げられよ」

リストアップされた二〇名のなかには、内藤良一、北野政次、北条円了に続き、石井
部隊の前身「東郷部隊」が生まれたときの関東軍参謀、石原莞爾の名前までが上がって
1 いた。参謀二部の目論見は、対敵諜報部隊に頼んで石井に反旗を翻す者を探し、糸口を
見つけ出そうというものだった。しかし、そんな企ても失敗に終わったらしく、トンプ
3 ソンは二月二十五日に石井尋問を完了している。

7

長女・春海のインタビュー

その後、トンプソンは新聞などのインタビューに答えたこともなかったし、個人的な手紙やメモも残していないため、石井尋問の詳細はなかなか掴みにくい。しかし、彼はこの調査を終えた後もしばらく東京にいた形跡がある。

トンプソンや占領軍関係者以外に、石井の自宅で行われた尋問に同席していたのは、石井の長女、春海だった。春海は西里のインタビューにこう応じている。

「主任調査官は、アーヴォ・トンプソンという人で、彼はハリー・トルーマン大統領の

密使として来たということでした。彼は、細菌兵器に関しての極秘データが欲しい、と文字通り父にせがんでいましたよ。同時に、データがソ連の手に渡ることはないように、と何度も念を押していたのです」

終戦の年、春海はちょうど二十歳を迎えていた。京都帝大の総長の娘として育ち雑事など何もできない母に替わり、帰国してから、父親の補佐役としてさまざまな仕事をこなし、その仕事のひとつが総司令部のための仕事だった、と西里に語っている。

これによると春海は、トンプソン尋問が始まる一九四六年の正月前に、服部卓四郎参謀の指示で、〝三井さんの関係の方〟にタイプの特訓を受けた、という。

「米軍の尋問が始まると同じく服部参謀が連れてきた英語力抜群のマキさんが尋問の内容を記録した。マキさんが起こしたものを彼女がタイプして完成すると、二、三日おきに和服に着替えて、歩いていける距離にあった市ヶ谷の元陸軍省のビル、東京駅前の三菱ビルや、総司令部のあった第一生命ビルなどに届けた。そうした、いわば公務の傍らシチリンの炭でパウンド・ケーキを焼いて米軍将校たちに振る舞ったりしたことから急速に打ち解け合い、何人もの将校がディナーにやってくるようになった」

と貴重な証言を残している。

ここで春海が旧陸軍参謀将校、服部卓四郎大佐の名前を上げているのにわたしは初め耳を疑った。未だに服部に関しては謎(なぞ)が多い。

服部の連れてきた「英語力抜群のマキさん」という人物も未だに謎である。この人物が「終戦メモ１９４６」にあるＭなのだろうか。

有末精三は服部卓四郎を評して、こう語っている。

「外は頗る柔かいが内には燃えるような闘志を秘めた美丈夫であった」

服部の英才ぶりは陸軍士官学校時代から有名で、若くして参謀本部の最重要職である作戦課長になり、「積極主導」を唱えて、真珠湾攻撃にはじまる対米戦争開戦の原動力ともいえる存在だった。それ以前の戦線でもノモンハンでは強硬論を主張して戦争を拡大し、真珠湾攻撃のあとにはガダルカナルなど重大作戦を主導し、そのたびに軍事作戦上の失敗を重ねたにもかかわらず、東条英機首相によって再び作戦課長の要職につき、インパール、レイテ、フィリピンなどで失敗を続け、ついに左遷された。

一九四五年三月、服部は中国で中支那作戦中の歩兵第六五連隊長になり、反転作戦中の湘江の山中で敗戦を迎えている。そのために帰国したのは、一九四六年五月ということになっている。一緒に帰国した辰巳栄一中将が証言しているもので、服部は帰港地の福岡で対敵諜報部隊に戦犯容疑者として尋問されそうになったので、辰巳が極秘裏に郷里である山形へ服部を帰したという。

服部がウィロビーの肝いりで参謀二部の史実調査部長になったのは、一九四六年の十二月以降であり、同年一月二十二日から二月二十五日まで飛び飛びに行われた石井尋問の時期に服部はまだ帰国していないはずである。しかし、タイプの特訓を指示したり、マキさんという通訳を連れてきたのは、服部だと春海は明確に証言している。トンプソン尋問の始まる一九四六年正月前のことだという。春海の記憶ちがいだとも思えない。

服部は熱心な細菌戦推進論者で石井部隊との関係も深かった。一九四四（昭和19）年に入って、戦局が絶望的になってきた四月、石井を呼びつけて細菌兵器攻撃の実施が検討された。この時、参謀本部作戦課長の服部は、潜水艦にペスト菌あるいはペストノミを積んで、シドニー、メルボルン、ハワイ、ミッドウェイに特攻攻撃するという提案を行っている。それだけ石井部隊の事情も知り尽くしていたため、戦後、この時期に帰国していたら、部隊を戦犯追及から守ろうとしただろうことは十分理解できる。

北野政次の尋問については、近年、北野本人にインタビューした神奈川大学の常石敬一教授が、

「毎週木曜日、東京代々木八幡にあったイマイ・ハウスに通い尋問を受けました」

という答えを引き出している。ただし北野は、

「尋問ではありませんよ、調査です、いろいろ教えてやった」

と述べている。尋問の雰囲気もなごやかだったという。北野らの尋問の通訳にあたったのはＪ・新谷という慈恵医大卒の二世だった。

トンプソンは石井、北野のほか、石井のパイロットだった増田美保薬剤少佐、佐々木

義孝軍医中佐、それに内藤良一などの部隊員を尋問している。

とはいえ、トンプソンは報告書の序論に、

「本リポートは石井将軍の尋問と彼から得られた情報が中心になっている」

と記している。

実際、「トンプソン・リポート」は石井四郎の尋問がいちばんのポイントで、「サンダース・リポート」を深めた程度に留まり、人体実験を含む細菌戦兵器の開発のことや陸軍内のどんな指揮系統で部隊が動いていたかなど、知りたい情報は引き出せていない。しかし、サンダースとちがってトンプソンはもっと醒めた目で尋問を行っていた。

「細菌戦の研究・開発の問題についてのイシイの応答は用心深く簡潔だが、言い逃れも目立った」

彼は序論にこう記し、どのインタビューでも、石井が防疫と給水と濾水に関する活動を強調し、みずから指揮した組織である関東軍防疫給水部の細菌戦との関わりを小さく見せようとしていることは明らかである、と見抜いていた。さらに、結論には次のような見解が示されていた。

「日本の細菌戦研究・準備について、おのおの別個とされる情報源から得られた情報は見事に首尾一貫しており、情報提供者は尋問において明らかにしてよい情報の質と量を指示されていたように思える」

トンプソンは、誰かが裏で石井を含む部隊員の証言の〝質と量〟を指示していたことを感じ取っていたのである。一体、誰が、尋問の答をコントロールしていたのだろうか。

そのほかにも、謎はある。石井は尋問の前に戦犯免責の約束を取りつけていたにちがいない。それはいつ、誰からもたらされたのか。

興味深いのは、一九四五年末から翌年初めにかけて開かれたという「鎌倉会議」と呼ばれる会合の話である。常石敬一教授は、著書『医学者たちの組織犯罪』にこう記している。

「この会談に出席したという人物の証言は得られていないが、複数の部隊関係者の証言によれば、会談では石井と数人の石井機関幹部、それにアメリカ軍の担当者が出会い、石井らの免責について話し合いをして合意に達したという」

常石教授を平塚市の自宅へ訪ねたところ、この会合については不明な点が多いといってこう話してくれた。

「石井自身が出席していたか、それもわかりません。この取引について話してくれた人は、いずれもその場に居合わせた人でなく、のちになって石井からこの話を聞かされた人たちなのです」

一九四五年末から翌年初めという時期に、石井はまだ表向き行方不明ということになっている。会議に出席したとは思えない。内藤など石井部隊幹部が集まって、米側の代表から免責の合意を取りつけたと見た方がすっきりする。石井はその話を聞き、免責の合意内容など確認してから、トンプソンの尋問に答えたのではないか。

北野政次をインタビューした常石教授は、上海から米軍機で運ばれて帰国した後、東京・丸の内の「有末機関」を訪ねた北野が有末精三から思わぬ言葉をかけられていたことをおしえてくれた。

「アメリカ軍とは、戦犯免責について話がついているので、心配する必要はない」

北野はこう告げられ、翌日、米軍の事情聴取に応じた、という証言である。

北野尋問の前、有末精三が米国から免責を引き出す約束をしていたのであれば、石井についても尋問前に有末がお膳立(ぜんだ)てをしていたと考えてもよいだろう。米軍による石井と北野の尋問のあいだに、「有末機関」が裏で動き回った形跡はかなり明らかだったといってよい。

トンプソンの石井尋問が終わった二日後の二月二十七日、「スターズ＆ストライプス」紙はUP通信社東京支局発ピーター・カリシャー特派員の特報を掲載した。

「総司令部はジェネラル・イシイを尋問」

という見出しに始まるこの記事には、石井の発見、尋問に関する詳細が綴(つづ)られていた。

「ＴＯＫＹＯ（ＵＰ）――満州ハルビンに近い平房で細菌戦研究の実験や防疫の研究を行っていた日本の医療部隊のジェネラル・シロウ・イシイは、捜索の末、居所が確認され、陸軍情報局による尋問を受けるため、東京へ護送されたと総司令部の参謀二部が明らかにした。（略）ジェネラル・イシイは千葉県で対敵諜報部隊によって発見された。尋問のための出頭命令は日本政府によってもたらされ、一月十八日、彼は日本政府の手で総司令部に引き渡された。彼は現在、東京に住み、逮捕されたものではない。七週間に及ぶイシイ尋問は、技術諜報担当のD・S・テイト大佐の監督の下、エリス中尉ほか翻訳尋問課の通訳を通して行われた」

この記事は、石井が捕虜への人体実験や大がかりな細菌戦兵器の開発を否定しながらも、陶磁器製のペスト菌爆弾を開発したことを認めたと報道している。

この記事の情報源が参謀二部であることは表記されてある通りで、カリシャーが参謀二部から正確な情報を得て報道した。

しかし、参謀二部は何故、カリシャーに極秘のはずの石井尋問の情報を流したのだろうか。あるいは、参謀二部傘下の対敵諜報部隊のなかに、石井が逮捕されず「東京裁判」にもかけられないことに疑問をもつ者がいて、カリシャーに情報を提供したのだろうか。

ワシントンとしては既にUP通信のティースソース東京支局長へ、石井部隊と実験についてはこれ以上報道しないようにと念を押していたのに、再び、すっぱ抜かれたのである。

「東京裁判」の検察団は既に来日していた。そして、この記事に目を通し、ジェネラル・イシイは追及しなければならないと確信する検察官があらわれる。トマス・モロウ大佐だった。

第八章　「ハットリ・ハウス」の検察官たち

一九四六年二月二十七日朝、A級戦犯を裁く国際検察局のトマス・モロウ大佐は「ハットリ・ハウス」の居心地の良いダイニング・ルームで「スターズ&ストライプス」紙を広げていた。「ハットリ・ハウス」は、占領軍によって接収された服部時計店の社長宅で、閑静な住宅地として知られる東京市港区白金三光町四九八番地（現在の港区白金二―五―四八）にある英国チューダー様式の洋館だった。目黒通りをはさんで「都ホテル東京」の向かい側の丘陵をなす一画である。この邸宅は「東京裁判」の首席検察官ジョセフ・キーナンほか検察官の住まいとして使われた。

現在、「ハットリ・ハウス」は三光起業という会社が所有している。当時の洋館は既に解体され面影もなく、三光起業のビルに生まれ変わっているにちがいないと思いながら、わたしは港区白金の三光坂下交差点から、三光坂を上っていった。

一方通行の坂道は急勾配（こうばい）で、専心寺という寺を左手にやり過ごす頃には、日当たりの良い高台の道の両脇（わき）に、真新しいクリーム色のマンションや一戸建ての家が続いた。一戸建ての表札には、明らかに日本人ではない横文字やカタカナの苗字が並び、いかにも高級住宅地という雰囲気が漂っている。時々すれちがう若い奥さんたちは、ブランド物の小綺麗なスーツ姿で慶応幼稚舎の制服を着た小学生の手を引いて帰宅するところらしい。

　ほとんど坂を上りきったところで、左に曲がる路地があった。この脇にある古い石塀に、「この道行き止まり　三光第五町会」という小さな目印が目に入った。三光坂にあ
1 った町内の地図で見ると、この石塀に囲まれた広大な一角が「三光起業（加藤）」と記されてある。

3 　行き止まりの路地を左折し、古い石塀を右側に見ながらしばらく歩くと、大きくて立派な門があらわれた。両開きの門と隣にある通用門自体は新しい素材でできたものだが、
7 古いクリーム色のタイルと石の塀はいかにも時代がかった堅固さを誇示している。しかし、表札は見つからず、通用門にＫＡＴＯという文字だけが目に入った。

　その脇のインターフォンを押してみたが、誰も出てこない。塀の上には青々した大木が幹を伸ばし、よく手入れされた樹木のあいだから瓦屋根の大きな日本家屋が見える。

　誰もあらわれないので仕方なく、石塀に沿って路地を先に進んでみた。まだ石塀は続き、しばらくすると、また大きな門があらわれた。古い木製である。表札もなにもない。しかし、その奥には瓦屋根にベージュ色の二階建て、木造モルタルの洋館が建っていた。

インターフォンもブザーもないので、仕方なく、門の上から身を乗り出して覗いていると、白い園芸服のような上下を着た上品な老人が歩いてきた。

「恐縮ですが、これがハットリ・ハウスですか」

と尋ねると、

「わたしは雇われたものだから……」

といって、奥の方へ消えていった。

これが「ハットリ・ハウス」だろうか。これほど手をかけて保存されているとは、思いもしなかった。

門から正面玄関前には広い砂利道がつづき、突き出しの屋根をいただく大きな玄関がある。二階には三方向に突き出た窓が二つあって、その上にも小さな窓があるから、三階の屋根裏部屋があるのかもしれない。古い建築なのにまだ新しい印象を与えるのは、完璧に手入れがされているからだった。砂利道にごみひとつ落ちていない。植木や灌木は五月の新緑を鮮やかに見せている。

しかし、ここには誰か住んでいるのだろうか。手入れが行き届いているだけに住人の気配がないのは不可思議である。

この路地から三光坂に戻り、塀にそって坂を上ると、もっと構えの大きな正門が姿をあらわした。ここには「三光起業ＫＫ」という小さな表示があった。その奥にはさっきの洋館をさらに豪華にした邸宅が頭を出していた。同じベージュ色ではあるがこれは石造りの本格的な洋館である。正門の上からスレートの屋根と二階が見えるが、全体像は見えないように、高い石造りの塀と邸をかこむ大木の青々した枝が視界を遮っている。

　その屋根を見て、以前、ドキュメンタリーで見た「ハットリ・ハウス」の映像を思い出した。この洋館こそ、「東京裁判」の首席検察官ジョセフ・キーナンほか検察官の住まいとなった英国チューダー様式の「ハットリ・ハウス」にちがいない。検察官のトマス・モロウはここのダイニング・ルームで「スターズ&ストライプス」紙を広げたことになる。

　トマス・モロウについて、少しでも知りたいと思ったわたしは、当時の関係者を探してみた。「東京裁判」の検察官はもう存命でないだろうと思っていたのだが、そのうちのひとり、ロバート・ドナハイ元検察官が首都ワシントンで健在なのを知った。ドナハイは東京裁判の後、ニュールンベルク裁判でも検察官を務めた唯一の民間人だという。

　早速、電話をかけたのは二〇〇〇年夏のことである。検察官のトマス・モロウ大佐を知っていますか、と尋ねると懐かしそうな声が返ってきた。

「モロウ大佐のことは良く知っています。彼も第一陣のひとりで厚木へ到着したのです。その後、ハットリ・ハウスでいっしょに暮らしましたよ」

　インタビューを申し込むと、市内のコミュニティーカレッジで週一回教えているので、その授業の前に会いましょう、といってくれた。

数日後、指定された建物へ出向くと車椅子に乗ってあらわれた老人がドナハイだった。一九一五年、ペンシルベニア州生まれというからこの時、八十五歳、いかにもアイルランド系らしい温厚な顔つきの老紳士である。車椅子に乗っているのは、自動車事故で片足を失ったためといってこう続けた。

「戦前のことでした。だから、東京へ行った時にはもう足を切断した後でしたが、義足を付けていたので、走ることもダンスすることもできました。誰も、私の足が不自由だとは思いませんでしたよ」

ドナハイによると、ジョセフ・キーナン率いる一六名の「東京裁判」米検察チーム第一陣のひとりとして、国務長官専用機「ステーツマン」で厚木飛行場へ到着したのは、一九四五年十二月六日のことだった。その晩はまっすぐクルマを東京へ走らせ、第一ホテルに宿泊した。

「二日後、総司令部にダグラス・マッカーサーを訪ねたのです。マッカーサーは無帽で部屋に入ってきたのですが、思っていたより背が低いのには驚きました。ところが、われわれのあいだを歩き回って歓迎の言葉を述べているうち、突然、長身に見えてきたのは全く神秘的でした」

その日、キーナンを首席検察官とする国際検察局（ＩＰＳ）が設立されたという。

「真珠湾攻撃から数えて四年目に当たるその日を選んで、戦犯を裁く国際検察局を立ち上げたのです。アメリカ軍は好んでそういう日付合わせをするのですよ」

とドナハイは言葉を繋げた。

前日まで大森収容所に収監されていたA級、B級、C級の戦犯を新たに巣鴨刑務所へ移動させたのも、この日のことである。

「明治ビルの仮事務所へ行って、キーナンが各検察官に任務を割り当てました。調査と尋問を行って、戦犯容疑者のリストをつくることが先決だったのです」

米国検察チームははじめから多くの内紛を抱えていたとドナハイはつづけた。ドイツで既に「ニュールンベルク裁判」が始まっていた。オブザーバーとしてニュールンベルクへ出かけ、「東京裁判」の開き方を検討してきた米司法長官補佐のジョン・ダーシーは、首席検察官を務めたいと思っていた。ところが、トルーマン大統領がジョセフ・キーナンを指名したのである。そのため検察チームのなかには、いわゆる派閥のようなグループが出来上がってしまった。日本へ送られる前、誰に指名されたかによって色分けされたものだった。

「キーナンは彼の知り合いのなかから六名の検事を選びました。ダーシーは彼自身を含め七名を指名。司法長官トム・クラーク自身が指名したのが三名で、わたしはそのうちの一人だったのです。キーナンはその三名と自分の指名した六名をハットリ・ハウスに住まわせたのです。ハットリ・ハウスに住むというのは、キーナンに承認されたという特別の意味をもっていたのです。実際、キーナンと一緒に住むことはある種の特権を与えられたようなものでした。彼はわれわれ九名を方針決定チームとして使いました。初期の頃、われわれはメインダイニング・ルームの細長い宴会用テーブルで一緒に食事したものです。キーナンがわたしたちと夕食をともにすることはまれでしたが、九名を集めて、アメリカの方針や計画、問題を議論させたのです」

ジョセフ・キーナンはこの年五十七歳、肩幅が広く、樽（たる）のような厚い胸板をもった男だった。鼻は大きくて真っ赤、血色がよく、水玉模様のボウタイを好んだ。さながら映画『アンタッチャブル』に登場するＦＢＩ捜査官のような風貌（ふうぼう）を備えていたが、実際、彼は米司法省特別補佐官時代にマフィアを検挙して名を上げていた。

リンドバーグの息子が誘拐された事件では、誘拐対処法案のガイドラインをつくり、当時の大統領フランクリン・ルーズベルトにホワイトハウスへ招かれ、上院との連絡役という特別任務を授かった。そのために上院議員など力のある政治家のあいだにたくさんの友人をもっていたという。

「キーナンはハーバード大学ロースクール卒業後、オハイオ州クリーブランドで弁護士を開業したため、同じクリーブランド弁護士会で既に活躍していたモロウ大佐とは、当時から親しかったのですよ。ぼくは三十歳と検察団のなかでいちばん若かったのですが、そのぼくから見ると、モロウ大佐はずいぶん年取っていたように見えました。それでも六〇代だったでしょうか……」

　とドナハイは続けた。

　どんな風貌の人でしたか、と訊ねてみた。

「中肉中背、身長は一七五センチ、体重は八〇キロくらいでしょうか。薄い頭髪を染めていました。それを左から右へ奇妙になでつけたような感じだった。禿げたところを隠していたのかもしれません。ちょっと足が悪いのか、すこしおかしな歩き方をしていました」

　といって笑ったが、こう続けた。

「第二次大戦前は、オハイオ州民事訴訟裁判所の判事だったはずです」

　オハイオ歴史協会を通じて調査してもらうと、トマス・モロウは一八八五年一月二十八日生まれ、「スターズ&ストライプス」紙を広げた一九四六年二月二十七日には六十一歳になっていたことがわかった。

　同じ「ハットリ・ハウス」に住んでいて、「スターズ&ストライプス」紙が報じた石井部隊についての記事を読んだ記憶があるか、とドナハイに尋ねると、

「まったく知りませんでした」

　といって残念そうな顔をした。

トンプソンに面会したモロウ

マッカーサーが石井四郎と彼の部隊を戦犯に問わないと決め、サンダースやトンプソンを通じてその約束をしても、連合国軍最高司令官にはそれだけの権限がないことを元帥自身は心得ていたはずである。

バージニア州ノーフォークにあるダグラス・マッカーサー将軍記念資料館には「日本軍の戦争法規違反」と題する報告書が保管されてある。

終戦前の一九四五年六月二十三日付の報告書には、「連合軍捕虜に対する残虐行為」など、戦争犯罪に問われるべき罪についての詳細があって、細菌戦についてばかりか、石井四郎の名前もしっかり明記されてある。これを見ると、マッカーサーが自分だけの判断で石井部隊に戦犯免責を与えたことがワシントンに発覚すると、元帥の地位も危なくなるほどの綱渡りだったにちがいないと思えてくる。それだけの危険をおかしても、マッカーサーは石井部隊の実験結果入手にこだわった。

「東京裁判」は勝者の裁判だったとよくいわれる。勝者が敗者を裁く一方的な裁判であり、そのために不公平な裁判であったという意味である。

戦争当時の日本国民は遠く満州からベトナム、シンガポール、南太平洋の島々や南西諸島、沖縄などにまで広がった戦場で、どんな戦闘が起こっていたか、まったく知らされていなかった。大本営発表にはじまるプロパガンダを聞かされ、それを信じる以外、情報を手に入れる方法はなかったのである。

「東京裁判」では初めて日本軍が残虐行為を働いていたことが訴えられた。それも大本営発表を報じた同じ新聞やラジオが、占領軍の検閲のもと、戦争中の犯罪行為を告発するという口調でこれを伝えたのである。帝国陸軍は「アジアの解放」のために身を捧（ささ）げていると思っていた国民にとってみれば、寝耳に水とはこのことだったにちがいない。しかし、それとて、所詮（しょせん）、勝者の側から判断した起訴事実であり、双方の言い分を闘わせて審議するというものでは決してなかった。この時、もっときちんとした検証が行われていたら、現在に至っても、これほど不毛な議論が繰り返されることもなかったであろう。

とはいえ、東京裁判ではここで裁かれたことばかりが問題なのではなかった。裁かれなかったことの方が、却（かえ）って問題なのである。その筆頭が石井部隊の細菌戦であったことはいうまでもない。

キーナンは一六名の検察官をアサインメントAからHの作業グループにわけた。モロウは「アサインメントB」と呼ばれる「日本軍の中国における残虐行為」を担当することになったため、その日の米軍機関紙に目を奪われたのである。そこにはジェネラル・イシイの尋問が終わったとあり、この部隊の犯した捕虜への人体実験や大がかりな細菌戦研究、ペスト菌爆弾などについても報告されていた。これこそ中国における日本軍の残虐行為を担当する自分が扱うべき重大問題だと、持ち前の正義感で奮い立ったことだろう。

米軍機関紙を読んだ三日後、モロウは一二頁に及ぶ長文の覚書をキーナンへ提出した。米国立公文書館の国際検察局ファイル（以下、ＩＰＳファイル）に保管されているはずのこの文書は、ＩＰＳファイルを何回探しても見つからなかった。マイクロフィルムに撮影された文書もあり、数日かけて徹底的に調べたが出てこなかった。リストには載っているのに、文書が発見できないというのは、誰かが故意にちがうファイルへしまったか、どこかへ紛れてしまった可能性がある。

困り果てたわたしは、立教大学の粟屋憲太郎教授がこの文書のコピーをもっていることを知り、帰国したときに粟屋教授に頼んでコピーを入手した。たったひとつの文書でこれだけ苦労させられたこともなかった。

ようやく手に入れたキーナン宛の覚書には、それから始まる調査の方針が記されてあり、六三項目にわたる必要文書を列挙、末尾に「細菌戦」と書かれてあった。

モロウは『チャイナ・ハンド・ブック』という本を引き合いに出し、中国の衛生署署長、金宝善博士の報告を引用している。

「一九四二年四月、最低五回、日本軍は中国において細菌戦を行ったという中国政府や外国人の確かな証言がある。さらに、一九四二年八月三十日には六回の試みがあった。一九四〇年十月二十七日には、寧波（ねいは）に小麦が投下された。疫病（えきびょう）はすぐ広がり、症状はすぐに確認された。腺（せん）ペストが発見され、数名がこれによって死亡した」

『チャイナ・ハンド・ブック』はニューヨークのマクミラン社によって、一九四三年に発刊されていたのをニューヨーク市立図書館で見つけた。ここには、第六章で既に記した、中国・重慶の米大使館武官からワシントンの国務長官宛に送られた一九四二年の文書に同封されていた金宝善博士の報告が含まれていたのである。

　モロウは続けて、金宝善博士がまだ健在なら尋問すべきだし、彼とともに活動していた専門家が見つかったら裁判の証人として出廷するよう手配すべきと綴（つづ）り、以下のように記している。

「これに関連し、署名者（モロウ大佐自身のこと）は国際検察局調査部に文書を送付し、可能なら、ジェネラル・イシイの尋問をアレンジするよう要求している」

　続けて、二月二十七日付の「スターズ＆ストライプス」紙の記事に触れ、こう続けている。

「この問題は重要である。細菌戦のような戦法はたんなる戦場や戦地の指揮官が開発することは不可能であり、東京本部の指令で行われていたはずである」

　モロウは「スターズ＆ストライプス」紙を読んで石井四郎のことを知ったばかりであ

る。平房の巨大な本拠についても、その背後にあった石井機関についても、その闇の深さについても、もちろん何も知らなかった。とはいえ、細菌戦のような戦法は、現場の指揮官の石井ひとりで開発することは不可能であり、東京にいる参謀本部の誰かが命令して実行させていたにちがいないと判断したのは当然のことだった。

この時期、検察官は戦犯容疑者やその関係者を尋問し、事実調査を進め、被告選定と起訴状作成に向けて準備を進めていた。検察官たちは巣鴨刑務所へ出かけて、A級戦犯容疑者ひとりひとりを尋問していた。A級戦犯容疑者は既に一〇〇名以上に上っていたが、そのなかに細菌戦を命令した容疑者が入っていないだろうか、と考えた。

「スターズ&ストライプス」紙を読んだモロウは、石井の尋問をすぐにも行おうと思った。国際検察局へ石井尋問を要求する文書を送るとそれは参謀二部の技術諜報部門にまわされた。

国立公文書館のIPSファイルのなかにようやく発見した三月五日付の極秘文書はこの間の事情を明らかにしてくれた。この貴重な極秘文書は、モロウの石井尋問依頼を受けた国際検察局のダグラス・ウォルドーフ陸軍少尉が記した「ジェネラル・シロウ・イシイについて」というメモである。

「1．署名者（ウォルドーフ）はモロウ大佐の要求に従って、イシイ尋問の可能性を特別課報部Y・P・デイビス大佐に照会してみた。

2．デイビス大佐によると、ジェネラル・イシイ関連事項はすべて参謀二部の技術諜報部D・S・テイト大佐の絶対的管轄下にあると通告された。

3．これにより、モロウ大佐が要求しているジェネラル・イシイ尋問については、参謀二部のテイト大佐が決定を行う。

4．よって、第三者が介入するより、モロウ大佐自身が直接テイト大佐にこの件の方針についてコンタクトすることを薦める。

5．参謀二部の技術諜報部テイト大佐の連絡先はＧＨＱ６７１号室、電話23－７５１１、内線36番」

このメモを受け取ったモロウは、早速ＧＨＱ内線36番へ電話を入れた。その結果は、三月八日付でキーナン宛に再び送った覚書に記されていた。「アサインメントＢ」と題する三頁のメモで、三月五日の覚書に記された調査の進み具合が報告されている。巣鴨刑務所に収監されている荒木貞夫元陸軍大将、畑俊六元陸軍大将などの尋問が進行中であること、松井石根元陸軍大将の尋問が遅れたことなどを記した後、末尾にはこうある。

「署名者（モロウ大佐）は数日前の『スターズ＆ストライプス』紙に報道されたジェネラル・イシイの活動と細菌戦に関して、トンプソン中佐と参謀二部の技術諜報部のＤ・Ｓ・テイト大佐に面会した。これは『チャイナ・ハンド・ブック』で報告された細菌戦に関連したものである。

面会は結果からいうとネガティブであった。しかし、トンプソンは三井商事ビル五階のGHQ化学部主任化学将校マーシャル大佐について言及した」

モロウが参謀二部の技術諜報部D・S・テイト大佐とともに、キャンプ・デトリックから派遣されていたトンプソンにも会っていたという文面に、わたしは思わず息をのんだ。普通ならすれちがうはずの二人の軌跡が交差した歴史の瞬間であった。

トンプソンはちょうど石井尋問を終わらせ、石井のパイロットだった増田美保薬剤少佐や佐々木義孝軍医中佐などを尋問していた時期にあたる。各尋問前には何らかのかたちで、戦犯免責が話し合われていた。そこへ、突然、「東京裁判」の検察官モロウが石井尋問を正式に求めてきたのである。トンプソンは思わず舌打ちしたことだろう。国際検察局が石井を尋問するなど、とんでもないと。

それでもトンプソンはテイトとともにモロウに会った。トンプソンの口から、極秘命令で行われている石井部隊の調査について説明があったのかもしれない。

モロウは「面会は結果からいうとネガティブであった」と婉曲に記した。トンプソンからも、テイトからも、石井尋問を言下に却下されたのである。モロウはその言葉になすすべもなく引き下がらねばならなかった。一行にもならない言い回しで「面会はネガティブであった」と記したのは、彼の憤懣によるものだったのか、あるいは石井尋問について何も覚書に記載するな、という命令を受けたものか。そのあたりはモロウの個人的な文書か日記がみつからない限り、推測するしかない。

モロウの熱意と正義感を目の当たりにして、トンプソンは恐らく同情を寄せたのだろう。あるいは、石井と部隊員を裁かないことに、多少のやましさも感じていたのかもしれない。そのために化学部のマーシャル大佐に会いに行くことを勧告した。

マーシャルは日本軍の毒ガス作戦を担当していた。毒ガス兵器の研究・開発は、陸軍科学研究所と陸軍第六技術研究所が行っていたもので、日本の細菌戦とは別件であるが、モロウは毒ガス作戦も追及していた。面会ではその話も出たにちがいない。

石井尋問を拒否された直後、モロウは懸案であった証人の尋問や証拠資料収集のために中国へ旅立った。既に来日していた「東京裁判」の中国人検事、向哲濬と彼の秘書のヘンリー・チン・ルイ、二月に米国から到着した検察官補デビッド・N・サットンとともに、東京を発って三月十二日、上海に到着している。

数日後、キーナン一行も上海に到着、モロウと合流して中国滞在中の活動方針を打ち合わせた。モロウは上海から北京、重慶、南京を訪ね、一ヵ月の調査を終わらせると上海から東京へ向けて発った。四月十二日のことである。

東京の検察局へもどったモロウは、四月二十三日付で、再びキーナンへ覚書を記している。「中国旅行の報告」と題するこの覚書には、細菌戦に関する記述がほんの数行しかない。同行した検察官補サットンが、金宝善博士を捜し出して会見、関係資料を入手した、と記されているにすぎない。

六日後の四月二十九日、国際検察局は裁判所へ「起訴状」を提出した。昭和天皇の誕生日を選んで提出された起訴状には天皇についての記載が何もなく、起訴された東条英機以下A級戦犯二八名の氏名が公表されていたが、石井四郎の名前も、日本軍の細菌戦についてもひとこともなかった。身を潜めていた軍医や軍属、部隊員たちはとりあえず、ほっと安堵のため息をついたことだろう。

「東京裁判」の法廷見学ツアー

一九四六年五月三日朝、厚い雲の背後から朝日が昇ると、どんより曇った春の日差しが瓦礫と焼け跡のなかにそびえる市ヶ谷台を暖かく包み込んだ。米軍による空襲を免れた旧日本陸軍省の大講堂は、五ヵ月の修復工事ですっかり模様替えされ、A級戦犯を裁く法廷に様変わりしていた。

そもそも陸軍士官学校の大講堂として建てられたこの講堂で「極東国際軍事裁判（IMTFE)」通称「東京裁判」を開くことを考え出したのはアメリカ軍である。大本営や陸軍省、参謀本部のあった旧日本軍の本拠を裁判の舞台にしたいという発想自体、芝居がかったものであり、どうしても復讐劇の匂いがする舞台設定だった。

この建物の一部は「市ヶ谷記念館」として防衛省のなかに保存され、一般に公開されている。新宿区市谷本村町の防衛省に事前予約を取ってから正門受付で手続きすれば、案内係の女性の先導で二時間余りの見学ツアーに参加できる。

エスカレーターを上り、立ち並ぶ省舎ビルを通り越し、通信塔を右手に見ながら歩いていくと、見覚えのある一号館正面玄関前に辿［たど］り着く。

この建物は一九三七年六月、陸軍士官学校本部として建設された。一九四一年になると、第一軍総司令部が置かれ、陸軍省や陸軍参謀本部が空襲を避けるために移転した。「東京裁判」後の一九五九年に返還されると、陸上自衛隊市ヶ谷駐屯地として使われたため、よくテレビニュースにも登場した。一九七〇年、三島由紀夫が割腹自殺した場所でもある。外観は綺麗［きれい］に修復されたものの、およそ飾り気のない石造りの建物はいかにも古臭い建築で、思っていたよりずっと小さく思えたのは、正面玄関、大講堂、旧陸軍大臣室などに限って保存されたためである。

二〇〇一年四月、わたしと一緒にツアーに参加した三〇名ほどは、地方のお年寄りがほとんどで、全員、玄関でスリッパに履き替えると、一階の講堂に入った。

講堂の広さは約一〇〇坪（三三〇平方メートル）あまり、「東京裁判」ではこれを縦に三つに割り、南側に高い三段階のひな壇を作った。最上壇には一一ヵ国を代表する一一人の裁判官が横に並んで着席。中央にはオーストラリアから送られたウィリアム・ウエッブ裁判長が座る。その背後には一一ヵ国の国旗が立てられた。中央の列には弁護人席と発言台、検察席、速記者席、証人ボックス。北側の低いひな壇は被告席になった。法廷にはつねに一〇名くらいのMPが各所で警備に当たった。さらに、市ヶ谷台の丘後方には一大隊ほどの歩兵が控えていたという。

現在の講堂はナラ材を使った床や柱のレリーフが当時のまま、ほぼ完全に復元され、一般傍聴人席として使われた二階の張り出しもそのままだが、もちろん法廷が再現されたわけではない。

かつて一一ヵ国の裁判官が背にして座った窓から明るい日差しが差し込んでいた。その日差しを受けながら、がらんとして何もない講堂にいると、半世紀以上前、A級戦犯が裁かれた舞台に立っているのだろうか、と信じがたい思いにとらわれる。同時に、ここが陸軍省であり陸軍参謀本部であった頃、戦争を遂行した旧日本帝国軍人にしてみれば、A級戦犯として同じ建物で裁かれることにどんな想(おも)いを抱いただろうか、とも思えてくる。

一九四六（昭和21）年五月三日午前八時四十二分、二六名の被告が武装した米軍大型バスで市ヶ谷台へ到着した。十時三十分、弁護団到着。十一時十一分、キーナン首席検事が各国検察官九名を従えて着席。その二分後、裁判官の正面に被告着席。十一時十七

分、インド、フィリピンを除く九名の裁判官入場。そして十一時二十分、
「ここに極東国際軍事裁判を開廷します」
法廷執行官がこう宣言して、「東京裁判」の開廷を迎えたのである。急ごしらえの法
廷には何かしらこの裁判に馴染まないものがあると感じた者は少なくなかった。室内装
飾をシンプルに抑えたニュールンベルクの法廷に比べると、市ヶ谷台の法廷は舞台装置
のような印象を拭えず、とくに法廷内の写真撮影のためにギラギラ強烈な光を放つクリ
1 ーグ灯がまるでハリウッドのセットを思わせた。米週刊誌「タイム」の言葉を借りれば、
「東京裁判」は「ニュールンベルク・ショーのドサ回りのように見えた」というが、そ
3 の言葉は芝居がかった舞台装置やクリーグ灯のためばかりでもなかった。
一九四五年まで「戦争犯罪人」という言葉は、捕虜虐待など通例の戦争犯罪、つまり
7 ハーグやジュネーブで調印された条約によって禁止された行為を行ったもののことだっ
た。しかし、ナチス・ドイツを打ち負かした米・英・仏・ソ連の四大国は、ナチス指導
者たちを通例の戦争犯罪ばかりでなく、「平和に対する罪」「人道に対する罪」という二
種類の新しい罪について厳しく裁くことに決めたのである。
「平和に対する罪」は、侵略戦争または条約に違反する違法戦争の計画、準備、開始、
遂行、および共同謀議であり、「人道に対する罪」は、戦前または戦時中、一般市民に
対して行われた非人道的行為、または政治的、人種的、宗教的理由による迫害を意味す

る。

　四大国は一九四五年夏、ロンドンで「ニュールンベルク裁判所条例」を起草するために集まり、長い交渉を重ねた結果、この条例を生み出した。

「極東国際軍事裁判所条例」の場合には、このような会議は開かれず、米統合参謀本部の命を受けたダグラス・マッカーサーが行政命令として「ニュールンベルク条例」をほとんどそのままコピーして制定しただけのものだった。つまり、ナチス・ドイツを裁く条例を東京にそのまま持ち込み、満州事変前後から敗戦に至る日本の動きを「犯罪的軍閥」というグループによる侵略戦争の推進と決めて裁こうとしたのである。

　もちろん、ナチスのような明確な組織が日本にもあって、戦争を遂行したわけではなく、「犯罪的軍閥」と呼ぶにふさわしい政治団体や軍事組織があったわけでもない。しかし、検察側は、被告たちが「ひとつの共同謀議に加わったこと」を拠り所にした法理論を用いようとした。「史上初の国際刑事法廷」となった「ニュールンベルク裁判」の法理論をそのまま真似たためである。

「東京裁判」は「ニュールンベルク裁判」より複雑にならざるをえなかった。「ニュールンベルク裁判」は米英仏ソ四ヵ国の裁判官で裁かれたのに対し、「東京裁判」では降伏文書に署名した九ヵ国ばかりでなく極東委員会に参加する一一ヵ国が裁判官を送ることになり、インドとフィリピン代表の裁判官が追加任命された。さらに、四ヵ国が首席検察官一名の任命権をもった「ニュールンベルク裁判」に対し、東京では最高司令官であるマッカーサーが首席検察官一名を任命するなど、いやでもアメリカ主導が目についた。

公判開始から一〇日目の五月十三日、弁護団の代表として清瀬一郎弁護人が「東京裁
判」に対する動議を読み上げた。この裁判の正当性に対して異議を申し立てたのである。
清瀬は「平和に対する罪」「人道に対する罪」は、「東京裁判」が根拠とするポツダム宣
1 言に規定されておらず、また宣言当時には存在しなかった考え方であることを主張、国
際法では戦争自体が犯罪とは規定されていないこと、裁判の根拠となる条例が事後立法
3 に当たることなどの問題を提起した。

また、ポツダム宣言が日本と連合国間との戦争に関する宣言であるのに、何故、満州
7 事変など連合国と開戦する以前の戦いまで訴因に含まれているのかと追及した。

翌日、アメリカ人のブレークニー弁護人が証言台で発言しているとき、突然、日本語の同時通訳が途切れるというハプニングが起こった。裁判では、英語による発言は日本語に同時通訳され、被告人や弁護人はもとより傍聴人にいたるまでイヤホンで聞けるようになっていたのが、突然、中断されたのである。

法廷にいた日本人は、ブレークニー弁護人が何を発言しているのかわからなかったが、その発言についてアメリカ人の間からどよめきが起こったのは察知した。その後、日本

語訳の資料が配布されることもなかったので、この発言について、問題にするものも少なく、朝日新聞が五月十五日付の囲み記事で報じたくらいである。

ブレークニー弁護人は、落ち着いた調子でこういったのである。

「真珠湾の爆撃が殺人罪に問われるのなら、広島への原爆投下も同様であります。これが問われないのは、戦争による殺人は、罪ではないからなのです」

七日間にわたって論議された弁護側による動議は、すべて却下された。却下の理由は曖昧なもので、将来に宣言すると発表された後、結局、何も説明されなかった。国際法に照らし合わせれば、動議を却下する理由が見つけられず、動議を取り上げれば裁判自体が成り立たなかったことをウィリアム・ウエッブ裁判長は無視した。一一ヵ国の裁判官のなかからウエッブを裁判長に選んだのはマッカーサーである。天皇を法廷に立たせようと考えるもっとも反日的なウエッブを裁判長に指名することは、マッカーサーにとってひとつの大きな賭(か)けだったにちがいない。

ドナハイとの対話

「東京裁判はあくまで軍事裁判だったのです」

ワシントンのコミュニティーカレッジ教室でロバート・ドナハイはこう話しはじめた。

「ハットリ・ハウスでアメリカの方針や裁判の計画、問題を討議したとき、どの国が裁判に判事を送るべきか、ソ連の判事は招かれるべきか、アメリカの一方的な裁判にすべきかなど、いろいろ協議したのです。個人的意見としては、戦争犯罪を裁く世界の代表による市民の法廷を確立する大きなチャンスだったと私は思うのです。しかし、キーナンはそんなチャンスを求めようとはしなかった。私の知る限り、キーナンはマッカーサー総司令部の命令にそむくことはできなかったからです」

石井四郎を含む日本の細菌戦部隊が「東京裁判」で起訴されなかったことを問い質すと、

1 「七三一部隊についてはまったく知らなかったです」

と呆然とした顔でこう続けた。

3 「……日本の細菌戦部隊は、当然、裁かれるべきものでした」

しかし、少なくともモロウ大佐が石井四郎尋問を進めようとしたと聞いて、ドナハイ
7 は安堵の色を浮かべた。

わたしはキーナンに宛てたモロウの覚書のことを話して、ドナハイの意見を聞いてみた。キーナンはモロウの意見を無視したのだろうか。

「キーナンがモロウの意見を無視したとは思いません。モロウは個人的にキーナンと話したでしょう。毎日、一緒に朝食をとっていましたから。それにモロウはキーナンに指名された一人で、キーナンとはたいへん親しかった。ハットリ・ハウスに住んでいまし

たから、ほとんど毎日、同じクルマで法廷のある市ヶ谷台まで往復していました。だから、石井部隊についてモロウがキーナンと話そうと思えば、いつでもできたのです」

キーナンはモロウに促されると、少なくともウィロビー、あるいはマッカーサーにかけ合っただろう。しかし、まちがいなく強い言葉で石井への尋問を却下されただろうキーナンは、マッカーサーの意思に反してでも日本の細菌戦関係者を訴追するという正義を貫けなかった。あるいは、貫こうともしなかった。

「キーナンは飲酒癖という大きな問題を抱えていた様子なのです。わたしは、彼が酔っ払ったところを見たことがないので断言はできませんが、検察側冒頭陳述の直後にはワシントンへ発ってしまって、数週間も東京を留守にしたのです。名目上はワシントンとの協議ということになっていましたが、アルコール依存症の治療のために一時帰国したと考える検察官も多かったのです。検察官はキーナンへの不満を訴えるものばかりでしたよ。ついにはマッカーサーに面会を求め、キーナンを罷免してもらいたいと直訴したのです。しかし、彼は首を縦に振ろうとはしなかった。『自分は諸君らの要求に従う立場にはない』とマッカーサーがいったのです」

ドナハイはわたしにこう話してくれた。さらに、参謀二部のウィロビーが石井四郎を自宅に軟禁して匿っていたことを話すと、それを受けてこうつづけた。

「キーナンはウィロビーに頼みごとをされると、ノーとは言えなかったのです。ウィロビーはよくハットリ・ハウスへ出入りしていました。夕食に参加したりパーティーというと顔を見せていました。彼はキーナンの友人でしたから。キーナンという人間は、マッカーサーの好まないことは何もせず、非常に政治的に振る舞ったのです」

ウィロビーはトンプソンの尋問後、若松町の石井の家へよく来ていたと春海は証言している。一方、彼は「ハットリ・ハウス」で開かれるパーティーへも顔を出していたことになる。

ドナハイは検察側立証の第一部門「日本の政治および輿論（よろん）の戦争への編成」の検察官として、とくに「検閲の強化、宣伝、情報、映画の統制、言論の抑圧」を担当した、とつづけた。

「私が第一部門を担当したのは、はじめから九〇日という約束で東京へ来ていたからです。（テネシー州）ナッシュビルの法律事務所に勤めていましたから、あまり長く事務所を留守にするわけにいかなかったのです。わたしは弁護士でした。検事という職業はあまり好まなかったのです。しかし、司法長官によって指名されたので東京へ着いてみると、自宅から緊急事態が起こったという連絡が入りました。東京へ到着して三週間もしないうちに、クリスマスの日にまた帰国したのです。自宅に帰ってみると、家は全焼。火災保険に入っていなかったので、経済的にたいへんなことになっていました。そこで東京へもどり、八月まで任務を延長したのです。そこで第一部門を担当しました」

わたしはなぜ、「ニュールンベルク裁判」にも出かけたか訊ねた。

「東京裁判を終え、八月に自宅へ戻ってみると、事態はますます悪くなっていました。火傷した前妻が思っていたよりずっと重傷で、入院のための医療費がかさむことがわかったのです。そこでまた司法省へ聞いてみると、ニュールンベルク裁判へ行かないかと打診され、これを受けたのです。弁護士事務所へ戻ることをあきらめてドイツへ行きました。ですから、東京裁判とニュールンベルク裁判の両方の検察官をしたのです」

ドナハイは戦犯容疑者についてのエピソードを披露してくれた。

「東京に着いたころは、既に戦犯容疑者が逮捕されていて、十二月六日には新しいリストが発表されたところでした。リストに載った容疑者のなかには自殺者も出ていたのです。とくに三回も首相をつとめ天皇にも近かった近衛文麿が十六日の朝自殺した時には、占領軍に対する風当たりが強くなって、キーナンも頭を抱えたものです。そこでキーナンは近衛公が自殺する前の日に何をしていたか、私に調べるよう言いました。近衛は十五日の晩、友人の〝ジミー・カワサキ〟を訪ねていたことがわかりました。私は熱海にあるカワサキの家を訪ねたのです。〝ジミー〟に会ってみると、彼はペンシルベニア大学に在籍したことがあり、映画俳優ダグラス・フェアバンクス・ジュニアと親しく、家のなかには西洋のものばかりだったのです。輸入品の革製ジャケット、テイラー仕立てのズボン、調度品も輸入ものばかりでした。それに妻の〝ベティー〟は彼よりずっと若いスコットランドの美人で、彼は誰かが目をつけないかと嫉妬でいっぱいでした。彼らは私を歓迎してくれて、近衛が鬱状態だったこと、後に発見された遺書にあるように、戦犯としてアメリカの法廷で裁かれるのは耐えがたい、と語っていたと言うことでした。次の朝早く、近衛は青酸カリを飲んで自殺したのです。私が帰ろうとする頃、カワサキはこう言っていたのです。『それ（切腹）ほど勇気ある行為ではなかったが、彼のことを誇らしく思います』とね」

アメリカから着いたばかりのドナハイは、西洋かぶれした日本人でも、切腹をそれほど称えるのかと、感心したと言うのである。

ドナハイの担当した第一部門には「満州における軍事的侵略」も含まれた。四人の証人が喚問されたが、そのうちの一人が田中隆吉だった。満州事変勃発当時は上海駐在陸軍武官補佐官、その後、関東軍参謀、陸軍省兵務局、第一軍参謀長などを務めた後、東条英機と意見が衝突したために現役を去った人物である。その田中が連合国側、検察の証人となり日本人のあいだに論争を巻き起こした。

田中証人は、裁判中、接収された「ノムラ・ハウス」に宿泊し、検察側から食料その他の便宜を供給されていたという。その「ノムラ・ハウス」は「ハットリ・ハウス」に隣接するというので、ドナハイに尋いてみた。

「ノムラ・ハウスはハットリ・ハウスと同じ敷地内にあったのです。広い敷地に三つの建物がありました。歩いていかれる距離ですよ。ノムラ・ハウスは日本式の家です。そのほかに、もう一軒、洋風の家もありましたね。インド人の護衛がいたように思いますが、なぜだか思い出せません。インドのパル判事が住んでいたわけではないのですが……」

三光起業に電話してみると、

「申し訳ありませんが、何もお話できません」

という返事だった。唯一、わかったことは「ＫＡＴＯ」というのは、三光起業が仲介者に頼んで雇っている「住み込みの管理人」と言うことである。

「ノーコメントなのは和光側、服部家の意向ではありません。これまでにも取材の申し込みはありましたが、すべてお断りしております」

ドナハイの帰国が近づいた頃、モロウはクリーグ灯の照りつける法廷に初めて立った。七月二十二日、「中国（満州をのぞく）に対する軍事的侵略」に関する立証の冒頭陳述からはじめた。そのなかにはいわゆる「南京虐殺」も含まれた。彼は中国人四人を含む六人の検察側証人を召喚した。そのうちのひとりが八月六日に証言台に立ったジョン・Ｂ・パウエルである。

パウエルは三五年後の一九八一年、情報公開法によって入手した極秘文書に基づく論文を発表、初めて米国と石井部隊の取引を実証したジョン・W・パウエル二世の父である。父パウエルは一九一七年から上海を拠点に中国で活動したアメリカ人ジャーナリストだった。一九四二年、日本軍の捕虜になるまで日中戦争をつぶさに目撃した歴史の証人である。その息子が三五年後に、モロウ大佐が果たせなかった任務を引き継いでいったことになる。もちろん、パウエル二世が石井部隊を起訴することはできなかったが、石井部隊を戦争犯罪に問わない決定を下したアメリカ政府の文書を初めて発掘、発表したことは、不思議な縁だったと思えてならない。

トマス・モロウにとって、日本軍の細菌戦は南京虐殺事件に勝るとも劣らぬ、あるいはもっと卑劣な非人道行為だと考えたのだろう。モロウは中国滞在中、日本の細菌戦の証拠集めを試みた。検察官補のサットンが中国衛生署署長の金宝善博士に面会して関係資料を入手した、と報告書には記されてある。

サットンはいったいどんな関係資料を入手したのだろうか。わたしは国際検察局が証拠として集めた膨大な資料のなかに、法廷への未提出資料のひとつとして、七三一部隊の支部である中支那派遣軍の防疫給水部、つまり南京の栄一六四四部隊の細菌戦活動を示す文書が保管されているのを見つけた。

日本語で書かれたこの文書は、栄一六四四部隊から脱走し、中国に身を寄せた元部隊員、榛葉修が一九四六年四月十七日に記した六枚の文書と栄一六四四部隊の見取り図である。

この部隊は一般兵士の健康維持や伝染病予防、居留民に対しての防疫検査などのために設置されたが、コレラ、チフス、ペスト、赤痢などの細菌を秘密裏に製造し、これらを一九四二年六月から七月にかけて浙江省金華を中心とした地域に撒布した、と榛葉は丁寧な筆跡で記している。

その結果、中国軍が急いで撤去し、そこへ進軍した日本軍が撒布地域で小休止、または宿泊したため、中国住民ばかりでなく、日本軍にも多数の被害者が出た事実を明らかにしている。さらに、一九四三年九月中旬、自分は杭州陸軍病院に赴いたが、同病院には日本軍兵士の伝染病患者が充満し、毎日五名ないし三名の死亡者があり、八月頃には病院の営庭に蓆を敷いて、数千の患者を収容した、と記録している。

「自分は昭和十七年五月より十八年三月まで防疫給水部防疫科に勤務していたが、聖戦などと云う美名の下に、右の如き非人道的行為を行うを知りて、部隊を脱走せる者である」

と彼は脱走理由を明記している。

サットン検察官補は異常に暑い一九四六年の夏の東京で孤軍奮闘した。しかし、米検察団のなかには石井部隊について関心をもっている検察官が少なくとも、もうひとりいた。東条英機の尋問を担当したジョン・フィーリー検察官である。東条尋問調書を見ると、同年四月二日、以下の質疑応答がある。

問　シロウ・イシイを知っているか。

答　はい。彼は陸軍の軍医中将だった。

問　ジェネラル・イシイの指揮した細菌戦について何か知っているか。

答　はい。正確にいえば、彼は戦闘状況下での浄水問題について調査していた。彼の細菌戦に関する理解はずば抜けていた。そこで最初から最後まで、彼は戦場における細菌学分野の研究を続けていた。

問　細菌撒布が可能な爆弾製造の実験を進めるよう指令していたか。

答　世界中の国々が細菌戦の実験を進めていることはわかっていた。そこで、彼にこの分野の実験を行わせた。しかし、それは決して使用されなかった。決して使われなかった。細菌兵器は化学兵器の犠牲者と比べてももっと甚大な問題を引き起こすので、その使用は絶対的に禁止された。

問　誰によって。

答　陸軍大臣のわたしが禁じた。

問　中国人に使用することを許可したことはあるか。

答　いや、許可しなかった。

問　中国人兵士やアメリカ人兵士、あるいはロシア人兵士に細菌戦実験を行うことを許可したか。

答　そんなことはない。

問　ジェネラル・イシイの仕事について進捗状態の報告を受けていたか。

答　一度、聞いたことがある、と思う。しかし、使用については絶対的に禁止するよう議論してからは、ほとんど報告を受けなかった。

問　戦場での実験を後援したというのは事実でないのか。

答　そうだ。諜報機関がそんなことは世界中で行われていると報告してきたので、後押ししたが、しかし、実験と使用は全く別だ、とわたしは強く主張していた。

細菌戦攻撃に反対だった東条については、一九四三年九月に医務課長となった大塚文郎軍医大佐の「備忘録」にその事実が明記されてある。米軍に対する細菌戦計画を記録したこの「備忘録」には、戦局も絶望的になった一九四四年四月当時、首相、陸軍大臣、参謀総長を兼任していた東条に隠してまで細菌戦を実施しようという案もあがった。しかし、すでに報告済みで、東条から叱責されたという詳細が載っているのである。

この尋問は巣鴨刑務所で行われ、尋問調書の内容は公判でもまったく公表されなかった。サットンが東条の供述を読む機会があったかどうか大いに疑問である。

市ヶ谷台の法廷が緊張に包まれたのは、八月十六日、満州国の元皇帝ヘンリー・溥儀（ふぎ）が証言台に立ったときだった。ソ連軍によって逮捕され、ハバロフスク郊外フォーリに抑留の身となり、「東京裁判」で証言するためにウラジオストックから、ソ連官憲の監視つきで空路、護送されてきたのである。

続いて、検察側が日中戦争における「南京虐殺（ぎやくさつ）事件」に関する立証を開始すると、裁判はふたたび活気づいた。サットンは現場にいた中国人やアメリカ人宣教師などの陳述書を朗読、証拠として提出した。八月二十九日午後三時に再開された公判で、サットンは、突然、思わぬ発言をした。彼は「その他の残虐行為に関する件」といって、次の報告を朗読したのである。

「敵の多摩部隊（栄一六四四部隊）は、俘虜（ふりよ）となった我ら人民を医薬試験室に連れて行き、各種有毒細菌を彼らの体内に注射し、その変化を実験した。この部隊は最も秘密の機構であったため、この実験によって死亡した人数は明白ではない」

サットンは単調な低音で朗読しつづけた。彼が読み上げた冒頭部分は、栄一六四四部隊の人体実験に関する調書だったのである。

ウィリアム・ウエッブ裁判長は途方に暮れ、困惑した。彼はこう尋ねている。

「あなたは有毒細菌による反応を試した試験所の実験について、証拠を提出するのですか。それは、われわれ判事にとってはまったく新しいことで、これまでに聞いたこともありません。あなたは陳述しているだけですか？」

これに対するサットンの反応は意外なものだった。

「われわれは、引き続き、この問題に関する証拠を提出しようとは考えておりません」

この日の公判を傍聴していた記者団のなかに、ＵＰ通信社のアーノルド・Ｃ・ブラックマンがいた。彼はその日の様子をこう記録している。

「この裁判を傍聴したほかの数人と同じように、私は当惑し、また好奇心をそそられた。私は素人として、この法廷では法技術的解釈をめぐる際限ないほどの論争をせずに、この問題はＩＭＴＦＥ（極東国際軍事裁判）が介入すべき種類の事柄なのだと考えた。しかし私は、この事件を追及もしなかったし、当日の自分のＵＰ電でそのことに触れることもしなかった。理由は簡単であった。つまり、私は、ほかの裁判担当記者と同じく、証言に圧倒されていたのである」

サットンにすれば、南京事件の陳述のなかで、栄一六四四部隊について朗読する以外、この法廷で日本軍の細菌戦について発言できる機会はない、と考え抜いた末、思い切ってこの調書を朗読したのだろう。いわばゲリラ的にこの問題を裁判記録に残す以外、何もできないと判断したサットンは、裁判長の問いかけに素直に応じ、それ以上の証拠提出を控えたのである。

ウエッブ裁判長が石井部隊について、さらには日本の細菌戦について、全く知らなかったとしても不思議ではない。まして、栄一六四四部隊のことなど、彼の頭には全くなかった。しかし、市ヶ谷台の法廷でサットン検察官補の意図を正確に摑(つか)んでいた人物がひとりいた。ほかならぬ首席検事ジョセフ・キーナンである。彼はこの陳述をどんな顔で聞いていただろうか。当然、裁かれるべき日本の細菌戦を取り上げなかったことに、一抹の良心の呵責(かしやく)を覚えただろうか。あるいは、自らの力量の限界を改めて思い知らされたのだろうか。

裁かれなかったドイツの細菌戦

米国は日本の細菌戦部隊を裁かなかったが、「ニュールンベルク裁判」ではナチスの人体実験を裁いていた。英米仏ソの四大国による主戦争裁判のほかに、米国がニュールンベルクの地で開いた一二法廷のなかの第一番目の裁判で取り上げたのである。この裁判は「メディカル・ケース」と呼ばれ、被告二三人のなかで二〇人が医師、ヒトラーの主治医カール・ブラント軍医も含まれていた。

「ナチスが行ったのは、低気圧実験、毒ガス実験、石灰酸注射実験、マラリア実験、発疹(はっしん)チフス実験など相互に脈絡の薄い幼稚なものであり、あえてその目的を求めれば、空・海戦からの帰還や、新占領地域の流行病に一部関係する、という程度のものである。その中でナチスが力を入れたのは労働可能なユダヤ人から子種を奪うためのX線や薬物による大量断種実験であった」

ナチスの行った実験について米本昌平（三菱化学生命科学研究所）はこう書いている。

「メディカル・ケース」裁判は一九四六年十二月九日から始まり、一四〇日間の審議の後、翌一九四七年八月二十日には判決が出た。二三人のうち一六人が有罪、七人に死刑が宣告され、一九四八年六月二日には執行されている。

人体実験は医学研究のある段階では必要なものであり、それが道徳的に行われるにはどのような条件が必要か、判決文のなかに示された。これが後に医療倫理のなかで、「ニュールンベルク・コード」として知られるようになった。米国のホロコースト博物館のウェブサイトにはこの裁判の冒頭陳述、起訴状、主要な証言、判決に加え、「ニュールンベルク・コード」が記されてある。

米国は「ニュールンベルク裁判」で人体実験を裁いているのに、ドイツの細菌戦部隊は裁かれなかった。

戦後、ドイツの細菌戦について米陸軍がまとめた「ＡＬＳＯＳミッション（科学情報部隊）報告」（一九四五年九月十二日付）によると、ドイツの研究はハインリッヒ・クリーヴェ教授が中心になって進められた。クリーヴェは米軍の尋問に答えて、ドイツ軍はフランスの細菌研究所を四ヵ所発見したため、クリーヴェにその調査を命令したと語っている。ドイツの細菌戦研究はじゃがいもにつくハムシや口蹄疫（こうていえき）ウイルスなどが中心になり、攻撃的な細菌兵器の開発には至らなかった。一九四三年になると、ヒムラーが細菌戦の開発を命じたが、「癌研究所」という看板のもとに発足した研究所もたいした発展に至らなかった、と同報告は語っている。

　二年後の一九四七年八月、米海軍は「細菌戦に関する海軍の見解」をまとめた。そこにはドイツの細菌戦に関するさらに突っ込んだ調査報告がある。これによると、クリーヴェ教授はベルリン近くに実験室をもち、炭疽菌とペスト菌を絹の衣類の上や干草や藁のなかで乾燥させた場合の生存能力について研究していた。ノミやシラミも研究されたが、感染させたネズミをパラシュートで落とすというプリミティブな研究の考察だった。マスタードガスを添加することで炭疽菌の威力がどう増すかという研究も考慮されたが、実用段階まで至らなかった。ドイツの細菌戦研究はヒトラーが反対していたことで、規模も小さく連合軍の脅威となるようなものではなかった。

　米国がもっとも心配したのは、ドイツの細菌戦だった。あれだけ医学の進んだドイツが細菌兵器に手を出したらという脅威は絶大だった。しかし、戦争が終わりドイツを占領した米軍は、瓦礫のなかから大がかりな実験室も細菌製造工場も発見できなかった。細菌兵器はなかったのである。それから五八年後、イラクへ侵攻した米英軍は同様に、細菌兵器も実験用移動車も発見できなかった。細菌兵器という脅威が開戦の理由に使われたのである。

ニール・スミスの〝メモランダム〟

米国は日本でも人体実験を裁いていた。九州帝国大学医学部で行われた俘虜の生体解剖である。医者ばかりでなく看護婦までが逮捕される様子が新聞を賑(にぎ)わせていた。一九四五（昭和20）年五月十七日から六月二日まで、四回にわたり爆撃機B29の搭乗員だった八名の米軍捕虜を生きたまま解剖した事件である。その記事を見るたびに石井部隊の隊員は震え上がっていたにちがいない。実際、彼らが案じた通り、BC級戦犯の犯罪調査を担当する法務局の調査部は、石井四郎と関連部隊をふくむ大がかりな調査を進めていたのである。

米軍が接収した横浜地方裁判所では、既に、一九四五年十二月からBC級裁判が始まっていた。通例の戦争犯罪や俘虜虐待などを裁くBC級戦犯容疑者軍事裁判こそ、石井部隊の元軍医や部隊員がもっとも恐れるものだった。BC級では、違反行為を命じた者も、実行した者も、ともに有罪とされる。石井四郎も、各支部、姉妹部隊の部隊長も、彼らの部下も、とくに捕虜の人体実験に手を染めた者は、すべてBC級戦犯として裁かれる運命にあるはずだった。

米国立公文書館には法務局が行った膨大な調査報告書も保管されている。それら文書を丹念に読み込んでいくと、日本軍の細菌戦に関する調査が広範囲にわたって進められ

ていたことがよくわかる。とくに、調査部第330号「主題モトジ・ヤマグチ」という
ファイルには、詳細を極めた報告や部隊関係者の尋問記録が保存されていた。
　この調査の指揮を執ったのが、ニール・スミス陸軍歩兵部隊中尉だった。マッカーサ
ーの意志に立ち向かったもうひとりのアメリカ人である。
　わたしはニール・スミス中尉についてリサーチを進めた。しかし、法務局調査部で働
く歩兵部隊中尉でしかなかった彼について手がかりをつかむことは至難の業だった。米
1 国立公文書館で法務局関連の膨大な資料に当たっても何も見つからず、ほとんど諦めか
けていたとき、思わぬところから手がかりが出てきた。
3 　ニューヨーク在住の写真家で、巣鴨刑務所に収監されていた日本人戦犯容疑者の作成
した手作りの小物や新聞、漫画などを収集しているビル・バレットに誘われて、巣鴨刑
7 務所に勤務した米兵の同窓会に出かけたときのことである。サウス・カロライナ州マー
テル・ビーチのモテルで開かれたささやかな同窓会にはおよそ三〇名の元看守が集まっ
た。この席で、当時、法務局に勤務していたウィリアム・R・ギルの連絡先を知らされ
たのである。早速、アラバマ州オーバーンの自宅へ連絡してみると、法務局当時の記憶
をもとに小冊子を作成したというので送ってもらった。
「一九四五年から一九四八年における戦争犯罪調査の個人的回想」というタイプ印刷さ
れた九五ページの小冊子には、クルーガー中将率いる第六軍第九師団に属する歩兵部隊

の一員として、一九四五年九月二十七日に和歌山へ上陸したのち、法務局勤務になったギルの思い出や写真が織り込まれている。法務局勤務者のなかには、法律家のほか、FBI捜査官、MPや情報関係者などが含まれていたが、ギルのように素人（しろうと）が訓練を受けて勤務したものもあった。初めての仕事は横浜に住む外国人の調査だったというが、一九四七年に入ってから、七三一部隊の調査にも関わったと記されてあったので驚いた。早速、電話で問い合わせてみると、確かに七三一部隊の調査に関わったというが、どうも調査が終了となる直前のことだったらしい。

「ニール・スミス中尉を覚えていますか」

という肝心な質問をしても、はっきりした答えが返ってこない。

「バーナードが七三一部隊の調査をしていたのは覚えているが……」

この小冊子には東京の法務局に勤務した二三名の名前と住所が記されてあり、ニール・スミスについては、以下の記載があるのみだった。

ニール・スミス中尉（歩兵部隊）：インディアナ州、ノックス、ランバート通り三〇八番地。

国立公文書館にはスミス中尉がそれまでの調査をまとめて記した一九四七年四月四日付の八頁（ページ）に及ぶ長文のメモランダムがあった。そのメモによると、第330号の調査

は、

「西村という人物からの投書に始まった」

と記されてある。

第330号ファイルには西村からの原文コピーが保存されていた。「東京都連合国総司令部　民間情報部」宛（あて）に送られた手紙で、右上がりの癖のある筆跡は、強い意志を思わせるものだった。

「戦争犯罪人を通告」とこの告発文は、はじまる。

「陸軍獣医少佐　山口本治、陸軍獣医少将　若松有次郎、陸軍獣医中佐　保坂（著者・名前の記載なし）。右の者、満州国新京第一〇〇部隊野外解剖場に於（お）いて、連合国捕虜多数を獣疫の実験に供し解剖せり。通告者　西村武」

さらに、法務局調査部には石井の偽装葬儀を伝える対敵諜報部隊メトロポリタン・ユニット80番の報告、日本共産党から送られた石井機関を告発する情報や、イマジ・セツと名乗る告発者からの手紙も届いていた。

スミス中尉がこの調査を進めるなかで、トンプソンの石井尋問について、どれくらい報告を受けていたか明らかではない。恐らく何の報告も受けていなかったろうし、石井四郎が参謀二部の管理下にあることも知らなかっただろう。

国際検察局の検察官トマス・モロウ大佐が石井尋問も行えず、日本軍の細菌戦について訴追することもできなかったことなど知る由(よし)もなかった。国際検察局と法務局は同じ明治ビルに事務所を構えていましたが、情報交換は全くなかったのです、とドナハイは話してくれている。

ニール・スミスが調査を開始した一九四六年春までに、トンプソン中佐は石井の尋問を数回済ませていた。とはいえ、人体実験に関しては石井に簡単に否定されたまま、それ以上追及できなかった。

これに比べ、西村武による「連合国捕虜の人体実験および解剖」という告発文から進められたスミスのＢＣ級戦犯調査は、人体実験についてもっと明確かつ具体的な証言からはじめられた。彼の手元には紀野猛と名乗る告発者から、新京の一〇〇部隊で連合国の捕虜を人間モルモットとして実験していた、という書簡も届いていた。

スミス中尉は早速、福岡の調査官にタケシ・キノの尋問を要請した。一九四六年六月二十三日に行われた尋問記録を読むと、紀野猛は関東軍軍馬防疫廠(しょう)で軍属として働いていたことがわかる。しかし、捕虜に対する獣疫の実験や解剖について調査官に尋ねられると、

「そんな噂(うわさ)を聞いた」

といってすっかり及び腰になり、

「噂で聞いたのが連合国捕虜だったのか中国人労働者だったのか、わからない……」

1　3　7

と前言を翻(ひるがえ)した。

紀野猛は恐らく彼の投書を受け取った総司令部法務局が調査官を派遣してくるとは考えもしなかったにちがいない。軍服を着たアメリカ少尉を前に、告発文を送ったときの正義感も勇猛さもすっかりわすれて、ひたすら面倒には関わりたくないという態度に一変した。

ニール・スミスがもう一人の告発者、西村武の居所を突き止め、仙台の調査官に尋問を依頼したのは一九四七年一月のことだった。西村は東北帝大を卒業した獣医で軍属として一〇〇部隊に一〇年間勤務していた。

捕虜への人体実験を目撃したのか、という質問には、

「友人からその話を聞いた」

と西村は答えている。彼は第一班と第三班に属したが、人体実験は第二班によって行われたといった。その班長は山口本治獣医少佐だったが、後に保坂ヤスタロウ獣医中佐に交代した、と供述。山口と保坂は若松有次郎獣医少将の命令で実験を行った、と明言した。

続いて調査官は、裁判へ出廷し、ここで供述したことを証言するか、と西村に聞いている。これに対し、西村はこう答えた。

「私は喜んで出廷し、この違法行為について証言します」

調査部第91号「シロウ・イシイ」

西村によって告発された獣医少佐、山口本治は西村の尋問に先立ち一九四六年八月、福島県第八八軍政部に召喚され尋問を受けていた。山口は新京の一〇〇部隊で軍医獣医として勤務したことは認めたが、捕虜に対する人体実験や解剖などをすべて否定。西村を知っているか、と聞かれるとこう答えている。

「はい、彼も獣医です。彼はたいへん気分屋で、第三班を担当したときにわたしの部下でした。われわれが口論したというのは……西村がぶどう糖の瓶を数瓶盗んだときと食べ物を盗んだときに、わたしは彼を厳しく叱責しなければならなかったのです」

スミス中尉が若松有次郎獣医少将を山口県萩市に見つけ呉市警察署へ召喚したのは、一九四六年十二月だった。尋問に答え、若松は捕虜に対する人体実験や解剖を全面否定、二人の日本人作業員が誤って感染し死亡した事件については、進んで供述している。

若松と山口の容疑全面否定に直面したスミス中尉は、目撃者であるはずの紀野猛を再尋問している。一回目の尋問から九ヵ月後の一九四七年三月五日、福岡市法務局事務所で、宣誓のもとに徹底的な取り調べが行われた。

紀野は捕虜へ鼻疽病を感染させる実験を知っているか、と質問されると「噂をきいたことがある」と答え、逃げ腰ではあるものの、詳細にわたる供述を行った。

問　どんな噂を聞いたのか。
答　一三名が注射でその病気に感染させられたと聞いたのです。でも、解剖されたかどうかは知りません。
問　その実験で何人が死亡したか。
答　全員死亡したということです。
問　その実験の責任者は誰か。
答　若松有次郎少将です。
問　君はその実験の補助をしたのか。
答　いいえ。
問　その噂をどこから聞いたのか。
答　実験に関しては部隊員のあいだでいろいろ言われていました。
問　君がその実験に参加することは本当になかったのか。
答　馬の実験のみです。
問　その実験について述べよ。
答　鼻疽病を調べるために馬を解剖しました。
問　君は人間を使った実験を目撃したり、関与したりはしなかったのか。
答　いいえ。

問　君は西村武獣医を知っているか。
答　はい、彼は良い友達です。
問　西村は君が人体実験を目撃したと証言しているが、本当か。
答　彼は勘違いしたか、あるいは別の人と私の名前を混同したものと思われます。
問　では何故、西村は君が目撃者だと証言したのか。
答　ある日のこと、私は袋に入った人体が通り過ぎるのを見た、と西村に言ったと思います。彼はその話を間違えて記憶したとしか思えません。
問　誰かほかにこの人体実験のことを知っている者はいるか。
答　三友という名前の軍属が人体解剖に関わったと言っていましたが、このことは秘密だから絶対誰にもいうな、と警告されました。

三友一男は終戦時にソ連軍に逮捕され、のちハバロフスク裁判で証言している。紀野は三友のことを軍属と証言しているが、ハバロフスク裁判記録には軍曹とある。紀野は三友が日本にいないことを知って、彼の名前を挙げたのかも知れない。
紀野はその後も六日間にわたって徹底的な取り調べを受けた。人体実験へ関与したとか、目撃したとはいわなかったが、別の出来事も思い出した。彼は将校たちが「馬のものにしては小さすぎ、他の動物のものとしては大きすぎる墓を掘っていた」ことがあり、

「それが人間のものであると考えた」と供述している。犠牲者の身元はわからなかったが、実験で殺された多くはソ連の捕虜だったと思う、と述べたのである。

紀野の宣誓供述は、まだ逃げ腰だったが、西村の証言とも全般的に一致することから、信用に値するとスミス中尉は考えたのだろう。一〇〇部隊の若松獣医少将や山口獣医少佐を有罪にする証拠固めは着々と進んでいたのである。

一方、スミスのもとには石井部隊の内部告発者からの手紙がさらに何通か届いていた。一九四六年九月はじめ、福島県から届いた匿名の手紙の差出人は、「私は石井部隊に勤務していたことがあったからよく知っている」と書いて情報提供を申し込んできた。

「勝ち抜く為だと長い間軍隊生活を強要せられ、着のみ着のままで復員してみれば、昨日に変わる社会の冷酷の扱いに家業は失われ、然も昨今のインフレと就職難、資金を借りたくとも貸す人とてなく、十余名の家族を抱えての生活苦……これが生命をささげて国家に奉仕して来た私たちに与えられた報酬の全部でした」

告発者は生活の破綻を訴え、次第に希望を失いかけていると私情を表し、こうした生活に陥れたのは無謀な戦争を敢えてした軍国主義者に他ならないと辛らつな批判を向ける。

「ほんとうに平和国家となる為には軍国主義信奉者は完全に払拭せられなければなりません。然し、終戦後の各内閣は極力之が隠蔽と保護に力を傾けているのです。その一例は既に召喚命令の出た石井軍医中将の如きそれであります。過日の新聞には満州よりの一帰還者の談として、彼は満州で銃殺されたと書いていました。それは如何に虚偽に終始しているものであるか、私はよく知っているのです。それは政府の指令に依る宣伝以外の何物でもありません。彼（石井）は有名な軍国主義者でした。典型的国家主義崇拝者でした。そして又人道の敵でも有りました。それが故に彼は関東軍防疫給水部なるものを創設したのです。……彼の召喚はA級戦犯者に真に不利な事実を提供いたしましょう。更に皇族の一員にさえも累系を及ぼすものなのです。

それが故に終戦後、内閣就中、外務及陸軍大臣、終戦連絡事務局、並に復員庁は殊更に事実を闇にほうむろうとしているのです。

悪徳に充ちた彼らを擁護し、反面何等の罪のない私たちが犠牲にならねばならない、こんな不合理な事は有りません」

匿名の主は続けて、本件調査のために成しえる限りのご援助ご協力をしたいと思います、ついては若干の日当と調査費用をお願いできれば必ずご期待に添えることを確信します、と売り込んでいる。コンタクトは三日以内に日経新聞へ暗号広告を出すように、と指定していたが、福島県の担当調査官は手紙の翻訳に手間取り約束の日取りに間に合わなかった、と記している。

もう一通は十月四日付で、「マッカーサー司令官」宛に送られた「元軍医として召集されたる一人より」と記された書簡である。
「前陸軍軍医中将石井四郎が今回の戦争中ハルビン郊外に大規模の人間生体実験所を設け、加茂部隊の変名の下に、加茂部隊長として多数の連合軍捕虜に対し残虐なる生体実験を施し、終戦時よりこれら研究所を爆破してその証拠を消さんとしたるは公然の秘密として我国民のよく知っているところである……近来、彼は多額のワイロ金を使いその罪を逃れんと大運動をしているということである」

この内部告発者の場合は、「連合軍最高司令部を最も崇拝する日本人」として、石井の審問の経過を公表されんことを願う、と演説調にまとめている。封筒には、京都市吉田町、上木寛と名前が記されてあった。

このほか法務局のファイルのなかには、調査部第91号「シロウ・イシイ」というファイルもあることに気づいた。といって、ファイル内に保管されていたのは一九四六年十一月二十日付、L・H・バーナード少佐による報告書のみである。

これによると法務局による石井四郎の調査は、千葉県山武郡千代田村の「自由青年協会」から届いた告発文に始まったという。つまり地元の村人が「自由青年協会」という名前を騙って石井部隊の告発をしてきた様子である。この報告書を読む限り、調査部第91号の調査は第330号に吸収されるとバーナードは明記している。

このバーナードこそ、アラバマ州に住むウィリアム・ギルが記憶している法務局の調査官にちがいない。

「石井は有罪であると思う……」

それ以降の第330号ファイルを見ると、ニール・スミスが石井部隊幹部の尋問を着々と進めていたことが手に取るようにわかる。彼の調査は石井部隊本体に近づいていた。一九四七年一月二十四日には、明治ビル835号室に内藤良一を召喚し、宣誓の下に尋問を行った。

キャンプ・デトリックから送られて日本に来たマレー・サンダースの通訳をつとめ、その後サンダースから脅されて石井部隊に関する報告を一晩で書き上げた内藤である。神に誓っても「人体実験はしなかった」と宣言していたが、法務局の調査官の前でついに口を割った。

尋問記録によると、内藤はまず石井部隊の防御的および攻撃的細菌戦の目的を話した後、次のように供述したとある。

「石井は日本の教授たちのあいだではたいへん有名な人物で、彼が人間を実験に使っているという噂は教授たちの誰もが聞いていることだったのです。……わたしはこの噂が本当だったと思います。開発されたワクチンの何種類かは、人体に病原菌やワクチンを接種し、その結果を見てからでないと成功したとはいえないものだったからなのです」

さらに、内藤はハルビンから帰ってきた人物から、実験には人間が使われていると聞いたと続けた。

「石井がハルビンに実験室を設けたのは捕虜が手に入るからだったのです。東京でも捕虜を使わず同様の実験が可能だったはずです。もっと近代的な設備などを利用することによって、より正確な結果を得ることができたはずです。しかし、石井はハルビンで秘密裏に実験することを選んだのです。ハルビンでは何の妨害もなく捕虜を入手することが可能でした」

内藤は石井が東郷一の変名を使ったこと、兄、剛男はハルビンで初めから終わりまで石井の秘書役を務め、細谷という変名を使ったこと、石井の下で将校は全員、変名を使ったため、とかくの噂がささやかれたことなどに触れ、細菌部隊のアイディアは石井ひとりの考えだったと話した後、こう供述した。

「日本の細菌学者のほとんどは何らかの形で石井の研究に関わっていました……石井はほとんどの大学を動員して部隊の研究に協力させていたのです」

内藤は、陸軍軍医学校防疫研究室のほか、石井に協力した大学として、京都帝国大学、東京帝国大学などの名前を挙げている。

最後に付け加えることはないか、とスミス中尉に聞かれると、内藤はこう答えている。

「ありません。しかし、石井は人体実験をしたことで有罪であると思うし、彼は罰せられるべきと考えます」

ニール・スミスは内藤の供述を聞きながら、さぞかし興奮したに違いない。尋問調書に彼はこう記している。

「内藤の供述は、石井がハルビンの研究所で細菌戦のために捕虜を使って実験したという第330号の数多くの告発に追加されるものである。内藤の供述は匿名でない情報源から得た初めての告発であると記すことができる」

スミス中尉は内藤の供述から石井部隊関係者の名前と居所を探し、次々と尋問を進めた。石井の片腕だった増田知貞軍医、内藤とともに東京の防疫研究室を運営していた金子順一などの尋問調書、北野政次が法務局に任意提出した一七頁に及ぶ手書きのメモも、第330号ファイルに保存されてある。

とはいえ、増田も金子も北野も、人体実験を認めようとはしなかった。スミスは七三一部隊員の尋問だけでなく、陸軍軍医学校にも調査のメスを入れた。報告書には、終戦時の軍医学校職員全員の氏名と職種まで英文で列挙されてある。

そのほか、相模原陸軍病院や品川陸軍病院など、九つの病院および医療機関でも捕虜に対する実験を行っていたという複数の証言を得て、調査を進めていた。

内藤尋問から突破口を開いたスミスは、「捕虜に対する人体実験および解剖」という明確な罪状によって、平房の石井部隊、新京の一〇〇部隊や東京の陸軍軍医学校の医師

1　3　7

や関係者などを根こそぎＢＣ級戦犯として法廷に送り込もうとしていた。

勢い込むスミスのもとに参謀二部から連絡が入ったのは一九四七年四月はじめのことだった。参謀二部はそれまでの調査概要を提出するように命令していた。八頁におよぶスミスの長文の報告書は、総司令部参謀本部の要請によって書かれたと明記されてある。

スミスの報告書を受け取った参謀二部は、石井四郎および防疫給水部に関する法務局の調査がここまで進んでいたことに驚いた。そのまま放置しておくと、法務局はまちがいなく石井および部隊員をＢＣ級戦犯として起訴することになる。参謀二部のウィロビー部長は法務局宛に文書を送って調査部第３３０号以下すべての調査を参謀二部の管理の下に置き、法務局による捜査を事実上、中止させた。

参謀二部から法務局へ送られた一九四七年四月十七日付文書を見ると、スミスの報告書を検討した結果、この報告書には〝機密〟に当てはまる情報が含まれている、と書かれてある。

「この調査は、統合参謀本部（米国の最高軍事諮問機関）の直轄であり、参謀二部のコントロールの下に置かれる。すべての尋問、取り調べは参謀二部と共同で行われる。アメリカ合衆国の国益を保護し、将来起こりうるあらゆる困惑から国家を守るためにも、最大限の機密保持が必要である。

以下、要求事項。

参謀二部の同意なしに訴追のための調査が継続され、あるいは調査内容を公表するような行動は許されない。これは最高司令官と陸軍・空軍の参謀総長じきじきの命令である」

最高司令官というのは、トルーマン大統領のことである。文書末尾にはC・A・Wのサインがあり、これこそチャールズ・A・ウィロビーの署名だった。ウィロビーはスミス中尉から実質上石井部隊と一〇〇部隊の調査を取り上げ、調査部第330号ファイルの公表を差し止めた。

この時期、このファイルの機密保持はそれまで以上に重要だった。「東京裁判」のソ連検察局から、石井部隊に関する思わぬ要求が突きつけられていたのである。

第三部　石井四郎ノートの解読

法務局ニール・スミス中尉の尋問を受けた内藤良一は、あれだけ固く黙してきた人体実験について、なぜ、口を割ったのだろうか。宣誓のうえ、年齢、宗教を問われると、

「四十二歳、キリスト教徒」

と答えている。そのキリスト教徒はたった一年半あまり前、マレー・サンダース中佐に「人体実験はやらなかった」と誓った同一人物ではないか。調査部第330号ファイルに保管された内藤の供述調書を丹念に読んでみると、実は、状況が大きく変わったため、ついに内藤が重い口を開いた様子がうかがえる。

内藤の思惑は、情報を提供することによって、自分だけ戦犯からうまく逃れようとするものだったことが読み取れるのだ。そのためには、実験に人間を使ったことを他から聞いたといって供述し、石井を裏切り、石井は罰せられるべきとまで訴えている。

その内藤は、鬼籍に入る一年前の一九八一年、神奈川大学の常石敬一教授のインタビューに応じ、横浜港に到着したサンダースを迎えに行ったときのことを訊かれて、

「進駐軍から通訳をやれといわれた」

と答えている。進駐軍といってそれ以上のことは口にしなかったが、進駐軍のなかでも参謀二部から命令されて通訳を引き受けたことはまちがいない。それだけ参謀二部と繋がりが深かった内藤だから、法務局に尋問される前に発覚したある事件について聞き及んでいたとしても、不思議はなかった。その事件とは、石井機関の部隊員だけでなく、この調査に関わったすべてのアメリカ軍人、マッカーサーやウィロビーまでも驚愕させるほど衝撃的なソ連からの突然の申し入れだった。

内藤が法務局の尋問を受ける二週間ほど前の一九四七（昭和22）年一月七日、国際検察局のダグラス・ウォルドーフは、「東京裁判」のソ連検察局代表から電話を受けた。ウォルドーフとは検察官トマス・モロウ大佐の石井尋問要求を参謀二部に橋渡ししたあの元陸軍少尉である。ソ連検察局はこう申し入れてきた。

「尋問を行うため、石井四郎を含む三名の日本人の身柄引渡しをソ連本国が求めている」

石井が参謀二部の絶対的管轄下にあることを知っていたウォルドーフは、参謀二部に連絡を取り、彼らの意向を受けて、三名の身柄引渡し要求を書面で提出するよう、ソ連検察局へ申し入れた。ソ連検察局では、次席検察官Ａ・ヴァシリエフ少将の名前で、参謀二部ウィロビー少将宛に一月九日付の覚書を送ってきた。

「国際検察局のソ連代表部は、関東軍が細菌戦の準備を行っていたことを証明する材料をもっている。これらの材料を証拠として（極東国際）軍事裁判所へ提出するには、関東軍防疫給水部本部、すなわち満州七三一部隊で活動した人物について、いくつかの補充的な尋問が必要である」

続いて、石井四郎軍医中将、菊池斉大佐（第一部長）、大田澄大佐（第四部長・かつて第二部長も務めた）の三名の名前をあげ、

「これらの人物は、戦争に使用する目的で細菌の研究を行っていたこと、またこれらの実験の結果、多くの人びとを殺害したことについて証言することになる」

と記されてあった。

ソ連は七三一部隊が人体実験で多くの人間を殺害していたという、米国がそれまでの調査ではっきり摑めなかった事実を探り出し、その材料を根拠に、石井らの身柄引渡しを要求してきた。三人の補充的尋問で証拠固めをしてから、日本軍の細菌戦を「東京裁判」へもち込む意図を明確にしてきたのである。

この覚書を受け取った参謀二部は、早速、ソ連代表を招いて会談を設けた。一月十五日朝九時、市ヶ谷台の元陸軍省ビルに集まった出席者は、米国側が参謀二部のR・P・マックェール中佐と化学戦将校のO・V・ケラー少佐、ソ連側からはレオン・N・スミルノフ大佐とニコライ・A・バゼンコ少佐である。

マックェール中佐は、石井を参謀二部の絶対的管轄下に置いたテイト大佐の後任。ソ連側のスミルノフ大佐は、ソ連検察局補強のためニュールンベルクの法廷から東京に送られてきた辣腕（らつわん）検察官である。

会談の冒頭、マックェール中佐はスミルノフ大佐に説明を求めた。

「ソ連側は、いったい、どんな材料、あるいは情報をつかんだうえでこの尋問を要求するのか」

米国側がいちばん知りたい要点である。スミルノフ大佐は通訳を通じ、以下のように答えた。

「終戦直後、ソ連は七三一部隊第四部の川島清少将と彼の部下、柄澤十三夫少佐を逮捕して尋問を行った」

スミルノフはこういって、日本人捕虜の証言内容を披露した。

「日本軍は平房（ピンファン）の研究施設、および安達（アンダー）にある野外実験場で、細菌戦の大規模な研究を行い、満州人や中国人馬賊を実験材料として使用した。実験の結果、総計二〇〇〇人が死亡した。平房には発疹（はっしん）チフスを媒介するノミを大量生産する装置や、コレラ菌や発疹チフスの病原体を大量に培養するベルトコンベヤ・システムが二基あった。ノミは三ヵ月で四五キログラムが生産された。コンベヤ一基でコレラなら一四〇キログラム、発疹チフスなら二〇〇キログラムの病原体が一ヵ月に培養された」

「発疹チフスを媒介するノミの生産は次のように行われた。発疹チフスに感染させたネズミを四五〇〇個の特別な缶に入れ、ノミにたからせる。しばらくした後、缶のなかの特製電灯を照らすと、感染したノミはネズミから離れ、取り外し可能なノミ取り容器に入ってくる。こうして大量のノミが集められる。感染したネズミにたかってから七時間後、ノミは発疹チフスに感染している」

「平房の研究施設では研究所で培養される各種培養菌の効力を試すデータを取得するため、人間を監房に入れ、いろいろな方法で感染させた。人間はまた囚人護送車で安達へ送られ、杭(くい)に縛りつけられ、おもに飛行機からの爆弾投下、あるいは噴霧など、実戦で撒布(さんぷ)するさまざまな方法で細菌を浴びせられた」

「これらの情報は当方にとって余りにも桁外(けたはず)れだったので、ソ連の細菌専門家が呼ばれ、再尋問を行い、平房の廃墟(はいきょ)を調べ、この情報を確認した」

　ここで米側マックェール中佐が質問した。

「大佐は〝平房の廃墟〟といわれたが、それは爆撃によるものか、それとも戦闘の結果であるのか」

「平房の施設は、日本軍の手によって完全に破壊されていた。証拠隠滅のためである。文書もすべて破棄されていた。残骸(ざんがい)しか残っていなかったので、わが方の専門家は証拠写真を撮るべきかどうか、迷う必要もないくらいだった」

スミルノフ大佐はこう答えると、米側に提案を示した。

「日本軍は満州人や中国人二〇〇〇人を殺すという恐るべき罪を犯し、これには石井中将、菊池大佐、大田大佐が関与していた。ノミや細菌の大量生産も非常に重要である。ニュールンベルク裁判でドイツの専門家は、ノミを使って発疹チフスの病原体を蔓延（まんえん）させることは細菌戦として最高の方法だと証言している。日本軍はこの技術をもっていたようである」

[1] スミルノフは、さらに、こう続けた。

「これらの情報を入手することは、ソ連にとってだけでなく、アメリカにとっても意味[3] あることだろう。そこで、尋問については日本人に戦犯になることは免れないと言わずに行い、同時に、尋問について口外しないと三人に誓わせることを当方は要求する[7] ……」

マックエールはソ連側の真意を摑んだ。「東京裁判」で彼らを裁くことより、ノミを使って発疹チフスを蔓延させる細菌戦の最新技術を手に入れたいということではないか……。彼は会談後、ソ連側から得た情報をワシントンへ報告する極秘文書にこう書き添えている。

「会談で得た情報は、米国でも既に知っていたこと、あるいは前任の調査官が疑っていたことと一致する。（培養菌の大量）生産の数字は新しいものである。人体実験については疑ってはいた。平房の研究施設が文書とともども完全に破壊されたという情報は、これまでに得た情報とも一致している」

マックェールはこの文書にサンダース・リポートとトンプソン・リポートを添付して本国へ送付した。米国のそれまでの二回の調査はおよそ表面的で穴だらけだったことをひたすら隠そうとして認めた文面だが、その事実は行間にあきらかだった。これに比べると、ソ連軍による尋問の執拗(しつよう)さには舌を巻く思いだったであろう。

口を割った柄澤十三夫

終戦の夏、捕虜としてソ連に抑留された石井部隊関連の軍医は少なくとも五名であった。ソ連国境に近い支部などへ配属されていた彼らは、多くの〝幸運な〟軍医が平房から飛行機で帰国したことなど知る由(よし)もなく、満州の平原に置き去りにされたのである。ソ連軍に逮捕されてから、かつて所属した部隊のことをひた隠しにしたのは当然のことだった。

しかし、ソ連側の尋問は執拗で過酷だった。この厳しい尋問に耐え切れず、ひとりの軍医がついに重い口を開けた。その軍医が、柄澤十三夫だったのである。少年隊として平房へ送られた篠塚良雄が配属された第四部細菌製造課、柄澤班のあの班長である。

実直というのが取り柄であり、それ以上に四角四面という評判の柄澤は、一九四四

（昭和19）年八月、平房の七三一部隊から関東軍第三方面第四四軍に転属になり、九月一日、奉天（現・瀋陽(しんよう)）でソ連軍の捕虜になった。ハバロフスクの第四五分所に入れられ、ソ連内務省の厳しい追及に責め立てられながらも、柄澤は歯を食いしばっていた。

　あの夏、東京から新京まで駆けつけた軍司令官が〈徹底的爆破焼却〉を命じたことは石井の「1945―8―16終戦当時メモ」に記録されている。

　その軍司令官、参謀本部作戦課の朝枝繁春主任は、新京の軍用飛行場格納庫のなかで石井四郎に会い、証拠隠滅を指令した後、いったん東京へ引き返した。そして、終戦から四日目の八月十九日、再度、新京の軍用飛行場へ舞い降りた。石井部隊の秘密が漏れるのを防ぐため、参謀総長の特命を受けた「軍使」という身分でソ連軍の侵攻が進む満州へ乗り込んできたのである。

　上空から見た新京はまだソ連軍に蹂躙(じゅうりん)されていない静かな佇(たたず)まいを見せているようだった。しかし、飛行機の車輪が滑走路に着こうという瞬間、自動短銃を手にしたソ連兵が機に向かって駆け寄ってきた。既に占領されていた新京の飛行場でソ連の捕虜になった朝枝は、九月五日にはシベリアへ輸送機で連行される。輸送機に乗せられたのは、関東軍総司令官山田乙三(おとぞう)大将以下、襟章や金モールをつけた軍服姿の日本人将校だった。輸送機がまず下りた先は、なんとハルビンだったので、その晩、市内の副市長の官舎に軟禁されると、朝枝は同じ屋根の下にいる関東軍の首脳をひそかに集め、口裏を合わせる会合を開いた。

「かねてソ連より睨まれている防疫給水部——石井部隊のことは必ず調査を受けることになるでしょうし、内実が発覚すれば、国際問題になります。ひいては陛下に……でありますから、あの部隊は統帥系統のものでなく、軍政系のもので陸軍省医務局の管轄下にあり、参謀本部や出先の関東軍司令部の知ったことではないということに……。ただ、全く知らないといえば、却って疑われる。間接的に聞いたことにして、誰かと訊問されたら、太平洋で死んだ者の名を出すことに……」

この会合に顔を揃えたのは、山田乙三大将、秦彦三郎総参謀長、瀬島龍三参謀ら二〇名ほど。石井部隊の中堅幹部であり現場で手を染めた軍医のひとりである柄澤の姿はなかった。とはいえ、この会合に出席した関東軍首脳部を通して、捕虜の柄澤にも同様の指令が伝わっていたはずである。

ソ連は石井部隊に異常なほどの関心を示した。朝枝はこう証言している。

「入ソしてまずわれわれは黒竜江沿岸にあった共産党高官の別荘に四〇日ほど軟禁されたが、明けても暮れてもしつこく呼び出されて、石井部隊のことを訊かれる。しかし、管轄違いと述べるわれわれの話の辻褄が合っていたので、あきらめたらしく、おかげで（発覚まで）二年は時間が稼げた……」

ソ連内務省はラーゲリ（強制収容所）に収容された日本人捕虜をひとりひとり丹念に

調査していった。ときには牢のなかに諜報員まで送り込み、対ソ情報関係者や、謀略、細菌戦の研究にあたった者を洗い出し、続々とハバロフスクにある二四の収容所に集めていった。細菌戦関係者は一〇〇人にも上り、一〇〇部隊の三友一男が第七分所に移されたときには、将官収容所に山田乙三総司令官、梶塚隆二軍医部長、高橋隆篤獣医部長らが収監されていた。

ソ連側は日本語が堪能な通訳を呼び寄せ、手製の七三一用語辞典まで用意して尋問にあたり、捕虜の供述にわずかな齟齬でもないか念入りに追及してきた。柄澤十三夫の収監されたハバロフスクの第四五分所には、柄澤の上司にあたる第四部長川島清も繋がれた。そればかりか、かつて柄澤班で倉庫係をしていた部下の佐々木幸助が、はるか千島列島のウルップ島から連行され、柄澤が教官をしていた平房の青年教習会に入り、のちには彼の下で働いたこともある軍属の尾関シゲオも集められたことを知ると、柄澤もついに自分が何者かを隠しきれなくなった。

「医師の良心としてすべてをお話しします」

と口を開いた柄澤の言葉は、ソ連の尋問調書（原文ロシア語）に以下のように記されてある。

「私はこの（細菌攻撃の）研究に参加し、実際、何も語りたくないのだが、語らなければ私の精神の重荷になってしまう。この研究、実験については日本軍人の誰かが説明することが義務と考えていたが、いま私が博愛のため医術に携わる医師の一人として説明したい」

平房の研究所本部で細菌戦研究に携わった軍医が初めて供述した言葉だった。延べ八〇人近い数の軍医を抱えていた平房の研究所にも、人間を実験に使うことに強い良心の呵責を覚える軍医がいたことの証しである。

その唯一の軍医が、東京帝国大学や京都帝国大学医学部出身のエリートでなく、依託学生として東京医学専門学校を出た柄澤十三夫だった。極貧のなかから身を起こして医者を目指した柄澤は、収容所のなかで、医師になろうと思った初心を振り返る思いだったのだろう。卒業後、軍隊に入るという約束で東京医学専門学校を卒業できた柄澤にしてみれば、それからの人生が彼の意志に反してどれほど極端な別方向へ捻じ曲げられてしまったか、改めて悟ったことであろう。彼は石井部隊のすべてを供述することによって、医師としての良心を取りもどしたいと思ったにちがいない。しかし、その供述がどれだけ政治的に利用されるか考える余裕もなかった。

もし柄澤の供述がなかったら、この先、七三一部隊の研究成果をめぐり、米ソが鎬を削る闘いを繰り広げることもなかったろう。そればかりか、大げさに言えば、日本人ばかりでなく、歴史上、後の世代に石井部隊の真の姿が語られることもなかったことになる。

ラーゲリに抑留された孤独な捕虜の身には、それだけ重みのある供述になろうという先見性も、見通しも、さらには思惑もなく、自らの悩みや迷いで十二指腸潰瘍になるほどのストレスと痛みを抱えながら、厳しい尋問が続くなかで、ついに自分の意思を語り始めたのだった。

一年間、口を閉ざしていた柄澤は、この一九四六年九月二十六日から三十日までの間に、部隊の編成と責任者、研究内容、設備、人体実験の事実、中国での細菌兵器使用などを詳細にわたって供述した。さらに、一九四〇年十月、浙江省寧波に対し行われたペストノミの上空撒布、翌年十一月に中部常徳上空から行われた同様のペストノミ攻撃について語り、

「総指揮官は石井四郎だった」

と証言した。

柄澤の上司で第四部部長だった川島も観念し、飛行機によるペストノミの撒布、ペストノミの入った陶磁器製爆弾の投下について供述を行い、

「責任者は大田大佐だった」

と証言。実際、大田大佐は一九四一年常徳で行われた作戦の指揮を取っていた。さらに、総務部長の立場にもあった川島は、天皇の命令書、部隊の資金と出費、マルタの供給と受領の仕組みなどについても供述した。

「東京裁判」に送り込まれていたスミルノフ検事はこの供述に驚き、柄澤をウラジオストックまで呼んで、自ら取り調べを行い、確認を取った後、柄澤と川島の尋問調書を英文に翻訳して、石井など三名の身柄引渡しを米国へ要求してきたのである。

最新秘密兵器「ペストノミ」

柄澤と川島の供述によって多くの情報を入手したソ連が、七三一部隊のペストノミについて異常な興味を示し、そのノウハウを知りたがったことは当然である。七三一部隊ではノミを大量生産し、その体内にペスト菌を入れたペストノミという兵器を開発していたことは、既に記した。ペスト菌をただばら撒(ま)いても病気を引き起こすことはむずかしい。しかし、ペストに感染したノミを撒布すれば、はるかに有効であることは実証済みだった。ペストノミは七三一部隊が発明した当時の最新秘密兵器だったのである。

サンダースもトンプソンもその報告で、人体実験のことはおろか、ペストノミについてひとことも触れていない。まして、「関東軍七三一部隊」という部隊の防諜名も摑めなかった。とはいえ、サンダースの尋問のなかで、実は、一回だけペストノミというキーワードが語られた記録がある。

横浜に到着してから三週間、石井部隊について何も情報をつかめず、暗礁(あんしょう)に乗り上げたサンダースの前に思わぬ事態が展開したのを思い起こして欲しい。サンダースに脅された内藤が部隊の組織図などを明かしたのである。その直後、サンダースは元大本営参謀の新妻清一中佐を尋問のために呼び出している。

その新妻中佐は総司令部にサンダースを訪ねるなり、

「あなたの任務は何だろうか」

と自分から切り出し、それから続いたサンダースとのやり取りを克明にメモした「尋問録」を保管していたことは既に記した。尋問からちょうど五〇年後、共同通信の太田昌克記者にこの「尋問録」を手渡した新妻中佐は、このほかいくつか貴重な記録も長い間大切にしていたことをあきらかにした。

そのうちのひとつが「田中淳雄少佐尋問録」で、田中がサンダースの前でペストノミという言葉を漏らしてしまったことがここに記録されていたのである。

一九四五年十月三十日、京都まで足を運んだサンダースは市内の都ホテルでこの若手の元軍医少佐に会い尋問をはじめた。尋問録によると、前半はS私室、後半ロビーとなっている。参列者はS中佐（サンダース）、Y中尉（ヤング）、N中佐（内藤）、T少佐（田中）。

田中淳雄は石井、増田、内藤らと同じ京都帝国大学医学部の出身。医学部へ入る前には同大農学部で昆虫学を専攻していたという経歴の持ち主だった。内藤のちょうど一〇年後輩にあたり、一九四二（昭和17）年に平房へ送られてきた。

終戦時の脱出経路をサンダースに質問された田中は、その年の七月、新京の北西約三〇〇キロにある白城でペスト患者が発生したという報告を受け現地へ急行。八月一日には、部下八名とともに新京市内の防疫業務に当り、ネズミ捕獲作戦を開始したことから話しはじめた。続いて、部隊での任務を訊かれると、主に「ペスト防疫だった」ことを明らかにした。

「P（ペスト）の攻撃方法はどんなものがあるか」

とサンダースは問いかけた。

「ノミの大量生産に成功しなかったので、攻撃方法については実際やるまでには至らなかった」

と田中は断りつつ、攻撃方法については（1）スパイによる手撒き、（2）飛行機による撒布、（3）「ウジ（宇治型）爆弾」による運用、（4）ネズミにノミをつけて投下などと口にしてしまった。

「イデー（アイディア）としては……」

という問いの答えとして出てきたものだったが、この後で、

「BW（細菌戦）の効果をどう思うか？」

とつづけたサンダースの問いに乗せられ、

「ペストノミは常在地に使用するなら有効だと思うが、ノミのいないところに撒いても

無効と考える」

と答えてしまったのである。

「今日は石井将軍がノミの増殖を命じたことを聞き、たいへん喜んでいる……」

ペストノミの言葉を聞いたサンダースはこういって、田中に謝意を示した。

「いろいろ話してくれてありがとう。君を苦しませてすまなかった」

サンダースがこの新情報に大いに喜んだ様子が受け取れる。翌日、待機を命じられた田中はペストノミについて突っ込んだ尋問が再開されると覚悟していた。ところが、意外にも、

「何の質問もなく終わりたり」

と尋問録には記されてある。サンダースはそれ以上の尋問をせず、京都を離れたのである。

不可思議なのは、サンダースが再度、田中尋問をしなかったことばかりでなく、「サンダース・リポート」には「ペストノミ」についての記述がなく、田中尋問そのものも全く報告されていないことである。

サンダースは田中尋問でこぼれ出たペストノミの価値に気づかなかったのだろうか。京都まで足を伸ばした目的は田中の尋問というより、爆撃を免れた古都の観光名所巡りだったのだろうか。

あるいは、田中が提供した情報の価値があまりにも大きかったため、占領軍サイドがあえてその内容をワシントンへ報告せず、自分たちのチャンネルへ閉じ込めてしまった可能性を太田記者は指摘している。少なくとも、占領軍のなかでも参謀二部がサンダースを懐柔していたことを匂(にお)わすいくつかのサインがあることだけ、ここで指摘しておきたい。

一方、田中の失言は石井部隊員の間に波乱を巻き起こした。新妻清一中佐が保管していた資料のなかにある「増田知貞大佐書簡」には、増田の動揺が記されてある。

田中尋問からたった一〇日後の十一月九日、新妻中佐の信書を携えた陸軍省軍事課の使者が、千葉県秋元村の農家に蟄居(ちっきょ)していた増田知貞のもとを訪ねた。石井の「終戦メモ１９４６」後頁(ページ)に、名前もなく記されていたあの住所である。

増田は終戦直後、二、三〇名の側近とともに釜山(ふざん)から船で下関に到着したことは、名古屋でインタビューした野口医師が語ってくれた。さらに、七三一部隊の運輸班員だった越定男は金沢からトラックで荷物を東京へ密かに運ぶとき、増田も一緒だったと証言している。その後、千葉県の増田のもとへもかなりの荷物を運んだという。

その増田がサンダースの尋問を受けたのは、この信書が届く一ヵ月前の十月九日、十一日と十六日。その後、米軍との接触は途絶えていた。

新妻中佐の使者が届けた「田中淳雄少佐尋問録」に目を通した増田知貞は、筆を取り、陸軍の便箋に「新妻中佐殿　十一月九日一九〇〇　於秋元村　増田大佐」と達者な毛筆を走らせた。

「Xを出せしは余り面白からずと愚考致し……」

新妻宛の増田の書簡には明らかにこう書かれている。「X」こそ、石井部隊のコード名でノミをさす隠語だった。増田はサンダースの尋問で田中がノミについて持ち出したことを「面白くない」と書いて不快感を示し、さらに「PX」つまり「ペストノミ」のキーワードを漏らした失態を思うと、こう綴っている。

「やがては少しずつ覆面が落ちてゆくのではないかと心配しており、新人の面会はかならず何事かが暴露していく結果となるに違いありません」

「新人」と彼が呼んでいる部下の若手軍医に追及の手が伸びれば、やがて覆面が落ち、部隊の秘密が暴露されるのではないか、と増田は心配した。陸軍の便箋五枚に綴られたこの私信のなかでいちばん目を引くのは、二頁目の欄外に書き足された以下の三行である。

「尚、内藤中佐の意見は㋟と㋭以外は一切を積極的に開陳すべし、という持論であり……」

㋟とは文字通りマルタのこと、㋭とは細菌戦攻撃を意味する隠語だった。サンダースの通訳を務めていた内藤良一は、マルタと細菌戦攻撃については秘密厳守、それ以外は積極的に答えるべきという持論を説いていたことが読み取れる。

新妻清一中佐の保管していたファイルのなかには「北野中将への連絡事項」という文書も残されていた。石井四郎に替わって平房の七三一部隊長を務めた北野政次への連絡事項で、陸軍の便箋に力強い筆跡で記された手書きの一枚である。

北野政次は終戦の年、石井の部隊長復帰にともない、第一三軍軍医部長として上海(シャンハイ)へ転出、終戦後もしばらく同地に留まった。米軍はその北野を探し出し、上海から米軍機で日本へ送還。一九四六（昭和21）年一月九日、厚木飛行場へ無事降り立った北野が、二日後、ホワイトサイズ大佐による尋問を受けたことは既に記した。トンプソンは同十一日に東京に到着、トンプソンの北野尋問は二月六日に行われている。

発見された「北野中将への連絡事項」は厚木に到着してから、他の部隊員と接触する暇もなかった北野政次のために作成された文書で、尋問の際の返答マニュアルとでも呼びたくなる一〇項目の極秘指令である。

「〇及び『保作』は絶対に出さず」

〇はマルタ、「保」とは㋭同様、細菌戦攻撃を意味する陸軍内の隠語。「作」は作戦にちがいない。第一項目に記されたこの一行の意味するところは、マルタと細菌戦攻撃作戦については絶対に口に出すなという指令である。明らかに内藤が立てた方針のことで、それを北野にも徹底させようという意図がはっきりしている。

「関防給は石井隊長以下尚在満しあり」

関東軍防疫給水部、つまり七三一部隊は、石井隊長以下なお満州に残っている、と口裏を合わせる指令である。

北野が帰国した一九四六年一月九日というのは、マッカーサーが日本政府に対してジェネラル・イシイを東京へエスコートし、総司令部に引渡すよう命令を出した日でもあった。石井が帰国していることは関係者のほとんど誰もが知っているこの時期に、石井以下七三一部隊はまだ満州にいると答えることは相当無理があったように思えるが、尋問官に北野は部隊について何も知らないという印象を与えたかったのだろう。

「『保研』に関しては石井隊長、増田大佐以外は総合的に知れる者なし」

「研」は研究のことである。「細菌戦攻撃研究」に関して訊かれたら、石井と増田以外に総合的に知るものはない、と返答するように命令したかなり巧妙な指令である。石井と増田だけが対応するということを徹底させることによって情報の一元化を図るのが目的。実際、トンプソンの石井尋問のなかで、石井自身が部隊の全貌(ぜんぼう)を知るものはないといって、

「私自身と増田知貞大佐のみが知っていたのです」

と答えていることを思い起こして欲しい。つまり、北野が入手した返答マニュアルは石井にも行き届いていたことが明らかになる。

この文書には日付も作成者の名前もない。しかし、この返答マニュアルが北野ばかりでなく、そのほかの部隊員にも配られていたことが新妻の言葉であきらかになっている。

「（連絡事項は）八〇枚ほど作られた。（個人的な文書では）ない」

新妻中佐は太田記者にこう話している。逝去半年前の一九九六年十二月のことだった。終戦時、平房の部隊には五三名の軍医がいた。既に、部隊を離れた軍医を含めると、尋問の対象になる軍医は八〇名を数えたのだろう。そのひとりひとりに「連絡事項」が書かれたのだろうか。あるいは、北野宛のもの以外に全員に宛てた一通の「連絡事項」が存在したのだろうか。わたしはワシントンに太田記者を訪ね、その点を尋ねてみた。

「北野宛の連絡事項が八〇枚つくられ、そのまま配布されたのです。ぼくが手に取った連絡事項もカーボン用紙で作った複製なのです」

この文面を認め、配布したのは誰だったのか太田記者もわからないという。恐らく内藤や増田が中心になって進めたと思われるが、部隊員のあいだの連絡は統率が取れていたというべきだろう。トンプソンの尋問でも見事なまでに回答が徹底されていたのは、「連絡事項」が配られたからである。

トンプソンは部隊員のあいだで何らかの情報管理があったことを敏感に感じ取り、彼のリポートに「情報提供者は尋問において明らかにしてよい情報の質と量を指示されていたように思える」と記していた。確かに、情報の質と量は内藤良一や増田知貞など幹部によって指令として伝達されていたのである。

米将校との会食

新妻清一中佐の保管していた尋問録や書簡には、P（ペスト）や㋟（マルタ）、X（ノミ）など、石井四郎直筆の「終戦メモ１９４６」にあらわれるコード名が使われていたことに気づく。これらは石井部隊内だけでなく陸軍内の隠語として使われたものも多かった。「井本日誌」にも㋭（細菌戦攻撃）やC（コレラ）が登場している。尋問録や書簡で意味のはっきりしたコード名を頼りに「終戦メモ１９４６」を再びはじめからひもといてみると、思いがけない事実が顔を出してくる。

１／11、２／11に続く３／11（十一月三日）には、相変わらず小さな字で細かい指示が続く。

佐藤という人物宛に記した三項目のなかに、以下の一行がある。

〈X及PはGの許す限り確保す〉

ここでいう「G」というのがGHQであれば、ノミ及びペストは連合国軍最高司令官総司令部の許す限り確保す、という一行になる。ということは、GHQはノミとペストについて知っていたのだろうか。もし、そうであれば、石井とGHQの深い関係を示す重要な一行になる。

〈㋚が大学で盛に㋭を調査している。警戒を要す〉

という一行は同日、池という人物宛の四項目のなかにある。

これは明らかにマレー・サンダースが大学で細菌戦を調査しているから警戒を要す、という意味にちがいない。しかし、この時期にまだサンダースの名前が出てくるというのは、どういうことなのだろう。既に記したようにこのメモにトンプソンの名前はない。

晩秋の11／11には「予定」と記され二二項目が続き、以下二行がとくに目を引く。

〈聯合國(れんごうこく)20／11招待時の買出し一覧表作製し、主なるもの打電手紙を出し置き返事を得ること（M用）〉

〈Mに池谷、佐藤　招待の状況報告を受けること〉

この後、14／11の〈予定　指示〉次頁から梱包(こんぽう)の一覧表が六頁続き、突然、アメリカ人将校の名前六名が英語で記されている（著者が英語を日本語表記にした）。

〈1．カール・エクランド大佐　C．H．②
2．カール・W・マイヤー大佐、バージニア州ベルボア出身、技術部
3．ジャック・J・ヒンメン・ジュニア中佐、米国陸軍技術部
4．A・C・テスター少佐、アイオワ州アイオワ市出身　技術部
5．H・H・ブラック少佐　情報部

6.S・イノウエ少佐　通訳〉

明らかに十一月二十日、石井の家で以上六名の米将校を招いた会食が開かれたことが読み取れる。六名の名前に続いて、二二項目のメモが記され、会食の席での会話やメニュー、感想などが記されてある。

〈ミスター・イシイを知っているか　まだ満州に居って帰らぬ〉

1 〈エクランド大佐が判定官をｍｐにまわす〉

〈Chl が訊問(じんもん)に出る　説明を聞く時も出る〉

3 〈Sanders はすぐ帰るが、カール（エクランド大佐）はもう二年もハン罪者の終るまでいる〉

7 以下、二二項目まで続くうち、会食に出席したMについて興味深い四項目がある。

〈ミスター・Mが知人で犯罪人ある人は寝ても起きても何でも死力を尽して援助す〉

〈Mはなぜ外交官にならなかったか。方針に引っぱられる。お世辞だろう。吾々(われわれ)は学者だからお世辞は云(い)わぬ〉

〈お誕生日だと云ったMのために合唱す〉

〈M以外は絶対に行かぬ〉

会食のメニューや飲み物まで記した項目がある。

〈スイモノ、サシミ、魚のボール fish ball、イカ、ツケヤキ、焼魚〉

〈日本酒、ビール、ウイスキーを飲む〉

〈抹茶をたててやった〉

会食は穏やかに進んだ様子に見えるが、

〈指導者が悪かったことを判明せり〉

〈まずい日本人会を見せた〉

と記しているところを見ると、あまりしっくり行かなかった様子である。

〈通訳が悪くて判(わか)らぬ。薄井つつ〉

最後のこの一行がいかにも石井の無念を語っている。通訳が良ければ、アメリカ人将校の語る意味がよくわかり、もっと意味ある会食になっただろうにという痛恨の思いだった。

しかし、一九四六年十一月の時点というのに、何故(なぜ)、〈Sanders はすぐ帰るが……〉とあるのだろう。一九四六年十一月といえば、日本国憲法が公布になったのが三日のことである。この日には一〇万人が宮城前で開かれた祝賀会につめかけた。こう思いながらノートを繰っていくと、十一月十二日の次頁に〈幣原(しではら)内閣方針〉と記されているのに気づく。幣原内閣が誕生したのは一九四五年十月九日ではないか。ということは、これは一九四六年のメモではなく、一九四五年のメモではないか。同じ頁には、

〈第一回宝籤　7／11締切〉

と記され、

〈宝クジ　1等　１００、０００円　１００本〉

と続く。調べてみると、第一回目の宝くじが発売されたのは、一九四五年十月二十九日のことだった。とすれば、このノートの日付は意図的に変えてあるのではないか。つまり、このノートのタイトルを記された年より、一年巻きもどし、「終戦メモ１９４５ー1ー11」としたら、全ての疑問は解消する。一九四五年十一月二十日に連合国将校六名を石井家に招待したのは、サンダースの調査が終わったからにちがいない。

日付は明らかではないが、十二月四日に続く頁にある、

〈Sanders の後任は誰になったか〉という一行も符合する。

このノートが記されたのが、一九四五年十一月一日から十二月二十一日までという事実が明らかになると、闇のなかから驚くべき真実が顔を出してくる。つまり、終戦直後、石井四郎が満州から帰国して若松町の自宅にいることをほんの一握りの米占領軍トップは知っていたのである。にもかかわらず、その事実を隠し、石井尋問を切望していた来日中の調査官のサンダースを欺いたのである。欺かれたのはサンダースばかりではなかった。石井四郎の居場所を探し回った参謀二部傘下の対敵諜報部隊をはじめとする占領軍すべて、さらにはワシントンの米政府までもが含まれる。

〈ミスター・イシイを知っているか　まだ満州に居って帰らぬ〉

という第一項目は、会食がはじまってすぐ話題に上った会話だったのだろう。〈ミスター・イシイを知っているか〉という問いかけに対し、〈まだ満州に居って帰らぬ〉と答えたのは、口裏合わせをした石井部隊員だけでなく、石井の居場所を知っていた米占領軍トップもであった。その米占領軍トップが誰であったか、石井春海の証言を思い起こしてみたい。

「ルーテナント・ジェネラル・イシイはどこにいるか」

厚木飛行場に降り立ったとき、マッカーサーが側近にこう訊いたと春海は証言。続いてこう語っている。

「マッカーサーは非常に科学的な方で、イシイならわかるはずだから聞きたいことがあるということだったのに、側近が誤解して、警察から召喚状が来たもので、石井が巣鴨に拘禁されると、大変だということで、服部参謀など陸軍省が父を隠した訳なの。それからは私にも分かりません。加茂にも確かにいましたね。何ヵ所か移ったと思います。日本特殊工業の宮本さんの東北沢のお宅にもいたと思います。その間の根回しは服部参謀がすべてやっていました」

石井四郎をめぐって生じた日米トップの誤解が目に浮かぶような証言である。厚木飛行場でマッカーサーを迎えた有末精三は彼のこの言葉を聞いて驚き、早速、石井四郎を占領軍から隠す画策をした。根回しは服部卓四郎に任せ、その間に有末はウィロビーを通じてマッカーサーと交渉していた様子が目に見えるようである。

石井の私設秘書

実をいうと、その間の事情を伝えてくれる重要な証言者がいる。終戦直後、私設秘書として石井四郎に仕えた元七三一部隊女性隊員で、平房での生活や石井の家で過ごした戦後の日々を『【証言】七三一石井部隊　今、初めて明かす女子隊員の記録』という本に記した郡司陽子である。一九一七（大正6）年、「加茂」のとなり町である、千葉県香取郡多古町に生まれた郡司は、一九四一（昭和16）年、七三一部隊の隊員と結婚して満州へ渡り、翌年から動物舎に勤務した。

ソ連が侵攻した夏、郡司は特別列車で平房から釜山へ向かい、引揚船で門司港へ、門司から特別列車で無事故郷へ帰り着いた。帰国して一ヵ月もしない九月末頃、動物舎の責任者で「技師殿」と呼んでいた石井三男から、「ちょっと加茂へきて手伝ってくれ」と声をかけられた。

その翌々日、「加茂」の石井家へ出かけたときのことを郡司はこう記している。

「はたして石井家には、七三一部隊にいた石井兄弟が全員そろっていた。技師殿夫婦、剛男さん夫婦、そして隊長が来ていたのだ。隊長だけが家族と別だったので、わたしは、

『隊長が来ていることは秘密だな』と思ったのだった」

このとき、石井家にはお手伝いさんが一人いたという。その女性も七三一部隊の関係者で、部隊員の娘に当たる人だった。彼女だけでは手が回りかねるので、信頼できる人間をもうひとりということになったのだろうと、郡司は記し、こう続けている。

「あいさつもそこそこに、その日からわたしは、石井家でいわば『私設秘書』として、働きはじめた。お手伝いさんを助けて、みんなの食事をつくったり、掃除したり、ときには裏手のほうにある石井家の墓掃除にいったりした」

石井家の食事はつましいものだったという。「隊長」の食欲は、ふつうだったが大きな体のわりには少ないように郡司には思えた。ふだん着ていなかった背広姿で、軍服姿でない「隊長」に郡司はどことなく馴染めないものを感じた。

「その頃、この地方でも『戦犯』追及が始まっていた。占領軍だけでなく、共産党も『戦犯』を探しているとのことだった。多古の近くでは、田んぼに出ている人を、アメリカ軍のＭＰがきて、『捕虜虐待』のかどで、ひきずりあげて連れていくという事件があったほどだ。

だが、『石井家は、国が守ってくれるから安心だ』という噂がながれていた。それでもみんな外出はしないで、ひっそりと家に籠っていた」

と著者はいう。

「隊長」はよく読書して、それに飽きると、裏庭に出て、庭木をいじるでもなく眺めていたようだった、という。それから一ヵ月後、

「一〇月も末のうすら寒い日のことだった」

と郡司は記している。

「夜一〇時頃、一台の自動車が石井家に入ってきた。中から、隊長の奥さんと二人の背広姿の男が降りてきた。わたしは、その二人の男は、隊長を守ってくれている人だなと直感した。元憲兵のような感じだ。

『閣下は……』といいながら、男たちは家の中へ入っていく。なんとなくあわただしい雰囲気である。奥さんの訪問といい、なにか異常なのだ。

家のなかでは、すぐ兄弟を交えてなにごとか相談が始まった。どうも、この加茂にいるのが危険になったので、至急移動した方がよい、という連絡だったようだ。

やがて技師殿が出てきて、わたしに向かって、『これから出るから、郡司、支度せよ』と命令する。いつもとちがって、厳しい表情だった。

わたしは大急ぎで支度をしながら、ふと腕時計をみた。時刻は、夜中の一二時五分過ぎだった」

「加茂」に石井四郎を迎えに行った背広姿の二人が「有末機関」の人間だったことはまちがいない。ひとりは有末自身、もうひとりが服部卓四郎だったのではないか。石井の

妻清子が同乗してきたのは、道案内のためだったろう。不案内な土地を夜間に訪れるには清子なくては不可能だった。

五人を乗せた黒塗りの大型車は闇のなかを疾走し、どこをどう走ったのか、夜が白々と明ける頃、立派な邸宅の前に横付けされた。ここが日本特殊工業の宮本社長の下北沢にある本宅だったと郡司は記している。この家には既に数名が待機していた。そのなかのひとりは七三一部隊の幹部の軍医で郡司にも見覚えがあった。恐らく内藤良一である。

昼頃になると、背広の二人組と軍医、隊長と郡司の五人が再び車に乗って出発。到着した先は東北沢にあるこぢんまりした家で、ここは宮本社長の妻の実家だったという。石井と郡司はそこで数日世話になり、再び移動した先が、驚いたことに石井の若松町の家だった。

黒塗りの大型車が石井を「加茂」まで迎えに行ったのは、共産党からの情報によって石井の居所が対敵諜報部隊に知られるところとなったからにちがいない。有末と服部は石井を東京へ連れてくると下北沢の宮本の家へそっと案内し、集まった内藤など数名の軍医とここで打ち合わせした。その間にウィロビーを通じてマッカーサーと交渉していたのである。

石井が「私設秘書」の郡司と東北沢の宮本の妻の実家にいた数日というのが、マッカ

7　3　1

ーサーとの交渉が最後の山場を迎えていたときだった。そのとき有末たちは、石井が占領軍の前に出頭すれば、米軍施設などでなく、若松町の自宅に軟禁されるという条件をマッカーサーから引き出していた。その条件が保証されたから、石井は自宅へ匿われることになった。

対敵諜報部隊のエリオット・ソープ准将はウィロビー部長の意向も気にせず、共産党から情報を入手して一歩一歩石井逮捕へと足場を固めていた。対敵諜報部隊の報告で石井が満州から帰国していることがワシントンへ報告される頃、サンダースの後任であるアーヴォ・トンプソン中佐に日本へ調査に出る行動命令が出された。

明けて一九四六（昭和21）年一月八日、石井は帰国して金沢市内か周辺に隠れているという情報を対敵諜報部隊が摑んでも、ウィロビーは若松町に潜伏している石井のことを秘匿していた。彼の強引さと権力、自信をまざまざと見せつけてくれる。

占領時代には数々の謀略事件が起きている。昭和史最大の謎とされる「下山事件」や「松川事件」、「帝銀事件」など、松本清張が「日本の黒い霧」と呼んだ事件の裏で策謀する参謀二部とその配下のキャノン機関などを陰で動かしていたのはウィロビーだったといわれる。しかし、ウィロビーの暗躍については未だに何も実証されず、すべて戦後裏面史のなかに消えていこうとしている。石井の「終戦メモ１９４６（１９４５）」は初めて暗闇のなかからウィロビーの謀略に光を照らしてくれる貴重な発見である。

一月九日、ソープがこの事実を全く知らされないままマッカーサーの許可を取り、マッカーサーの名前で日本政府宛にジェネラル・イシイを東京にエスコートし、総司令部に引渡すよう文書を送ったことが、どれほどの茶番だったか、いま初めてその謀略の事実が顔を出してくる。

一方、上海から米軍機で厚木飛行場へ降り立った北野政次は翌日、「有末機関」を訪れ、有末委員長から思わぬ言葉を聞かされた。

「アメリカ軍とはもう話がついていて、戦犯となることはない」

続いて訪ねたGHQで伝えられたのが以下の言葉だったという説がある。

「細菌戦のことは口外しないように」

こう命令したのは総司令部のなかでも参謀二部ウィロビー直属の将校だったにちがいない。石井の自宅へ招待されたカール・エクランド大佐、あるいは技術部のカール・W・マイヤー大佐のどちらかと考えて良いだろう。

その後、尋問を始めたトンプソン中佐がどれだけウィロビーに懐柔されていったか定かではないが、トンプソンもたいした情報を引き出すことなく調査を終えたことはたしかだった。少なくとも彼がまとめた「トンプソン・リポート」には「対敵諜報部隊はジェネラル・イシイが千葉に潜伏していることを突き止めた」と記してあり、石井を若松町に隠していたのが誰だったのか、まったく知らされていない様子がありありとわかる。

その「トンプソン・リポート」にも、米国立公文書館などで公開されている石井部隊関連の秘密文書にも、石井家で会食した六名のアメリカ人将校の名前は見当たらない。ところが、郡司陽子の著書には、なんとエクランド大佐が登場するのである。

郡司はトンプソンの石井尋問に居合わせた。もっとも、彼女にはトンプソンという名前などわかっていない。

「昭和二一年の早春（何月のことだったか思い出せない）のある日、三人のアメリカ軍のMPが、隊長の家にやってきた。いつも雑巾（ぞうきん）がけをしてピカピカにひからせている玄関の黒御影石（みかげいし）を土足で踏みつけると、ズカズカと靴のままで、二階へ上がっていった。MPは、しばらく二階で隊長と話していたが、その日は、そのまま帰っていった」

土足のまま家のなかへ上がられるのには困ったので、石井の妻と郡司は三号木綿で紐（ひも）のついた靴袋をつくったという。

「二、三日して、またMPがやってきた。今度は通訳とつばのある軍帽をかぶった偉そうな将校、それに若い将校が一緒だった。マッカーサー司令部から来たとのことだった」

と記している。その若い将校がトンプソンだったのだろう。

「それから、アメリカ兵の一行は、午前中、だいたい決まった時間にやってくるようになった。二、三日おきに、七、八回は来たと思う」

彼らは、短いときで二時間くらい、長くても半日以上はとどまらなかった、と郡司は記している。この間、二階の自室で寝ている隊長の枕元へ、お茶の葉をこして色をつけた水を薬壜につめて運んだ郡司は尋問の様子をつぶさに観察している。

「隊長は布団を敷いて寝ている。その周りにアメリカの将校が椅子に腰かけていた。書類のようなものを前にして、アメリカの将校が、静かに英語で何か言うと、隊長も英語で答えていた。それは訊問というより事情聴取といった雰囲気に思われた」

こうして七、八回を最後にアメリカ兵は、ぱったりと来なくなったという。

尋問が終わると、郡司は若松町を出て、下北沢の宮本邸で働くように指示を受けた。この屋敷には七三一部隊の元隊員や軍医がよくやってきた。なかには地方から上京してきた人もいて、屋敷に泊っていたという。

「彼らが屋敷に来ると、まるで符牒を合わせたように、マッカーサー司令部から将校たちがやって来た。きまって年配のおだやかな感じの高級将校、やや若い将校、それに日系二世の通訳が一緒だった。二階へ上って、日本人の『客』となにごとか話し合っている。訊問というはりつめた空気はなかったが、もちろん雑談でもなかった。日本人のほうは入れ替わったが、アメリカ人のほうは、いつも同じ顔ぶれだった」

郡司は通訳のヨシダさんと仲良くなったと記している。三〇代前半くらいの小柄な日系人で、語尾をはねあげるような変なアクセントだったが、日本語は上手だったという。

親しくなったとはいえ、二階で何をしているかは、絶対にしゃべらなかった。ちなみに、石井の家の会食に集まった六人のアメリカ人将校のうちの日系人通訳は、イノウエという名前だった。

宮本邸におけるアメリカ人将校と石井部隊関係者との尋問が終わると、上等な牛肉のスキヤキでお別れパーティーが開かれた。二階の和室に、アメリカ人が三人、日本人が三、四人集まり、なごやかな会食だったという。

1 「この席で、はじめてヨシダさんが、わたしたちに、年配のアメリカ人の高級将校を、
マッカーサー司令部の首脳部のエクランド・カール大佐だ、と紹介してくれた。大佐は
3 ニコニコしてうなずいた」

トンプソンの尋問にいつも立ち会ったのが、エクランド大佐（あるいはカール大佐）
7 だったのだろうか。そうだとすれば、エクランド大佐こそ、ウィロビーの特別命令を受
けて石井と部隊員の情報を独占し、ワシントンから来たサンダースやトンプソンにはすべてを渡さない命令を受けて立ちまわる責任者だったのである。

欺瞞に満ちた二幕作戦

マッカーサーは厚木飛行場に到着する以前から、ジェネラル・イシイを配下に収め、石井部隊の研究成果を独占したいと考えていたのは確かである。満州の原野に巨大な研

究施設を設け、最新技術を導入した細菌兵器を開発していたと聞いただけで、同じ軍人として武者震いするくらいの興奮を隠せなかった姿が思い浮かぶ。同時に、彼の人格の中心に深い亀裂（きれつ）を作っていた強い自尊心と謙虚さの欠如が、東京に来ると病的なまでに悪化し、その欠陥によってますます毒されたのがワシントンとの関係だった。

軍人の家庭に生まれ、軍人として教育されたマッカーサーは、軍部で出世すればするほど、文民優位の伝統に頭を押さえつけられていると憤慨し、文民は将軍に戦争のしかたについては指図すべきでないと確信していた。

陸軍参謀総長になったときですら、フランクリン・ルーズベルト大統領のニューディール政策が彼の信奉する保守と軍部の伝統を馬鹿（ばか）にしていると思って反発した。ルーズベルトは退任する参謀総長を軍事顧問としてフィリピンに送り出すことで、本土からうまく締め出すことに成功し、その後、マッカーサーが日本で指揮をとることに反対していた。しかし、彼の死後、トルーマンがマッカーサーを占領軍最高司令官に選んで東京へ送ったのである。沖縄であまりにも大きな損害を出した陸軍に対する批判をかわすための、さらに自己宣伝に関して天才的なマッカーサーに対する好意的世論を考えての選択だった。

マッカーサーはマニラから東京に向かう飛行機のなかで、機内を歩き回りながら、「向こう六年間にわたってわれわれの任務と生活を支配する政策」を不意に思いついた、

と側近のホイットニーは回想している。まるで神託のように語った言葉は、「自分は東
洋人の心に精通しているといって日本の変革を布告」したもので、その後、「英雄神話」
のように語られるようになった。

しかし、マッカーサーが語った内容は、実は、東京へ到着する数時間前に受け取った
「降伏後におけるアメリカの初期対日方針」（一九四五年十一月三日に正式に送付）の骨
格であり、彼自身がこの覚書によってワシントンの支配を受けることから逃れられなか
1 ったのである。

米国務省と陸軍省は、マッカーサーの改革案なるものの大半を本人が東京に着く数ヵ
3 月前に作成しており、その後の三年間は、これらの改革案を実行するよう彼を説得しつ
づけた。その改革案の政策立案者は、ＳＷＮＣＣと呼ばれる国務省、陸軍省、海軍省の
7 三省調整委員会という非公式機関で、極東委員会（ＳＦＥ）によって実際の原案が作成
され、提出されるというシステムになっていた。さらに、この案については統合参謀本
部（ＪＣＳ）の賛成が不可欠だった。マッカーサーは日本における大君ではあったが、
その彼も政策決定ができるわけでなく、これだけの足かせをはめられたことによって、
彼の強い自尊心と謙虚さの欠如が病的なまでに悪化したと考えられるのである。

とはいえ、ワシントンと極東の日本との距離はあまりにも大きく、ワシントンの直接
的な監督もわずかしか及ばないこの国で、マッカーサーは「大君」としての権力や名誉

を楽しむことができた。なかでも、石井部隊の最新兵器こそ、ワシントンに渡してはならぬ、彼自身の独占物になるはずだった。

彼のライバルであるトルーマン大統領やディーン・アチソン国務長官などの文官は戦争の仕方など少しも理解しないために、戦争に関する決定について、とくに米国が手に入れていない最新兵器については、自分が手に入れるべきものだ、とマッカーサーは解釈したにちがいない。

しかし、一九四七年のソ連の要求がすべてを打ちのめしてくれたのである。マッカーサーは単独でソ連と取引することも、まして決定を下すこともできなかった。

そのうえ、前年七月、ワシントンはマッカーサー宛に極秘電報を送り、「米国の安全を脅(おびや)かしたり、科学研究および開発の分野で米国の利益を侵したりすると判断された重要情報については、統合参謀本部の許可を受けるか、SWNCCの承認を得ない限り、そうした情報を出すことは禁止される」と命じていた。

一九四七年一月一日、マッカーサーは米極東軍司令官に就任していた。その一ヵ月後、ワシントンの陸軍省へ送った電報は、彼の二〇〇〇日のなかでも、もっとも熟考を要する難しい文面だったにちがいない。

二月十日付で送られた電報は、ソ連の捕虜となって供述をしている川島少将と柄澤少佐の名前を出さず、身元不明の捕虜とぼかすことによって、二〇〇〇人の犠牲者を出した人体実験について、極東軍にとっては寝耳に水だったことを巧妙に隠し、既に知っていた事実であるかのごとく記している。そのためにソ連側の要求に操作を加え、あたかも知っていた事実のように記すという巧妙さがあきらかである。

「当地の考えでは、(尋問を許可しても)米国がまだ知らない情報をソ連が日本人から入手する可能性はほとんどない。さらに、尋問に立ち会えば、ソ連の尋問を通じて、何らかの追加情報が得られるかもしれない。これらの尋問をソ連に許可すべきかどうかの判断を要求する」

1 ソ連は連日のように尋問許可を求めてきた。しかし、ワシントンは即答しようとはせず、ついに回答が送られてきたのは一ヵ月以上後の三月二十日だった。

3 「統合参謀本部からマッカーサーへの最高機密」と記された極秘電報には、ニミッツ提督、リーヒー提督など、八名の陸海軍トップ以外への電文コピー配布は許可されない、

7 と厳重に明記されていた。

マッカーサーの欺瞞に満ちた電報に対し、ワシントンも姑息(こそく)な手段を考えだした。そこには、「友好国に対するジェスチャーとしてソ連の尋問を許可する」という方針が示され、そのために特別訓練を受けた専門家を派遣し、その専門家がソ連側尋問前に石井、大田、菊池を尋問するという二幕作戦である。

四月一日、ワシントンは尋問を担当する専門家としてノバート・フェル博士を選んだ

と連絡してきた。四月六日に命令が下り、フェル博士が日本へ到着したのは九日後の十五日だった。

第十章　鎌倉会議

ノバート・フェル博士はキャンプ・デトリック予備実験部の主任で、細菌学のさまざまな分野で経験を積んだ科学者だった。ワシントンからの電報にあるように博士は、「菊池大佐と大田大佐、石井中将の尋問、さらにはソ連の尋問を監視するため、特別訓練を受けた専門家」として日本へ急派されたはずである。

ところが、調査終了後一九四七（昭和22）年六月二十日付で提出された「フェル・リポート」には、意外なことに、ちがった内容が記されてある。

「日本の細菌戦組織（防疫給水部）旧部隊員から多くの匿名の手紙を受け取った参謀二部は、手紙に記されている各種人体実験についての情報が十分信頼できると判断したので、その情報を吟味するため、キャンプ・デトリックから専門家派遣を要請した」

とあるのだ。

この時期、参謀二部が石井部隊に関する匿名の手紙を多く受け取っていたことは、確かであった。そのなかには旧部隊員からの投書もあり、人体実験について告発する目的で書かれたものがあったこともあきらかである。しかし、「フェル・リポート」の右の記載は、それまでの米国の調査で把握できなかった部隊の秘密を、ソ連から突きつけられた失態を隠すためにこじつけた派遣理由としか思えない。こんな理由を文書化しなければならないほど、この使命がどれだけ複雑なポリティックスの上で極秘に行われたかがこの数行に垣間見える。

四月十五日、日本到着とともに、「集められた資料に目を通した結果、これらの情報は十分信頼できると判断し、細菌戦部隊の幹部の再尋問が必要と考える参謀二部の意見に同意した」

と博士は続け、さらに、こんな記載がある。

「いくつもの幸運が重なり、さらに、ひとりの有力な日本人政治家（彼はアメリカに対して全面的に協力することを願っているようである）の助力が得られたので、日本の細菌戦の鍵となる医学者と連絡が取れ、彼らはすべてを明らかにすることに同意した」

実は「フェル・リポート」には二種類ある。上記は六月二十日付、化学戦部隊長宛の文書第００５号、いわば表向きの文書である。もう一通は六月二十四日付、参謀二部ウィロビー部長宛の文書第００６号で、石井を含む部隊員の尋問録が添付されている。

フェル博士がアメリカ政府向けとGHQ参謀二部向けの二種類の文書を作成したことは、いかにもキャンプ・デトリックから派遣された調査官の微妙な立場をあらわしている。彼はワシントンの要請を満たさねばならず、そのためにはウィロビーの協力なしには何も進まなかった。ワシントンと東京の間には、微妙な温度差があったことをフェル博士は身をもって実感したであろう。

一方、ウィロビーは来日したフェル博士をどう迎えただろうか。彼らが若松町へ出かけてディナーをご馳走（ちそう）になるほど石井四郎と親しくしていることなど、フェル博士には絶対に隠さなければならなかった。まして、サンダースを欺（あざむ）いたことなど、知られたくない秘密も多く抱えていた。しかし、ウィロビーがその気にさえなれば、フェル博士のために、石井、内藤ほか主要幹部の尋問をアレンジすることなど、たいして難しくなかったはずだ。ところが、フェル博士は、

「いくつもの幸運が重なり、さらに、ひとりの有力な日本人政治家の助力が得られた……」

と、いかにも尋問に漕（こ）ぎ着けるまでの道程が、遠く、難しかったかのごとく記している。

その「ひとりの有力な日本人政治家」の名前は、文書第006号の尋問録に浮かび上がってくる。亀井貫一郎（かめいかんいちろう）といい、一九二八（昭和3）年以来、衆議院で四回当選した外交官上がりの政治家。戦前、ニューヨークのコロンビア大学院で博士号を取得、英語を自由に操り、国際事情にも明るかったため、七三一部隊と米軍の橋渡し役を引き受けた

といわれている。

しかし、亀井貫一郎とはいったいどんな人物で、何のために七三一部隊と米軍のあいだに立ったのだろうか。

彼について残された資料は少ない。唯一(ゆいいつ)、財団法人・産業経済研究協会によって刊行された『回想の亀井貫一郎――激動の昭和史を陰で支えた英傑』という本を見つけた。亀井自身がこの財団の創設者であり初代理事長であっただけに、前書きにはこんな賛辞がならぶ。

「外交官・政治家・学者・思想家と幾つもの顔をもって、明治・大正・昭和という日本近代化の激動期に、国家社会に大きく貢献した傑物の伝記が早くから期待された」

巻末には亀井自身による履歴がある。「五十年『ゴム風船』を追って」と題し、「学歴・官公歴・職歴」と始まる詳細を極めるもので、八二頁(ページ)も延々とつづく。

これによると、亀井は自らを「忍者である、風者である」と語ったというが、その足跡を振りかえると、たしかに幾つもの顔に包まれて捉(とら)えようがなく、大きく揺れ動く歴史の襞(ひだ)のなかで、陰に陽に動きまわってきた人物であることが伝わってくる。

元津和野藩主の一門として一八九二（明治25）年誕生というから、期せずして石井四郎と同年生まれに当たる。第一高等学校から東京帝国大学法学部卒、外交官試験にパスし、当時の外務大臣、後藤新平によって天津(テンシン)やニューヨークへ送られ、コロンビアやハ

1 3 7

ーバード、ミュンヘン大学などに学んだ後、国際情報分析の特別作業の専門家になった。つまり、亀井は情報要員であった。アーノルド・トインビーやマックス・ウェーバーの知己を得たのもこの頃で、とくにウェーバーには弟子入りしたと本人が語るほど心酔したらしい。

政治的には開明的と見られ、無産党と称された社会民衆党代議士になる。その後、近衛文麿を擁して総理大臣を公選するための憲法改正を行い、統帥権をもつ行政の長としての総理を打ち立てようと画策した。その目的は、満州事変の善後処理、日中関係の改善を図ることだったというのである。

大陸での戦争が拡大すると日中戦争の収拾と対米英戦争回避をはかる一方、次には急転して、大政翼賛会の東亜部長を引き受けるという豹変ぶりをみせた。時局の趨勢によって左右を行き来する様子が窺える。

開戦後には、戦争に反対したため、禁固八ヵ月執行猶予一年の判決を受けたという。とはいうものの、ミッドウェイ海戦で戦況が不利になってからは、科学技術動員による科学技術戦争を進言した。その内実は定かでないが、東条首相の同意を得て、「財団法人聖戦技術協会」を設立、その理事長に就任したというのである。

戦後、「陸軍の依嘱に基き協会として日本陸海軍の開発したる一切の秘密兵器を復元し、米国国務総省担当者に引渡し、研究関係者の戦犯特免の了解を得る」と職歴にあるが、そんな事実があったのだろうか。また彼の役割も不可解なところばかりで、以下に続く職歴にも首を傾げたくなる。

「連合国総司令部SCAP、特に米国占領軍総司令部より協会の存続を認められ、協会名を『常民生活科学技術協会』と改称せしめられる。その理事長たり又（SCAP）参謀二部の特別顧問となる」

第七章で記したように、トンプソン来日前に開かれたといわれる「鎌倉会議」では、数名の石井部隊幹部と米軍の担当者が免責について話し合い、合意に達した、と言われている。その有名な「鎌倉会議」を仕組んだのが、鎌倉に住んでいた亀井であったろう、というのが研究者のあいだの推測である。

サンダースによる調査でも、増田知貞尋問の通訳を引き受けたのが、実は、亀井だったことが、新妻中佐の保管していた「増田知貞大佐尋問録」のなかに記されている。

実際、文書第005号を見ると、亀井は増田のスポークスマンと記されているし、さらに、内藤をしかけてサンダースから戦犯免責を引き出したのも、実は、亀井だったという説まである。免責に関する米軍との交渉には、影のように裏で糸を引いた形跡の見える亀井が、フェルによる尋問ではなぜ、表に出て医学者との交渉に当ったのだろうか。

「一九人の医者によるリポート」

一九四七年四月二十一日、フェル博士は初めて亀井に会った。参謀二部のマックェール中佐と通訳の吉橋太郎、さらに荒巻ヒロトと名乗る亀井の秘書が同席したと尋問録にある。それは尋問というより、フェル博士が亀井に〝アドバイスを求める〟とでもいうべきもののようだった。翌日、亀井はまず増田知貞のところに出かけて話を聞き、その話の内容をフェルにこう伝えた。

「増田はあなたに協力したがっているが、攻撃的な細菌戦（人体実験）の開発に関する情報は非常に微妙であり、これに関わった日本人は話したがらないそうですよ」

さらに、石井が部下のあいだでは非常に評判が悪いので、部下の何人かは総司令部宛に、石井が人体実験の指揮をしたという匿名の手紙を送り、戦犯として裁かれるべきだと訴えた。そういうアンチ・イシイ隊員による告発文が占領軍に送られたことを聞いた多くの隊員は、石井だけでなく、自分たちも戦犯として訴追されることを恐れるようになった、と亀井は言って、こう続けた。

「（人体）実験の詳細にわたる成果を実際に知っている隊員に、あなたの調査が純粋に科学的見地から行われるものであることを納得させることができれば、より多くの情報を引き出すことができるのです」

彼はまた、中国軍に対して細菌戦が行われたことは疑問の余地がない、と続け、増田の友人である内藤良一と金子順一が人体実験に関する確実な情報をもっているから、この三人に会うことを勧めると迫った。

フェル博士が内藤、金子、増田を初めて尋問したのは四月二十八日のことである。三人はそれぞれのもつ情報の概要を提出するよう指示された。

翌日、三人は概要をもってあらわれたが、そこに記されていたのはサンダースやトンプソンの尋問で既に述べたことや細菌戦の防御面のことばかりだった。フェル博士はソ連による川島少将と柄澤少佐の尋問記録を三人の目の前に突きつけなければならなかった。

「川島少将は細菌戦では重要な人物ではなかったはずだ。……柄澤は有能な医者で病原体の大量生産をしていた」

「全体で一〇〇〇人から二〇〇〇人の人間が実験に使われたなど聞いたことがない……」

ソ連による柄澤と川島の尋問記録を読みながら、三人はそれぞれ勝手な意見を交わした。通訳の吉橋太郎が止めに入ると、ついに内藤が口火を切った。

「われわれは博士に協力したいが、友人に対しても責任がある。私たちは人体実験について暴露しないという誓いを立てました。仲間の誰かが戦犯として裁かれるのを何より恐れるのです。他の部隊員がどれだけ情報を提供するかわかりません。もし、博士が戦犯免責を保証してくれれば、おそらくすべての情報をそろえることができるでしょう。部下たちが詳細を知っているのです」

さらに、部隊員のなかには共産党員もいるから、彼らにコンタクトすればソ連に情報を伝えるかもしれない、と脅迫めいた言葉を口にした。

続けて、尋問録にはこう記されている。

「日本人は戦争犯罪に問われないと保証された。フェル博士は三人がもってきた概要を
1 読み直し、さらに必要な部分を指摘した」

ここで、戦犯に問われないと記されたフェル博士の言葉がどんな形で保証されたのか、
3 何の説明もない。人体実験の情報がどうしても欲しかったフェル博士が要求を受け入れ、口頭で約束したように見えるが、その裏にどんな事情が隠されていたのだろう。また、
7 どんな約束が交わされたのだろうか。フェル博士は誰の了解をとって、こんな約束ができたのだろうか。

翌三十日、増田、金子、内藤はフェル博士に会い、手直しした概要を渡した。増田はこう続けた。

「一九三二年から始められた人体実験について、サンダース博士はまちがった情報を受け取ったわけではない。彼にはすべてを話さなかったのです。ソ連とアメリカが情報を独占しようと競う現在、私自身はアメリカに協力したいと思っています。もはや、人体

実験に関して暴露しないという誓約は無効と感じ、内藤氏も同意していることから、こうした結論に達しました」

増田が「人体実験が一九三二年から始められた」とここで話したことから、初めて平房（ピンファン）へ移る前の「背陰河（ベイインホー）」でも人体実験が行われていたことが確認されたことになる。

一九三二（昭和7）年といえば、その年二月に日本軍がハルビンを占領、四月に「防疫研究室」が新設され、八月から一ヵ月、石井と増田が満州へ出張に出たことが記録されている。石井は大型の野戦用濾水機（ろすいき）を完成、「東郷部隊」の活動が開始されるのは翌年のことであり、こんな初期から人体実験が始められたという増田の言葉は衝撃的ですらある。

さらに、サンダースについて以上のように触れたことは、増田のなかにサンダースを騙（だま）したという罪悪感が多少なりともあった証（あかし）であろう。

フェル博士には次の報告が提出されることになった。

増田「炭疽（たんそ）菌とペスト菌の人体に対する最低有効投与量」

内藤「バクテリアに皮膜を施す方法」

金子「粒子のサイズの計量法」

この日の増田の提案で、六〇頁に及ぶ英文の「一九人の医者による（人体実験）リポート」が作成されることになった。

続いてフェル博士は、ソ連が要求している菊池や大田、石井の尋問を着々と進めた。すべての尋問には参謀二部のマックェール中佐が立ち会い、吉橋太郎が通訳を務めた。

ソ連による尋問

ソ連側の尋問がどういう形で行われたのか、「フェル・リポート」を含め米国側の資料には何の記録もない。これまでのところソ連側の資料にも発見されていない。しかし、ソ連の尋問には、マックェール中佐と通訳の吉橋太郎が立ち会っていることが確認されている。その二人とも残念なことに既に他界した。

吉橋太郎については取材を開始した時点ではまだ健在だった。わたしは何とか一目でもこの日系アメリカ人に会って、話を聞かせてもらいたいと切望したが、既に癌に冒され入退院を繰り返している状況ではとても無理だった。それから一年もしないうちに訃報が届いた。二〇〇二年一月二十九日、八十八歳の波乱に富んだ人生を閉じた吉橋太郎は、総司令部の参謀二部で活動した時期にかかわった深い闇の一端について胸に秘めたまま、アーリントン墓地に埋葬された。

生前、隠れるように暮らしていた吉橋を探し出しインタビューに成功したのは、カリフォルニア在住のジャーナリスト野口修司である。早速、野口に連絡してみると、快く、一九九二年に行ったインタビューの内容を教えてくれた。

野口によると、米国はソ連側に情報を渡さないために、予定通り事前に米国だけで尋問、その時にソ連側に伝えてはならない点を申し渡していた。

「スミルノフによるソ連の尋問は、非常に厳しい態度で臨んできたというのをはっきり覚えています」

吉橋はこう回想していた。

野口の取材メモには、米国、ソ連の尋問が次のような日程で行われたとある。

石井への尋問は米国側が五月八、九日、ソ連は五月十五、十七、十九、六月十三日の四日間。一方、菊池斉大佐への米国側の尋問が五月一、二、五日、続いてソ連側が五月六、七日。

「菊池は非常に怯(おび)えていました」

と吉橋は証言している。実際、文書第006号に添付された尋問録にもその様子がはっきりしている。

菊池はフェル博士とマックェール中佐の前で、何の情報も漏らそうとしなかった。手を焼いたマックェール中佐がソ連による川島少将と柄澤少佐の尋問記録を突きつけなくてはならないほどだった。それでも質問に答えようとしない菊池に対し、吉橋が時間をかけて説得した。

「この尋問は科学的かつ技術的データを得るためのもので、〝戦争犯罪〟に関するものではないのですよ」

さらに、吉橋は他の日本人は協力的だとも付け加えた。それでも渋る菊池に米国側は相当手を焼いた様子が明らかである。

一方、病気を理由にフェル博士の米国尋問団を自宅に呼びつけた石井は、既に参謀二部から、ソ連には詳細を漏らさないよう警告を受けていたことを明らかにしたという。参謀二部がフェル博士に先まわりして石井にアドバイスを与えていた舞台裏の事情が見えてくる。石井はさらにこう続けた。

「私は技術的データを渡すわけにはいかない。詳細などは知らん。知っていたことも忘れてしまった。すべての記録は破棄された。全般的な結果だけなら教えましょう」

彼は、日本の細菌戦が中国とソ連の諜報員(ちょうほういん)による細菌兵器使用の結果、強制的に始められたものだと語り、

「私は平房で行われた全体の責任を負っていた。私はすべての責任を喜んで引き受けるつもりである。自分の上官も部下も、実験の指示を出すことには関係なかった」

と続けると、フェルに取引を申し出た。

「もし、あなた方が私自身と上官、部下宛(あて)に文書で免責を保証するなら、すべての情報を提供できるのです」

続けて石井は、すっかり米国側になびいた様子で、

「細菌戦エキスパートとしてアメリカに雇っていただきたい」

　とフェルに売り込み、

「ソ連との戦争準備のために、私の二〇年にわたる研究と実験の成果をアメリカに提供できるのです」

　と誇らしげに語るのだった。

　石井はフェル博士から、人体実験、ノミの大量生産、中国に対する実験についてはひとこともソ連に漏らさないよう、また米国側から受けた指示についても決して口にしないよう警告を受けた。

　さらに米国側は、この日、病気を訴える石井の健康状態を診察するために、軍医を連れてきていた。「病気」を理由に、ソ連側の尋問を拒否することができないかと考えていたのである。しかし、軍医は石井の健康状態が「良好」であると診断、

「アメリカ単独にしろ、ソ連と一緒にしろ、尋問に臨むことに問題はない」

　と言い渡した。

　健康診断の後、掌（てのひら）を返したように石井が協力的になったのは、ソ連の尋問が迫っていることを覚ったからだろう。短いはずだったこの日の尋問は二時間にも及んだと尋問録には記されてある。フェルはこの日の尋問で、石井ならびに彼の上官や部下に対する「戦犯免責」はワシントンでまだ決定されていないと率直に述べている。それにもかか

わらず、石井は「必要なことはすべて話す」と宣言し、

「(細菌戦) といっても広範囲にわたるため、フェル博士が興味をもつ分野について知りたい」

と尋ねた。

この先、尋問はスムーズに進んだが、相変わらず石井が一般論しか語らなかったのは、彼自身、技術的な詳細について知らなかったからである。それでも、石井は炭疽菌について次のようなコメントを残している。

「炭疽菌についていえば、もっとも有効な菌であると確信しました。量産できるし、抵抗力があって猛毒を保持し、致死率は八〇パーセントから九〇パーセントにのぼる。最も有効な伝染病はペスト、媒介節足動物による最も有効な病気は流行性脳炎であると考えました」

ソ連側の尋問に立ち会ったもうひとりの証人が石井の長女、春海である。ソ連尋問団一行三名が若松町の石井宅を訪ねてきた日のことを、春海は「ジャパン・タイムズ」紙のインタビューに答えてこう語っている。

「ある日、アメリカ人将校から、ロシア人将校が父を訪ねてくると聞きました。彼は私に、アメリカ人と親しいそぶりは見せてはならないと警告したのです。ところが、家に

は中国から連れてきたペットのサルがいました。このサルはカーキ色の軍服を着たアメリカ人が大好きで、尋問の最中に悪戯してアメリカ人に飛びついてしまったのです。アメリカ人はばつが悪そうに、ロシア人大佐の顔色を窺っていました」

ソ連側の尋問後、吉橋が聞いたところによると、石井がそれまでの研究データをすべて渡してくれれば、ソ連は一〇万円支払う用意があると石井の補佐官に話したという。もちろん、ソ連が石井に一〇万円支払ったかどうかは、不明である。さらに、石井の補佐官というのは誰なのだろうか。石井メモに登場するMのことだろうか。

スミルノフは明らかに石井尋問に失望した、と吉橋は証言している。

「〝病気〟のイシイは、スミルノフの質問にきちんと答えられなかったのです。そのために尋問は短時間で終了しました」

さらに、吉橋はスミルノフが憤慨してこう口にしたのを記憶している。

「イシイが自分たちの手にあれば、もっと前にいろいろ聞き出すことができたのに……」

明らかにソ連による石井・大田・菊池の尋問は成果の乏しいものだった。ソ連にいかなる情報も与えまいとするアメリカ側の作戦は見事に成功したのである。

ノバート・フェル博士はソ連による三名の尋問がつつがなく終了したことを確認し、彼自身も大田澄、村上隆、一〇〇部隊の若松有次郎獣医少将の尋問を終わらせると、六月に入ってから嬉々としてアメリカへ帰って行った。

六月二十日付の「フェル・リポート」文書第００５号によると、「一九人の医者による（人体実験）リポート」が完成するまでに一ヵ月かかったとある。このほか、「穀物への攻撃に関する研究」の報告が入手できたという。

「中国の市民および兵士に対して一二回の細菌兵器による攻撃が行われた」ことを博士は確認し、その結果と概要および被害を受けた地域の地図を入手した。さらに「風船爆弾に関わった専門家の短い報告」では、細菌をばら撒くために風船爆弾の使用が検討されたが、不満足な結果に終わったという報告が含まれる。

このほか、細菌兵器用の各種病原体によって死亡した「二〇〇人以上の捕虜から作成された顕微鏡用標本」約八〇〇〇枚があることを突き止めた。「ペストの自然的および人工的感染についての報告」も入手。さらに、「石井の二〇年間に及ぶ経験に基づく英文の報告」は七月十日には入手可能、とある。

続いて「一九人の医者による（人体実験）リポート」の要約が続き、病原体ごとに、感染に必要な最低量や感染方法が示されている。報告された病原体は、炭疽菌、ペスト菌、腸チフス、コレラ、鼻疽菌、流行性出血熱ウイルスなど、リポートの最後には以下の結論がある。

「日本軍が研究した細菌兵器用病原体のうち有効なのは、炭疽菌とペスト菌だった。

……日本人は真実を述べていると私は信じるが、すべての報告を分析した後、日本人に聞きたいもっと突っ込んだ質問が出てくるかもしれない。……人体実験のデータは計り知れない価値をもつであろう。われわれやわが同盟国では動物によってしかこのようなデータは得られないからである」

フェル博士は続いて六月二十四日付文書第006号で次のように報告している。

「マックェール中佐が船積みしてくれた資料（病理標本、顕微鏡写真、印刷物）は非常に良い状態でアメリカに到着した。……これまでに得られた情報はわれわれの研究にとって非常に有益であり、多大な価値をもつことは確実である」

博士は二ヵ月におよぶ日本での調査に十分満足した様子が窺える。しかし、戦犯免責が簡単に約束された理由も、亀井貫一郎の役割も、さらには「鎌倉会議」の詳細についてもまだ深い闇のなかに隠されていた。

わたしはメリーランド州の国立公文書館へ出かけ、文書係（アーキビスト）のジョン・テイラーに相談してみた。日本軍関係の文書については誰よりも詳しく、生き字引以上といわれるテイラーに初めて助けてもらったのは二〇年以上前のこと。米国の女流飛行家アメリア・イヤハートの取材をしているときだった。それから、公文書館へ調査に行くたびに何かと面倒をみてくれる。テイラーはわたしの顔を久しぶりに見るとニヤリと笑って、それならこれを見てごらんと一冊の細長いブックレットを取り出してくれた。

「米陸軍情報部のＩＲＲ（Investigative Records Repository）ネーム・ファイルだ。ここにあるかもしれない」

ブックレットにはＡからはじまる名前が続いている。Ｋの項目を追うと、アメリカ人、ロシア人、ドイツ人などに混ざって、Kanichiro Kamei があるではないか。

公文書館で必要なファイルを引き出すには、レコード番号、書架、列、棚の場所などを調べ、申し込み用紙に記入、提出しなければならない。わたしはもどかしい思いで箱

1 が出てくるのを待った。

3 **亀井の「鎌倉会議」**

「カンイチロウ・カメイ」ファイルは思っていたより分厚いフォルダーに入っていた。

7 時々、目指すファイルを見つけてもフォルダーの中身がカラだったり、文書が一枚しかないこともある。ちなみに、「ＩＲＲネーム・ファイル」の索引にあった「セイゾウ・アリスエ」「シゲハル・アサエダ」ファイルもついでに引き出してみると、残念なことにフォルダーには何も入っていなかった。

さて、四センチほどの厚みのある「カンイチロウ・カメイ」ファイルのフォルダーを開けてみると、一九四六（昭和21）年一月から参謀二部による亀井の調査が頻繁に行われていたことを示す秘密文書が詰まっていた。英文に翻訳された亀井の長い履歴書が何

通もあって、なかには日本語の履歴書もある。さらに、東京裁判のアメリカ人検察官による尋問が行われたことを示す尋問文書も入っていた。

参謀二部は何故、亀井の調査を頻繁に行ったのだろうか。そう思いながら、年代順に文書を読んでいくと、『回想の亀井貫一郎』からは予想もつかない亀井のもうひとつの顔がくっきりと映像を結んでいった。

一九四六年一月十六日付の参謀二部による初めての亀井リポートを見ると、この調査を担当し文書を記したのが、ポール・ラッシュ中佐だったとわかり驚いた。ポール・ラッシュは一九二五（大正14）年、関東大震災で壊滅したＹＭＣＡの復興を救援するために初来日、戦前は立教大学で教鞭（きょうべん）を取ったほか、山梨県八ヶ岳山麓（さんろく）の清里村を拓（ひら）き、青年育成に力を尽した親日派。日本人の間では馴染（なじ）み深いアメリカ人である。占領軍当時は参謀二部の民間諜報局に属し、接収した千代田区一番町の「サワダ・ハウス」に住み込んで活動していた。

そのラッシュ中佐は時事年鑑や日本週報などの日本語資料に当たり、

「この人物と彼の組織にアプローチするには、よほど気をつけなければならない」

と警告し、特に以下の点を強調している。

「亀井貫一郎は巣鴨（すがも）刑務所に収監されてもおかしくない人物であり、少なくとも尋問の間は収監されることが予想される」

目を引いたのはラッシュ中佐が既に、「亀井の助手の一人は防疫給水部の増田医師（名前は不明とある）である」という情報を提供者から受け取っていたことだった。さらに、亀井の鎌倉の家は「金のかかった豪華な家で、最近、増田をこの邸宅でもてなした」とある。

続いて東京裁判の国際検察局による「亀井貫一郎尋問」一八頁に目を通すと、東京裁判開始の三日前の四月三十日、アメリカ人検察官ハイダーが市ヶ谷台の元陸軍省ビル３７４号室で亀井の尋問を行っていた。満州事変当時の政局内部の動きを問い質すもので、亀井は参考人として呼ばれていたのである。

次に出てきたのは米陸軍のタイプフェイスとは明らかに異なる素人のタイプした文書だった。

「ヒズ・エクセレンシー（閣下）」

に始まるウィロビーに宛てた手紙で、なんと亀井本人による英文の手紙ではないか。全部で三通ある。

亀井はまさか、ウィロビーに宛てた自分の手紙が米軍によって保管され、のちに公開され、半世紀以上後にわたしのような日本人に読まれることになるとは思いもしなかっただろう。そこには占領軍少将にゴマをすり、両手を合わせて厚意を嘆願する気の毒な日本人元政治家が登場する。

「河辺虎四郎大将のお引き合わせでお目にかかれ、貴殿の知己を得られたことほど、思いがけない幸運はないのでございます。……本当のことを申し上げると、私は人生のなかで、閣下のお人柄に触れたことほど深く心から感激したことはなかったほどなのです」

歯の浮くような美辞麗句が続く。手紙の内容は、「常民生活科学技術協会」の支援を頼むもので、東京に事務所を設けたいという要求ばかりでなく、米国のジョンズ・ホプキンズ大学のような施設や教会の建設まで望めたらなどと勝手な願いを並べたて、「閣下の気前良さにすべて寄りかかることは好みませんし、閣下のお金を頼みにしているのではないのです。唯ひとつのお願いは、閣下による精神的サポートなのです」と結んでいる。日付は一九四六年八月二十九日、二頁にわたってタイプされたもので、末尾に英文署名がある。

この手紙を書く少し前、亀井は河辺虎四郎の紹介でウィロビーに面会する機会があったことが文面からはっきりする。亀井の手紙を読んだウィロビーのメモもここに残されている。

「私はミスター・カメイに会うわけにはいかない。というのも、いかに非公式に話し合おうと、傍では誰かが現実的なこととして受け止めてしまうかもしれないからだ」

ウィロビーは他のセクションに亀井を紹介する手配をすることを示唆し、いつもの

1　3　7

C・A・Wの署名でしめくくっている。

亀井がウィロビーに会った目的が職探しだったことは明らかだ。参謀二部の方では亀井が実は共産党員ではないかと疑い、四四一対敵諜報本部横浜支局に命じて詳細にわたる調査を行っていた。

一方、亀井自身は「日本における共産主義者の活動」という報告書をマッカーサー司令官宛に提出し、共産党神奈川地区の活動や党員の住所と名前を暴露していた。中央委員会と神奈川地区各支部を結ぶチャートまで添付している。

この報告の日付を見ると、一九四七年四月八日ではないか。つまり、フェル博士が日本へ到着する直前の時期であり、報告書受領後、フェル博士の面倒を見るようにと一声かけることは参謀二部にとってタイミングが良く、亀井が格好の案内人になったことはまちがいない。亀井も喜んで参謀二部と石井たちとの間で動き回った。しかし、そのことで三年後、参謀二部は思わぬツケを払うことになる。

その先の頁を繰っていくと、同年十一月二十八日付の毎日新聞の切り抜きが出てきた。古軍服払い下げ事件に関連し、詐欺（さぎ）罪の容疑で亀井ら四名が東京拘置所に強制収容されたニュースが報じられている。いかにも戦後の混乱を示すごとく、復員者が久里浜（くりはま）に脱ぎ捨てた古軍服の洗濯を一手に引き受けることになったといって五七四万円、紹介料一四四万円を農業関連団体から詐取した疑いである。さらに、古軍服払い下げ事件の審議が始まったことを報道する新聞記事の切り抜きが続く。

文書はこれ以降、ぷっつりとぎれ、五〇年代に入ると、再び亀井についてタイプされた参謀二部のインターオフィス・メモがさかんにあらわれる。いちばん目を引いたのは、一九五〇（昭和25）年四月六日付の「亀井貫一郎に関する尋問記録」と題する秘密文書だった。

「この尋問記録は、石井四郎元中将を尋問した後、エージェントHが用意した尋問記録である」

と注が付いている。つまり、石井を尋問してきたエージェントが石井本人に代わってエージェントHの質問に応答するというスタイルの調書である。内容は石井本人の尋問と考えても良いように、出来上がった調書を石井に見せ、記載された応答が正しいか確認を取り、末尾に本人の署名を求めている。

なぜ、こんな尋問が行われたのだろうか。一九五〇年二月二十一日付参謀二部のインターオフィス・メモによると、亀井が再び総司令部に連絡をしてきたことからすべてが始まった。それも、ウィロビーではなく、アボット少佐へ電話を入れ、

「ある秘密のことで面会したい」

と申し入れてきたのである。

アボット少佐の代わりに応対に出た日系人通訳ヨシハタ軍曹は、亀井の要求が再び職

探しにあること、つまり参謀二部の情報分析官、あるいは通訳、または外国商社勤務を希望していることを確かめた。

面会後のウィロビー宛の参謀二部のメモによると、亀井は現在貧しく、現状では日本の細菌戦研究について（ソ連に）情報を漏らす危険性があるために、以下を薦めるとある。

「参謀二部で採用することが望ましい。月給は二万円を越えない範囲」

このメモに対してウィロビーは五〇年三月付のメモで、ジェネラル・イシイに会って、この亀井という人物の有益性と信頼度を確かめるように命じている。さらに亀井への支払いについては、「一万五〇〇〇円に減らすように」と値切っている。エージェントはこうした状況のなか、石井を若松町の自宅へ訪ねたのである。

九ヵ条の密約

文書番号第57327号 Secret とあるこの尋問記録は米国のリーガルサイズの紙三枚にびっしりタイプされてある。単純なQ&A形式で、エージェントHが石井に会ってきたエージェントに質問している。以下、その一九五〇年四月六日に行われた尋問記録。

「問　亀井貫一郎とはどんな人物か。

答　一高を卒業、東京帝国大学法学部卒後、外交官試験にパスした天才。体格が良く、気品ある貴族的な容貌、親しみやすく、雄弁でウイットに富む性格を備える。数年に及ぶ米国での外交官としての経験から、英語は非常に堪能。第一印象としては親切な紳士と見えるが、実は、余りにも滑らかな口先の裏は洞察できない。〝羊の衣をまとった狼〟のようであり、相談事をしても彼自身の利益に結びつけるのが早すぎる。

問　亀井と石井との関係は。

答　亀井は若い頃、石井に会っている。石井が受験を控え予備校に通うため、亀井の家に一ヵ月ほど滞在したことがあった（一九一二年）。亀井は翌年大学に入った。
　それから亀井は三〇年ほど石井に会わなかった。戦後、外務省の推薦によって、一九四五年十月から一九四七年五月まで、亀井は細菌戦調査に関わった。この間、一九四七年春、亀井が三回、石井に電話を入れただけである。

問　亀井と細菌戦との関係は。

答　米国からサンダース中佐が細菌戦についての調査で、一九四五年十月、亀井の後輩である増田知貞大佐を尋問した時、亀井は通訳を務めた。さらに、亀井の鎌倉の家でサンダース送別パーティーを開いた（十一月）。亀井が細菌戦調査と関わったのは、この時が初めてである」

一九四五年十一月、サンダースの送別パーティーが鎌倉の亀井の家で開かれたということは、これまでどの報告書にも記されていなかった新事実である。応答しているエージェントが石井から聞いてきた話なので、石井は送別会が鎌倉で開かれたことを恐らく増田から聞きつけたものだろう。一九四五年十一月二十日に石井がアメリカ人将校六名を若松町の自宅に招待して会食を開いていた時期からほんの一、二週間前であろう。「鎌倉会議」というのは一九四五年末か一九四六年初めに開かれたということになっている。もちろん、サンダースの送別会は「鎌倉会議」とは別ものにちがいない。ということは、翌一九四六年一月に来日したトンプソン中佐の尋問前に「鎌倉会議」が開かれたのだろうか。

ところが、エージェントは続いて、こんな応答をしている。

「一九四六年一月、トンプソン中佐が米国から来て細菌戦の調査をした。彼は石井隊長と彼の部下を調査したが、亀井は出張に出ていたため、通訳として、あるいは他の目的でもこの調査には関わらなかった」

亀井がトンプソンの尋問に関わらなかったというのも、初めて目にする貴重な証言である。ということは、「鎌倉会議」はトンプソン来日直前の一九四六年はじめでもなく、翌一九四七年四月、フェル博士の尋問がはじまる頃に開かれたことになる。続くエージエントの応答がその可能性を示唆(しさ)している。

「一九四七年三月から五月、亀井は細菌戦についての事実を確認するため懸命に努力し、米国から来たフェル博士、二世の通訳である吉橋太郎、マックェール中佐や日本の細菌戦担当者などとともに働いた。はじめ亀井は長い時間をかけて増田大佐に細菌戦研究の結果をフェル博士に話すように説得した。次に彼は大田大佐と人体実験を担当した約二〇名の部下の研究者を鎌倉に呼び寄せ、正確で非常に貴重な詳細に及ぶ報告書を用意させた。また、石井隊長にはフェル博士の要望により、非常に重要な概要を東京で執筆してもらった。

報告書を用意させるために、亀井は報告書を書く者の安全を保障し、彼らの協力を得るために、米国の意思と思われる以下の条件を提示した」

亀井が大田大佐と人体実験を担当した約二〇名の部下の研究者を鎌倉に呼び寄せ、報告書を書かせたという数行を読んで、目から鱗(うろこ)が落ちる思いだった。

六〇頁の「一九人の医者による（人体実験）リポート」は、フェル博士が入手した数多くの報告のなかでも、もっとも価値あるものとされるが、未(いま)だに全文が発見されていない。元石井部隊の研究者たちは人体実験について口を閉ざし、何も発言しない誓いを立てていた。その誓いを破らせ、彼らを鎌倉に呼び寄せ、いちばん肝心の人体実験に関する報告を英文で書かせるためには、彼らの安全を保証する条件を提示し、納得して貰(もら)

わなくてはならなかった。

石井部隊の研究者たちは、以下の九項目の条件をのんで、執筆にかかったことになる。

1. この秘密調査報告書の閲覧はフェル博士、マックェール中佐、および吉橋通訳とGHQのアメリカ人、そして石井と約二〇名の研究者のみに限定されている。
2. 日本人研究者は戦犯の訴追から絶対的な保護を受けることになる。
3. 報告はロシア人に対しては全く秘密にされ、アメリカ人のみに提供される。
4. ソ連の訴追及びそのような（戦犯を問う）行動に対しては、絶対的な保護を受けるものである。
5. 報告書は一般に公表されない。
6. 研究者はアメリカ合衆国の保護下にあるという事実が明らかにされないよう注意が払われる。
7. 主要な研究者は米国へ行くことを許可される。
8. 細菌戦実験室が作られ、必要な経費が支給される。しかし、アメリカ人実験室長の下に行われる日本人研究者との共同研究はさらに考慮される。研究に基づく特別実験が予定される。
9. アメリカ人だけによる全面的な共同研究は日本の問題に良い影響を与える。

アメリカ人とこれらの条件を決定するに当り、8以外はすべてアメリカ人の一般的意図に基づく。

亀井による「九ヵ条の密約」が交わされたのが「鎌倉会議」であり、細菌戦実験を担当した二〇名が鎌倉で記した報告こそ、六〇頁に及ぶ英文の「一九人の医者による（人体実験）リポート」だった。第二章で紹介した陸軍軍医学校卒の浅見淳軍医のインタビューテープのなかにも、以下の言葉が残されている。

「増田（知貞）というのは内地へ帰ってから、鎌倉のホテルに軟禁されて、アメリカに（情報を）提供した」

この尋問記録のなかで興味深いのは、参謀二部が亀井を信用していなかった事実である。エージェントの応答は以下に続く。

「東京と鎌倉で報告書を作成中、亀井は秘密報告の本文に直接介入すること、及び、試験のためという理由で報告書を石井のところへ届けることを禁止された。彼の仕事は日本人研究者の世話をすることに限られた。報告書はフェル博士とマックェール中佐によって直接石井に届けられた。石井隊長の報告は亀井を飛び越してGHQのドレーク少佐に手渡された」

ドレーク少佐というのは、参謀二部のマックェール中佐の後任である。石井の報告書執筆は、マックェール中佐の帰国前には終らなかった。「フェル・リポート」にも、七月十日になるという記載がある。尋問記録は最後に亀井と石井の関係を問い質（ただ）している。

「問　細菌戦研究に関する亀井と石井の関係はどんなものか。

答　サンダースが増田を尋問した一九四五年にも、トンプソンが石井と北野を尋問した一九四六年にも、何のコネクションもなかった。

一九四七年春、フェル博士の秘密尋問の時、亀井は突然、初めて石井に電話を入れた。アメリカ側のメッセンジャーとして、状況と偶発的な事項について詳細にわたるまで説明し、石井に元部隊長として実験を担当した部下たちに電話を入れ、彼らを集め、まだ報告されていない詳細を調整することで、アメリカの意図に応じるよう亀井は大変な熱を入れて説得した。そして、増田と内藤が既に報告の大部分を提出しているので、石井自身も大切な概要を用意するように説得した。しかし、石井は即座に亀井の提案を受け入れることができず、その申し入れが本物であるかどうかを確かめるまでは、拒否した。

亀井の二回目の訪問（著者・訪問というより電話による会話のことだろうか）では、石井は保護などを保証したアメリカの条件と仕事の重要性の見地から、要求を受けるのは彼の義務となってきた。

亀井の三回目の訪問（同様に電話のことか）で、石井は以前に示した九項目の条件を知らされ、またフェル博士やマックェール中佐に相談し、アメリカの保護を得ることが本物かどうか確認した上で、石井はアメリカ人のみにすべてを話し、アメリカ人のみにすべてについて協力することを決定した。

この間、亀井はよく働き、石井の家へしばしば使いを走らせた。大切なデータを入手するために亀井が列挙した九つの条件のなかで、実験研究室を建設し特別研究を行うかどうかは曖昧なものだったが、保護などの項目がアメリカ側の意図であるという事実はのちに確認された。

報告書が完成してからは、亀井は石井と何のコネクションもない」

尋問記録の末尾には「(以下はインクで記された) 以上の質問の答えは私の証言と異なっていません」と認められ、石井四郎の署名、とある。

費用は総額二五万円

亀井貫一郎はこれ以降、月給一万五〇〇〇円で参謀二部に雇われた。石井部隊の情報をソ連に流さないための口封じである。亀井自身は古軍服払い下げ詐欺事件で経済的にさらに窮地に追い込まれていて、参謀二部を強請る以外に生計を立てる道がなかったにちがいない。しかし、参謀二部を脅すことによって、エージェントを石井四郎の許へ送られ、石井部隊と米国の間に交わされた「九ヵ条の密約」と当時の状況が文書に残されたことは、皮肉にも亀井の大いなる功績だった。

石井の娘、春海は、ずいぶん後になってから、石井がこう語っていたと証言している。

「一人残らず戦犯にならない、部下たちを全部助けるというのが条件だったんだよって言っていました」

部隊員のなかにも、

「俺がお前たちを救ってやった」

と石井が豪語していたのを耳にした者もいる。

確かに石井部隊の誰一人として訴追されることはなかったが、石井が要求したように文書で免責が保証された事実もなかった。さらに、亀井の提唱した「九ヵ条の密約」に関してフェル博士は口頭で約束を与えたが、それはいつも彼の頭の片隅に心配の種として残っていた。ワシントンでまだ決定が下されていなかったからである。しかし、ウィロビー部長宛の文書第００６号には、その問題もうまく解決した旨、次のように記している。

「化学戦部隊長と陸軍省、国務省、司法省の代表が出席した昨日の会議で、今回の調査で入手した情報は、諜報チャンネルに留め置き、戦犯裁判の資料としない、という極東軍総司令官および化学戦部隊長の勧告が、非公式ながら認められた。ＳＷＮＣＣ小委員会が六月二十三日に開かれ、まもなくそちらが望むような内容の電報が届くことだろう」

フェル博士が研究者として楽観的な見方でリポートを締めくくったのに対し、ワシントンのSWNCCは深刻なジレンマに陥っていた。日本占領軍の方針の調整を担当するこの委員会に提出される原案は、極東委員会（SFE）によって作成された。

米国立公文書館で公開されているSWNCCとSFEの極秘文書のやり取りは何百頁（ページ）にも及ぶ膨大な量で、これだけの文書をタイプし、カーボン・コピーを取って関係各部にまわすお役所的な事務作業の徹底ぶりだけでも感心したくなるほどである。とはいえ、この極秘文書は民主主義と人道主義を掲げるはずのアメリカ合衆国政府が、実は、自国の安全保障のためには手段を選ばないという裏の顔をさらけ出す貴重な文書である。

SWNCCが悩んだのは、石井らに免責を与えるべきかどうか、ではなかった。彼らが関心をもったのは、東京裁判の国際検察局が石井らを戦犯とするどんな証拠を握っているかという点だった。彼らが当然、戦犯として裁かれる立場にあることを知りつつSWNCCは、

「石井と彼のメンバーに対して米当局（法務局）がどんな戦犯の証拠をもっているか」

という点を総司令部の法務局へ問い合わせてきた。同時に「国際検察局のタベンナー検察官と協議するように」という命令が付け加えられている。

ワシントンの要請に対し、法務局長のカーペンター大佐は石井らを戦犯として訴追し

ない理由を文書化し、六月七日に電報で陸軍省に送った。これには機密保持のための暗号が使われていた。アメリカ側のコードである。

日本の細菌戦（BW）は「ベーカー・ウィリアム」、米国（US）は「アンクル・シュガー」、国際検察局（IPS）は「アイテム・ピーター・シュガー」などと表示され、知らない人間には全く理解できない電報だったが、アメリカ政府の直面したこの微妙な問題に関係した者すべてを納得させる内容だった。

「石井および彼の部下についての法務局の報告およびファイルは、匿名の手紙、伝聞による陳述や噂に基づいたものである。中国において細菌戦プロジェクトに関わった多数の人物についての法務局の調査は、戦犯訴追に十分な証拠を固めるに至っていない。未確認の申し立てによると、囚人、農夫、婦人、それに子供が細菌戦研究の実験に使われたという。

石井の部下はひとりも戦犯容疑にかけられていないし、ファイルには彼らに対する十分な証拠もない。

現在まで連合国のどの国も石井あるいは彼の協力者に対する戦犯訴追を行っていない。国際検察局のタベンナーとこの問題について調整が済み、彼は次のように報告している。

石井の上官の何人かは現在、極東国際軍事裁判で、A級戦犯として裁判を受けており、国際検察局は資料の使用を考慮したが、一九四六年十二月末までに、当時入手できた情報に基づき、これらは証拠となりえない、という決定が下された」

法務局の調査部第３３０号「主題モトジ・ヤマグチ」のファイルに集まった膨大な証拠は、匿名の手紙、伝聞による陳述および噂に基づいたもので、戦犯訴追には不十分である、と法務局長は断言しているのである。担当官のニール・スミス中尉がこの極秘文書を読む機会があったら、何といっただろうか。

一方、カーペンター法務局長の暗号電報を受け取ったワシントンでは、まだ心配を払拭（ふっしょく）できず、国際検察局が石井らを訴追できる証拠をにぎっているかどうか、問い合わせてきた。これに対し、カーペンター局長は以下の電報で答えている。

「国際検察局の意見では、資料は石井に率いられた日本の細菌戦部隊が陸戦法規を確かに犯したことを裏付けてはいるが、国際検察局は同部隊を訴追し裁判にかけることを勧告するものではない」

それから二ヵ月というものＳＷＮＣＣは調査作業グループを設け、関係当局すべてに受け入れられる草案作りにあたった。八月二日、ワシントンに提出された報告書には、ソ連が独自の調査によって、石井部隊を戦犯として起訴するための証拠を提出する可能性も十分に考えた上、以下の結論が提示された。

「米国にとって、日本の細菌戦データの価値は、〝戦犯〟訴追より、国家の安全保障として、はるかに重要である。
国家の安全保障のために、日本の細菌戦専門家を〝戦犯〟にかけて、彼らの情報を他国が入手できるようにすることは、得策ではない。
日本人から入手した細菌戦の情報は、諜報チャンネルに留め置くべきで、〝戦犯〟の証拠として使用すべきでない」

この草案に対して、異議を唱えたのは極東委員会の国務省委員だった。国務省は、石井および協力者に、そのような確約を与えることはできない、と申し立てた。そうした保証を与えなくても必要な情報は入手可能であり、むしろ保証を与えることは、後日、米国に深刻な事態をもたらす原因となりかねない、というのである。

石井らの免責をめぐって、果てしないやり取りが続くなか、化学戦部隊は次の調査団を派遣した。「一九人の医者による（人体実験）リポート」の確認作業、およびフェル博士が発見した病理標本八〇〇〇枚を解明し、必要な医学的文書を入手することが主な使命だった。キャンプ・デトリックの基礎科学部主任、エドウィン・ヒル博士と病理学者のジョセフ・ヴィクター博士が東京に到着したのは、十月二十八日のことである。

後に作成された十二月十二日付「ヒル・リポート」によると、調査は参謀二部ウィロビー部長の全面的協力によって、参謀二部すべての施設を利用し順調に進行した、と記されている。彼らもまた石井、増田、金子、北野など七三一部隊員に尋問を行ったが、

「尋問した人たちから得られた情報が任意によるものであることは特筆すべきである。尋問のあいだ戦争犯罪の訴追免責を保証することについては全く質問がなかった」

とヒルは記している。

病理標本については「ヒル・リポート」にはこう記載されている。

「金沢でわれわれが受け取った病理標本はまったく一貫性がなかった。患者番号にしたがって並べ替え、標本番号によって一覧表を作成し、そして標本目録を作成することが必要だった」

この八〇〇〇枚の病理標本は、一九四三年、石川太刀雄丸（たちおまる）が金沢大病理学教室の教授として赴任することが決まったとき、平房から日本に持ち帰ったものだった。

石川太刀雄丸といえば、名古屋の野口圭一医師が、ソ連の侵攻が始まったあの一九四五年の夏、平房を出発するとき、最後は金沢へ集まろうという約束があったと証言してくれている。京都は危ないから、石川太刀雄丸のいる金沢へ行くことに決めたというあの証言だ。

さらに、参謀二部や対敵諜報部隊が目の色を変えて石井四郎を探しまわっていた一九四六年一月、石井は帰国し、金沢大の石川教授のところに立ち寄った、という情報が提供されたことがあった。その石川教授は持ち帰った標本の一部を寺に隠したり、日本南部の山の中に隠したりしていたという。彼もヒルとヴィクターの尋問を受けたひとりだった。

「今回の調査で集められた事実は、この分野におけるこれまでの見通しを大いに補い、また補強するものである。このデータは日本人科学者たちが巨額な費用と長い年月をかけて入手したものであり、人間への感染に必要な各細菌の量に関する情報である。こうした情報は、人体実験に対するためらいがあるわれわれの研究室では、入手できない。これらのデータを入手するため、今日までにかかった費用は総額二五万円である。この費用はこれら研究の価値と比べれば些細な額にすぎない」

エドウィン・ヒルは彼の報告にこう記している。かかった費用の二五万円という金額がどういう意味なのか、その内訳は説明されていない。八〇〇〇枚の病理標本を含む研究成果を米軍が石井たちから買い取った、ということなのだろうか。

石川による解説をつけて米国に送られた八〇〇〇枚の病理標本は、キャンプ・デトリックに到着したことが確認されているものの、それ以降、見つかっていない。六〇頁に及ぶ「一九人の医者による（人体実験）リポート」も行方不明である。

「ヒル・リポート」は最後をこう締めくくっている。

「自由意志によってこれらの情報を提供してくれた人々が、この先、困ることのないよう、またこの情報がほかに漏れることのないよう、あらゆる努力を払うように望むものである」

明らかにヒル博士は、尋問に答えた石井ほか日本の細菌戦研究者たちに、「戦犯として裁かれるような困ること」がないよう望むと記しているのである。

ヒル博士の心配は時間が解決してくれたというべきだろう。翌一九四八年四月十六日、東京裁判は、タベンナー検察官の最終論告で、二年間にわたる審理の幕を下ろした。後は、判決を待つだけになった。米国は、石井部隊の戦争犯罪を法廷に持ち込むことなく、欲しいデータを独占することに成功した。「鎌倉会議」で結ばれた「九ヵ条の密約」は守られたのである。

第十一章　若松町

渡邊吉蔵とあき夫婦は、満州から「加茂」へ帰ったその年の暮れ、東京へ出て東大井
1 に落ち着いた。吉蔵の妹夫婦が新潟へ帰ってアパートが空いたので、その後へ入ること
にしたのだ。現在の住まいの向かい側にあった建物である。当時、東大井から品川まで
3 はずっと焼け野原だった。農家出身で商売などしたことのなかった夫婦だが、ふたりは
品川でおでんの屋台を引くことから、終戦直後のつつましい生活の一歩を踏み出した。
7 「お店なんてやったこともないものだから、〝いらっしゃいませ〟が言えないの。イカ
の丸煮って、ただイカを煮たものですけれど、それでもみんな来て、食べてくれたので
す。そういう屋台の店がいくつも並んでいました」

あきは当時をこう回想する。

そのうち東大井で店を出した。終戦後のモノのない時代のことである。飴(あめ)とかお菓子とかパンなど、何でも置いておくとすぐに売れてしまった。

「タクアンなんて、主人が品川までリヤカーで仕入れに行って、そうするとひと樽(たる)すぐ

に売れちゃう。主人は田舎者で働くのは苦にならない。売れるから一生懸命。一文なしから始めてここまでになったんです。元旦だけ休んで三百六十四日働きました。私は病気しましたけれど、主人は体が丈夫でね。全然病気したことない……でも、いまでは、頭がもう空っぽになってしまって、ダメなんです。何も覚えていない」

吉蔵はアルツハイマー病ですっかり記憶を失ったが、それでも満州には強い執着があるせいか、

「おい、帰るぞ」と妻に声をかけることがある。

「どこへ帰るんですか」と聞くと、

「満州へ帰るんだ」

という答えが返ってくるというのだ。

あきも糖尿病と心筋梗塞をわずらい、入退院を繰り返しているが、記憶はかなりしっかりしている。まるで古いアルバムから昔の写真を取り出すように、記憶の底に埋まった満州や終戦直後の思い出をぽつりぽつりと語る。

石井四郎のノート二冊が見つかった後も、帰国するたびにわたしはあきを訪ねた。〝石井隊長〟について、彼のノートについて訊きたいことがたくさんあったし、あき本人の言葉が欲しかったからである。

取材も最終段階に入った二〇〇四年秋のことである。よく晴れた午後、いつものよう

に居間で話していると、この日のあきは気分が良さそうだった。

「アメリカ人が来て没収すると困るからって言って、私んとこへ預けに来たんです」

あきはぽつりとこう口にした。

〝アメリカ人が来て没収すると困るから〟という言葉を石井本人がはっきり口にしてノートを預けていた——。その言葉を初めて聞いて、予想していたとはいえ、そのリアリティーにわたしの胸はさわいだ。石井はノートの中のどこがアメリカ人に読まれては困ると思ったのだろうか。

いつ頃、ノートを持ってきたか、さらに訊いてみると、

「さあ、終戦後、いつ頃かしら。それっきり取りに来ませんでしたね」

東大井の店に石井は時々顔を見せたことは既に記した。家族みんなで来ることもあったが、ひとりでふらりと立ち寄ることもあった。そんなときにそう頼んでノートを託したというのである。

終戦後間もなく、吉蔵とあき夫婦も若松町の石井家をよく訪ねた。当時、飯田橋を通って若松町から新宿角筈(つのはず)に抜ける路面電車があった。終戦直後は一時不通になっていたため、住民は若松町から新宿まで歩いたという。もっとも、一九四三(昭和18)年から「都電」と呼ばれるようになったこの電車も、大久保通りを通って若松町の入口まで来

ると、南側の職安通りに入って河田町に止まり、新宿へ向かう。

当時、大久保通りをまっすぐ新宿方向へ歩いていくと、かつて「東一」と呼ばれた東京第一陸軍病院があった。その一部は焼け落ち、箱根山通りを下っていくと北側にあった軍医学校、さらに防疫研究室の建物もほとんど空襲で壊滅していた。

石井の家は、「東一」の向かいを左に折れ、細い路地をまっすぐ行った先にあった。木造二階建ての細長い家である。

石井の部屋は二階の二〇畳ほどもある板敷きの大広間の横にある畳の部屋だった。

「五・一五事件って、あの年に新築の家を買ったんです」

と、あきはいう。五・一五事件のあった一九三二（昭和7）年、日本軍がハルビンを占領、軍医学校では「防疫研究室」が新設された年に、石井は若松町の自宅を購入していたのである。

現在、かつての「東一」は、「国立国際医療センター」と名称を替え、白亜の高層ビルに生まれ変わった。むかしの通りは整備され、地下鉄大江戸線「若松河田駅」の標識が立っている。

商店街は建て替えによって小綺麗になった。とはいえ、未だに薬局や理髪店、酒屋、洋菓子屋などが小さな駒のように並ぶ。薬局の近くを左に曲がって南へまっすぐ進むと、白色煉瓦造りの三階建てマンションが路地を塞いで行き止まりになっている。

これは木造二階建ての細長い家を潰して新築したもので、終戦当時の木造住宅のときの住所は牛込区若松町七七番地だった。

一九四五(昭和20)年五月二十五日の空襲でこのあたり一帯は焼失した。『若松町の歩み』(新宿区若松町町会)によると、空襲警報が発令されたのが深夜二十二時二十二分、解除は二十六日午前一時。房総半島および駿河湾からB29二百数十機が東京に侵入、単機または少数機の編隊をもって低空から若松町、戸山町一帯に焼夷弾攻撃を行った。これによって、若松町の家屋のほとんどが焼け落ちたが、石井の家が戦災を逃れたこと
1 は不幸中の幸いだった。
3 空襲の話が聞きたくて、大久保通りにある角屋という古くからある雑貨屋を訪ねてみると、石井の家の路地手前にある笠原宅へ行くよう薦めてくれた。いかにも古い造りの
7 家でブザーを押すと、主人の笠原一次が取材に応じてくれた。三味線づくりの職人としてこのあたりでも知られる名士で、東京都伝統工芸士の肩書きのある名刺をくれた。
「あれは東京では最後の空襲で、角屋までが焼けたんです。すごい低空飛行でB29が編隊を組んでやってきたから、もう乗っている人が見えるのではないかって思ったくらいですよ。その音がすごい! まるで大嵐みたいにウオーって。余丁町のほうに焼夷弾が落ちて夜空が真っ赤になって、もうダメだと思ったんです。ところが、明け方になって、突然、それまでの南風が北風に変わって、運良くこのあたり七〇軒ほどが残った。近く

の補助憲兵隊が火の粉を消してくれたのも、助かった。運が良かったんです」

そのとき、石井の家には誰もいなかったという。全員が満州へ出かけていて留守番も置いていなかった。叔父が留守を頼まれていた、と夫人が言葉を繋（つな）いだ。

終戦直後、石井四郎が「加茂」からひっそり帰り、引き籠（こ）もったのがその木造二階建ての細長い家である。有末（ありすえ）機関によって黒塗りの大型車に乗せられ、東京下北沢を経由、東北沢の家に数日隠された後、ここへ戻ってきたのはすでに記した通りである。

石井四郎は自宅に戻ると、Ａ５判の新しいノートを取り出し、表紙に「終戦メモ１９４６―１―11」と記入、その下に自分の名前を書き込んだ。一九四五（昭和20）年十一月一日のことである。年号をまちがえたことは気づかなかったのだろうか。あるいは、１９４６と記すことによって、意図的にこのメモを読むものを錯乱させる狙（ねら）いだったのか。

このノートには、それからの石井の生活が克明に記録された。とはいえ、同じ屋根の下で暮らした「私設秘書」の郡司陽子は、ノートに記されていない石井の姿をこう観察していた。

「はじめのうち、隊長は家から一歩も出なかった。なんでもロシアから、『天皇と石井四郎を出せ』という脅迫状みたいなものが来ていたらしい。二階の窓は、すべて黒いカーテンで覆（おお）われていた。隊長は、ときおり黒いカーテンをそっとめくって、外を窺（うかが）って

1　3　7

いる。『まるで亡命しているようだな』と寂しく笑ったのをおぼえている」

「終戦メモ１９４６」は、軟禁状態で外出もできなかった石井が黒いカーテンのなかで記した備忘録だった。黒いカーテンを引くほど秘密が厳守されたのは、石井がまだ逃亡中ということになっていて、占領軍の前に出頭していなかったからである。

首切代の件は㋮に難色あり

〈Ｍ、池谷来訪〉とノートは始まる。外出せず黒いカーテンのなかに隠れていた石井にまず会いに来たのがＭと池谷という人物。以降、ごく少数の信用おけるものを呼び寄せて彼が打ち合わせをしていた様子は既に記した。ノートには郡司の名前も登場することを発見してわたしははっとした。もっとも、郡司としてではなく結婚後の姓が記してあるが、ここでは郡司として表記している。

郡司の名前がまず出てくるのはノートの最初の頁（ページ）、十一月一日。

〈郡司、石井幸子の履歴書整理　及　俸給の準備を嘱託夫婦に依頼す〉

石井幸子というのはお手伝いさんだったようで、時々、幸として登場する。たとえば、前記した通り、十一月二日〈本日の人員、母、主、妻、子６、幸、郡、桜〉というようにである。桜という人物が運転手だったことは、郡司が著書に明記していた。

「自宅の二階に隊長が『潜伏』している間も、いろんな人間が訪ねてきた。かつての部隊での桜井運転手は、しばらく、この家に泊まりこんでいた。それから、加茂出身の元七三一部隊員たち。彼らは、田舎から食糧などを運んでくるほかは、技師殿や剛男さんと隊長の連絡役をつとめていたようだった。技師殿と剛男さんは現われなかった」

十一月二日の頁にはこう続く。

〈郡司　及　幸の戦災調書〉

その後、郡司は数日、多古町の実家へ帰っていた様子で、十一月八日の頁にこうある。

〈郡司帰宅す。母を思い喜んで仕へよ。希望、作法、料理、華道、裁縫をなし将来　布団　及　配給券を持参す〉

続いて石井の母、千代のことが記されてある。

〈千代は三重　及　平におんぶして焼跡を見に行く〉

実は、千代が焼け跡を見に行った日のことは、郡司の本にも記されてある。

「おばあさまは、とても小さな方だった。どうも、日本が敗けて東京が焼け野原になったことをご存じない様子である。『白足袋が欲しい』としきりにおっしゃった。『おばあさま、いま時分、白足袋などとても手には入らないのですよ』と説明しても、わかってもらえない。

しかたないので、わたしは、おばあさまをおぶって、若松町の電車通りまで出た。背中のおばあさまは、『まあ、ずいぶん見事に焼けてしまったこと』と変に感心しておられた」

千代をおぶって大久保通りまで出たのが郡司だと石井は記録していないが、千代が焼け跡を見物に行った日の記述を見ても、石井のノートと郡司の本には整合性がある。千代の面倒を見ることも、彼女の仕事になった。

十一月十三日の頁にも以下の記載がある。

〈郡司は母上の世話　及　フトン縫〉

1 石井の母千代に対する気の遣いようは普通にいう親孝行を遥かに超えていた。四男を医者にするために母がどれだけ力添えしてくれたか、息子は誰よりわかっていて母に尽
3 した。そこには母へのきめ細かな愛情が感じられる。

11／11〈母上に新米を炊きてあげること〉

7 13／11〈社長が母のコタツは必ず早川＊社長自ら作ってもよいから、電球をやめ、ニクローム線の電熱に切り替えること〉

14／11〈郡司は母上の昨日の着物の一、二、三、四、内の品目、負数表を母と共に作製すべし〉

「その頃の隊長は、じっさい体調が悪そうだった。ことに足の具合が良くないらしく、わたしは、よく隊長の両足のふくらはぎをマッサージしてあげた」

と郡司は記している。さらに、トレードマークでもあった立派な髭はなくなっていた

とも書いている。

「山口県の萩から、大田大佐のお嬢さんが上京して訪ねてきたこともあった。きっと何かお父上から隊長への連絡があったのだろう。その夜は、ほうらい鍋や鯛の酒蒸しなど、久しぶりのごちそうで、お嬢さんをもてなした。ふだんの時の食事は質素なもので、スイトンなどがよく食膳にならんだものだ」

〝萩の大田大佐〟こそ、石井と菊池とともにソ連に尋問を要求された軍医である。

「中肉中背、色白の好男子だった。映画俳優にしてもよいほどの素敵な軍医殿であったが、いかにも山口県萩の出身らしく、筋の通った人でもあった」

と郡司は大田大佐のことを好意的に記している。いばりちらす軍人が多いなかで、人をいたわる気持ちのある軍医だったというのである。

その大田澄大佐の娘が「大田嬢」として石井のノートに現われるのは、十一月十四日。

〈大田嬢は　医局　及　寄宿舎等を見学すべし〉

黒いカーテンの内部で石井は日常のこまごました雑事に目を配り、一方で、金銭関係の支払いを命じたり、部下を出張へ出したり、小浜というものや桜井を日殊（日本特殊工業）へ使いに出すなど、さまざまな用事に明け暮れている。これは、果たして用事と呼べるのか、仕事といえるものなのか。それぞれが、何の目的のために、何をやっているのかは推測するしかないが、家族と使用人含めて一二名ほどの若松町の家を中心に、

1　3　7

その周辺のさまざまな人間を動かし、部下の生活の心配をしたり、事務処理をしたり、いくつもの〝プロジェクト〟と呼びたいような用事を片付けていく。実に細かいところまで目を配り、すべてを一手に掌握しようとするそのやり方は、規模は全くちがうものの、平房の部隊を動かしていた当時と基本的には同じようにも思えてくる。

以下、十一月三日の頁。

〈発令に数日を要す。本部にあらず支部にて事務処理をするかもしれぬ〉

同頁には〈佐、29／10〉として、十月二十九日に佐藤という人物が石井に以下の報告をしたことが読み取れる。

〈1〉自分の事は自分にて責任を持ち部下に責任は負わせぬとの指示に基く
2〉出張命令でも兵站給与なれば旅費、宿泊料は出ぬ。只、旅行雑費だけが出るのみ
但し、車馬賃を要する場合は旅行経路を作成す
最初に概算として前渡せる雑費を精算して会計検査院に書類を提出す
3〉防被は司令部と交渉中にして30／10に回答ある筈なり。若し、引き受けなければ
思い切って村長に無償交付し、その処分を任委しては如何に指示乞う
4〉留守宅へは時々行きて面倒を見ます
5〉四街道で八方手を廻して住宅を探し中

6）10月中に引懸りの送金は全部完了する為努力中。
7）文官退職の時を以って1／12 留守部を退職し、当分、残務整理し
8）金銭関係は岩田を招きてこれに専念せしめ。
9）其他の業務は池谷反ソ指示を受け、適当なる庶務将校に依頼して
池谷不在時といえども、差し支えなき様との指示に従い実施する考なり
ご承認を願います
10）今迄、小生、取り扱い事項は必ず整理して累を残さぬよう致します
11）細部は既に報告済み
12）＊＊㋙4梱200kg（保坂の一梱は40キログラム）として代金を鈴永技手に
持参を命じてあります。御迷惑を御掛け致しました。お礼をもうしあげます〉

佐藤からの報告を見ると、池谷は部隊の残務処理をしていた人物で、佐藤がその下で補佐していたことが見えてくる。このほか、石井が手がけた〝プロジェクト〟のなかには、日本特殊工業との交渉や金沢へ行く運転手の手配が記されてある。金沢にはまだ荷物が残されていた様子で、時々、それを取りに行くために運転手を送っていた様子が窺える。

以下、十一月十三日、小浜宛。

〈①日殊に交渉事項。社長回り缶が４／11では、いつくるか判(わか)らぬから、
もっとはやい方法をとれと
②金沢行きの運転手は無断出発を禁ず。日殊にある
ケンビキョウ二台を小浜自ら検査して、
必ず、積載準備をなして完了報告をなすべし
③缶は石山と交渉、１００円渡すとなれば後の４つ
を必ず水もれ検査後持参すべし。水漏きても可なり。他に流用す
④日殊の肉エキス、及ペプトーンを少量
石山と交渉して貰(もら)ってこい。家でいかにしたら
人間の食用になるかを研究す。又、母にも
試食さしてみる〉

同日の難波君という人物宛の指示にも日殊と金沢行きのことがある。

〈②防寒被服返納、及　賃貸手続をなす
③薬物の整理をなすこと

④君も、日殊の販売店をやる様に交渉だけしておいたらどうだ
⑤金沢へ〈碇（いかり）が行くそうだから無理に金沢へ行く必要もなくなった〉

碇とは、碇常重軍医のことで、長崎医大出身、第二部長をつとめた。

いくつものプロジェクトが同時進行しているなかで、「首切代」という不可解な言葉が、何回も、登場している。平房（ピンファン）の施設で働いていた軍属を解雇したということにして退職金を払おうというのだろうか。以下、十一月二十日、(佐)よりの報告。

〈②女軍、下兵、少年、特定者へ送金済み。1300名（兵700、女400、少200）
約60本
③首切代の件は㋮に難色あり。陸軍省、及、留守部にても確定しあらず、尚（なお）、交渉に
努力中〉

十一月二十八日
〈1〉1／2迄に全部の首切代は留守業務部より各家庭に発送する如（ごと）く経理と
経理局と相談の上協定したので安心なり

2）1．女子軍属、2．営内下士官以下、3．少年隊、4．新採用者（半ヶ年以内）、5．特殊事項あるもの、6．機密あらざるもの、7．年限職から考慮していく、8．尉官－左官－将官

3）部隊　現90本なり。首切360本、俸給2ヶ月は60万で420万を要す
これは全部、留守業務部からやる

4）＊から留守業務部の吉田大佐によく話しておいた

1 5）佐藤を留守業務部中の部隊関係をやらす。三月迄そのままのはず〉

3 次に「首切代」が出てくるのは、一九四五年十二月四日右隣の頁。

7 〈1〉陸軍、海軍大臣迄は、首切代は断乎許可せず。各省も同様なり。本日、総理大臣が陳情に出たり。各省大臣はあらゆる努力したがダメなり。皆けられた

2）対策として、各省とも首切代支給停止せると日時を懇談す

3）部隊対策の一案として十一月三十日以前のもの明に指示ある迄そのままとす
支払い分は年末賞与の7ヶ月分と5ヶ月の俸給（11、12、1、2、3月）及9月の臨時賞与1ヶ月分
計13ヶ月分を支給して首切りはやらぬこととせば、概ね該当することととなる

べし。年末の臨時賞与は家族へ留守宅送金の形式をとれば本部より発送できる筈なり。但し、留守部はくれぬと云うも交渉打開せんとす〉

石井は「首切代」を支払うため、Ⓜマッカーサーにまで交渉しているように見えるから、どれほど退職金が支払われることを切望していたことか。マッカーサーが七三一部隊の軍属の退職金を払うなど、冷静に考えればほとんど現実味がないように思えるが、一文無しで帰国した部下の窮状を思えば、誰でも良いからまとまった金を払って貰いたいというのが石井の本音だったのだろう。

戦犯の件はどうする

ノートのなかには、十一月二十日に招待することになるアメリカ人将校との会食について、早い段階から、いくつかの連絡が記載されてある。日付順に並べると以下のようになる。

十一月三日　〈M　モーア少佐の招待？〉
　　　　　　〈M　高級の招待日は？〉
十一月九日　〈20／11手製ケーキ、ドウナット〉

十一月十日　〈20／11㋮に対する募集開始、三郎、桜井〉
十一月十一日〈聯合國20／11招待時の買出し一覧表作製し、主なるもの
打電手紙を出し置き返事を得ること（M用）〉
〈Mに池谷、佐藤　招待の状況報告を受けること〉

石井四郎が自宅に戻ったのは、恐らくこのノートを記し始めた三日くらい前だったに
ちがいない。前記の佐藤の報告が29／10つまり十月二十九日だったことから推察できる。
1 その後、十一月三日に〈M　高級の招待日は？〉とあるところを見ると、石井を自宅へ
戻す条件のなかに、自宅で高級将校を接待せよというような要求、あるいは希望のよう
3 なものが入っていたように思えてならない。
7 それが実現されたのが十一月二十日。既に記したように石井宅へ招待されたアメリカ
人将校六名のうち二名は明らかに参謀二部の情報将校、三名は技術将校で、ひとりが通
訳である。参謀二部からはカール・エクランド大佐が部下のブラック少佐を伴ってきた。
技術部からはカール・W・マイヤー大佐がジャック・J・ヒンメン・ジュニア中佐と
A・C・テスター少佐を連れてきた。日本側からは石井とMが出席した。
〈スイモノ、サシミ、魚のボール fish ball、イカ、ツケヤキ、焼魚〉というメニューを
見ると、当時にしては大変なご馳走が振る舞われたようだ。しかし、スシがアメリカ食

の一部になったのは戦後四〇年以上たった八〇年代後半のこと、当時、まだ日本食など試したこともないアメリカ人がサシミや焼魚をどこまで喜んだか、疑問である。こんなところにも終戦直後の日米のギャップが浮かぶ。

〈髪を伸ばして戦後米国へ行く〉

会食に関する二二項目のなかの一三番目にはそんな不可解な一項目もある。さらにこう続く。

〈来たらBlackの所へ行き、次々と三ヶ月ずつ宿れば一年くらい居られる。Blackシボレーホカナイ〉

〈カールはリンカーンを持っている〉

会食では、アメリカへ行くという話が出たのであろうか。ブラック少佐が、それならわが家へ来れば良い、ということを口にしたのだろう。儀礼的好意だったとしても、黒いカーテンの陰にいた石井には、つかの間の夢を見る思いだったのかも知れない。

ディナー・テーブルで話題になったのは、サンダースが帰国したことや、戦争犯罪人に関する一般的な話だった様子で、日本人からの投書についても一項目記されてある。

〈日本人から投書が盛んに来る。米国でたらい回しして隠すので判らぬが、日本人の気持ちが判らぬ〉

石井部隊についての投書が盛んに届いているという話になり、石井はそんな投書を占領軍へ送る「日本人の気持ちが判らぬ」と憤慨したのだろう。

そのうえ、通訳が悪くてアメリカ人将校とうまく意思の疎通が図れなかったこのディナーは、本来参謀二部将校との初顔合わせであり、石井と部下の戦犯免除が確約されるという話までには至っていない。

会合後の頁をさらに繰って行くと21／12（十二月二十一日）に、

〈戦犯の件はどうなる　どうする〉

という一行を見つけた。

サンダースは内藤ほかの軍医に戦犯免責を約束して尋問を済ませ帰国したが、次の調査官の来日を控えた一九四五年末のこの時期、自宅に留まることを許された石井は、戦犯免責の件についてまだまだ不安は大きかった。

〈Sanders の後任は誰になったか〉

という一行があるのは、十二月四日の数頁後である。

戦犯の件は頭を離れなかったが、いずれ近いうちに、尋問されることは避けられない状況になると石井は覚悟していた。その時のために、尋問用の答えを自分で考えていたことがこのメモであきらかになる。後の頁に続く、以下、六項目である。

それは、いわば、自分自身の尋問用返答マニュアルとでも呼ぶべきものであり、米軍の没収を恐れて石井がノートを渡邊宅に預けたのは、この頁のことを心配したからかもしれない。

〈1．ハルピンと奉天の研究所、全然デマ、奉天には全然なし、ハルピンは濾水機工場と給水。

2．米兵、中華兵にペスト菌注射。米兵も中華兵の捕虜に居らず。ペスト液も予防液も注射することなし。

3．飛行機で共施設を爆撃せる事実更になし。

4．ハルピンと奉天で人間モルの実験せる事実なし。又、奉天で感謝状受く間違いなり。

5．石井は大地主に非ず、勤労所得者なり。365日一日も休日はとらず、祭日、日曜もなし。自活農保有限度の＊分もなし。

6．石は未復員者なり〉

石井はこの時期、なぜ、このようなマニュアルを記したのだろうか。その理由は、参謀二部の対敵諜報部隊の秘密文書をまとめた「シロウ・イシイ」ファイルの中にあった。第七章で記した通り、情報公開法によって一九九二年に公開され、現在では米国立公文書館にある同ファイルの中にはメトロポリタン・ユニット80番の報告もあったことを思い起こして欲しい。一九四五年十二月三日付の報告には、「加茂」で石井の偽装葬式が行われたこと、石井は村長の助けを借りて地下へ潜った様子であることが報告されていた。

若松町に身を潜めていた石井のもとに、ウィロビー＝有末ラインを通じて、このメトロポリタン・ユニット80番の報告が伝えられたことはまちがいない。とはいえ、石井の終戦メモの十二月三日以降の頁を繰ってみても、その報告が届いた様子はつかめない。

1 さらに、石井の偽装葬式が「加茂」で行われた様子も何ひとつ見つからない。石井の偽装葬式というのは、メトロポリタン・ユニット80番に情報を伝えた「加茂」近くの人
3 間による捏造だったのだろうか。あるいは、当時、「加茂」でそんな噂が流れたのだろうか。

7 もし、本当に偽装葬式が行われていたとしたら、このノートには何らかの記載があって然るべきであろう。あるいは、千代田村村長との連絡事項が記されてあるはずではないか。

ノートには〈Ⓜ　戦犯の件はどうなる　どうする〉に続いて、

〈千代田村亡命す〉

という一行がある。ページ上部にⓂとあるから、Mへの相談事項と考えてよいだろう。しかし偽装葬式を上げて地下へ潜ったなら、こんな記述があり得るだろうか。

さらに、同ファイルには同年十二月十四日付で、日本共産党から寄せられた情報をまとめた報告書も入っていた。石井の命令で、ハルビンでは中国人に、奉天ではアメリカ人に腺ペスト菌が注射されたという内容である。

これを聞いた石井は、尋問に備えてその答えをここに記したのである。

やはり石井にとって最大の関心事は、奉天でのアメリカ人捕虜への腺ペスト菌接種疑惑ではなかったか。

この尋問用返答マニュアルで、石井はまずハルビンと奉天に細菌戦研究所があったことを否定し、ハルビン、つまり平房は濾水機の製造工場であったと言い訳をしようとしている。

ペスト菌注射については、ペスト液も予防液も注射することとなし、と全面否定の方針を記した。

〈飛行機で共施設を爆撃せる事実更になし〉とあるのは、参謀二部には両施設が飛行機で爆撃されたという報告が入っていたためであろう。しかし、そんな事実がなかったことは敢えて否定するまでもなかったはずだ。

さらに、〈人間モル〉と石井が記しているのは、「人間モルモット」の略である。サンダースが内藤良一に確証を取った後、「捕虜がモルモットとして人体実験に使われることはなかった」と彼のリポートの最後に書き入れたのを思い起こして欲しい。英語では

〝ギニーピッグ〟という単語をサンダースは使った。それを内藤が「人間モルモット」という日本語に置き換えて使用したのである。以来、石井たちもその言葉を使うようになったことがこの記述に見てとれる。だが、

〈ハルピンと奉天で人間モルの実験せる事実なし〉

と石井が否定すればするほど、ハルビンはともかく奉天でも人体実験があった事実をひた隠しにしていることが見えてくる。もし、奉天でアメリカ人を使っていたことが暴露されたら、米軍から戦犯の免責など貰えるはずがないと石井は頭を抱えたことであろう。

奉天には細菌戦研究所などなかったが、捕虜収容所があった。ここでアメリカ人捕虜に対して石井部隊が人体実験を行ったかどうか、多くの証言があるものの、未だにその事実ははっきり証明されていない。とはいえ、ソ連軍の捕虜になった柄澤十三夫は、七三一部隊の軍医として初めて口を開いた供述のなかで、奉天の捕虜についても告白している。

柄澤によると、免疫性血清接種の反応が人種によって異なるかを解明するため、一九四三年夏頃、コレラ班の班長である湊正男技師が奉天附近に収容されていた米軍捕虜の血液を検査したと述べ、以下の供述を残している。

「このことに関し湊は私に、細菌強化の実験と同時に行われていた血液研究の結果、血

清の免疫は異人種でも同様であることが判明した、と語った。この結果により我々は通常の方法で培養を行った」

もっとも、米軍も南の島で捕虜にした日本兵に血液検査を行っていた。その結果、炭疽熱やペストなど普通では感染しない病気の予防注射が行われていることが判明し、それらの予防注射は日本軍が炭疽熱やペストの研究を行っている動かしがたい証拠になったのである。

実際には、奉天で行われたのは単なる血液検査の枠を超えていた。戦後四〇年以上もたった一九八六年には、かつて奉天の捕虜収容所で、七三一部隊の日本人医師団から定期的に予防注射や血液検査などの人体実験をされ、体の不調を訴える元アメリカ兵が米下院復員軍人委補償問題小委員会で証言している。

同収容所にいたアメリカ人捕虜の数は約一〇〇〇人。多くがフィリピンで日本軍に降伏した後、台湾、朝鮮の釜山を経由して満州の奉天に送られてきた。委員会で証言したフランク・ジェームズによると、白衣の医師団が定期的にやってきて予防注射や血液検査をした。それらの注射が実際、どんな注射だったかは、現在では判断不可能であろう。

さらにジェームズは、収容所で死亡した後、冬のあいだ表に置かれて凍った遺体三〇〇体を白衣の医師団が解剖し、その標本を持ちかえったと証言している。その白衣の日本人医師団が、平房の七三一部隊の軍医だったことはほぼ間違いないが、これまでのところ確たる証拠は上がっていない。
石井が人種の違いによる病気への抵抗力の差、あるいは免疫力の差に対して興味を抱いたことは当然だった。もし、人種によって細菌への抵抗力が異なれば、攻撃目標のなかに多くの人種が混在している場合、手持ちの細菌兵器では効果が望めないかも知れないからである。あるいは、攻撃目標を米軍に絞った場合のためでもある。

平房の七棟、八棟に収監された捕虜のほとんどがモンゴル系だった。七三一部隊の細菌兵器がアングロ・サクソン系人種に効果があるかどうか確かめるために、奉天の捕虜収容所は実に手ごろな「人間モルモット」を提供してくれたのである。

ところが一九四三年当時、石井は第一軍軍医部長として南京にいたか、東京に転任になって軍医学校へ戻っていた。実際、白衣の医師団を奉天に送ったのが石井であったかどうか、これも確証がない。

〈石井は大地主に非ず、勤労所得者なり〉という項目は、ユーモラスですらある。石井四郎が「加茂」の大地主の息子であることがあまりにも知れわたり、石井というと大地主というイメージが先行してしまった。実際、石井のノートには、十一月十日、

〈地主、小作地を一部取り戻して自作農たるの件は如何〉

と記されていて、土地をかなり売り渡してしまった実情が伝わってくる。石井は「加茂」で生活する二組の兄夫婦を心配し、自作農として生計を立てたらどうかと提案して

いるのだ。

〈加茂は借金〉

という一行が1／12に一行記されてある。「加茂」の借金はどうするか、という意味なのであろう。続いて、〈清子式精米機　5馬力〉とあり、設計図が記され、こんな説明がある。

〈一俵30分、糠代3、金で3円、約一升糠及小米〉

設計図は5馬力のモーターで精米する機械のかなり精巧なイラスト。かつて陸軍軍医だった時代には、培養缶や濾水機の発明を手がけた石井が、妻のアイディアによる精米機を考案しようとしていたのである。

本人にしてみれば、石井四郎は大地主どころか、休みもなく三百六十五日働く勤労者だと叫びたかったにちがいない。七三一部隊の部隊長であり、千葉の大地主という表の顔と実際の石井との間には、大きな乖離が生まれていた。表の顔を大きく大きく見せようとはったりをかませてきた戦中までの石井は鳴りを潜め、黒いカーテンの中で戦犯になるかどうかを案じながら、休みなくコマネズミのように頭を働かせる石井の姿を、誰が想像しただろうか。

第一回宝籤（たからくじ）1等10万円

マッカーサー宛（あて）に送られた投書のなかには、石井四郎が巨額の金を懐（ふところ）にしたという告発がいくつかあった。なかには、「元軍医として召集されたる一人より」という差出人の名前で、「マッカーサー司令官」宛のこんな告発もあった。

「近来、彼（石井四郎）は多額のワイロ金を使いその罪を逃れんと大運動しているということである」

一九四五年十二月、情報提供者から寄せられた報告には、石井が約一〇〇万円もの巨額を不正に手に入れたという内容が含まれている。石井式濾水機を製造した日本特殊工業から多額の金が石井とその部下に配られたという話も報告されている。

しかし、発見された「終戦メモ１９４６」に見る石井は、「首切代」と称してなんらかの退職金が部下の軍属へ支払われるよう奔走する一方、本人は〈所得税の削出方法〉を計算し、〈生活基準一覧表〉を作成、春海を第一生命に使いに出し、

〈掛金の高い理由と途中解約したら幾円返還金が取れるか、三冊を持参して問い合わせ帰るべし〉

とも記している。

一方、〈第一回宝籤　７／11締切〉という一行については既に記したが、宝くじについての詳細を見ると、どうやら宝くじを当てようと真剣になっている様子である。

〈宝クジ　1等　100、000円　100本
　　　　　2等　10、000円　1、000本
　　　　　3等　1、000円　10、000本
　　　　　4等　50円
〉

十一月三日には、〈宝籤の番号が十三日の新聞にある筈（はず）だ〉と記している。

かつて権勢を振るった軍人が巣鴨（すがも）刑務所へ送られ、市ヶ谷台の法廷で裁かれようという時代、それまでの価値観は、見事に逆転した。終戦直後こそ、石井を恐れて口をつぐんでいた部隊員も、金欲しさで何を語り出すかわからない。あるいは、石井自身、新しい世の中で生きていく自信を失いつつあったのだろうか。

ノバート・フェル博士が来日し、マックェール中佐と通訳の吉橋太郎が尋問に立ち会うようになった頃、石井は金を無心する元部隊員からの絶え間ない脅迫にさらされていたとマックェールは指摘している。

対敵諜報部隊の「シロウ・イシイ」ファイルには、石井の自宅に匿名（とくめい）の脅迫電話がかかってきたことや、その日の午後にはその人物が顔を見せるというので、石井が地元の警察へ通報したという報告まで残されている。

誰もが食べていくのに精一杯だった。後に「細菌戦エキスパートとして雇っていただきたい」とフェル博士に売り込み、「ソ連との戦争準備のために、私の二〇年にわたる研究と実験の成果をアメリカに提供できるのです」と熱を込めて自己宣伝をした石井にしても、生き延びる方法を摸索していた。

石井四郎の「終戦メモ１９４６」に見えてくる戦後の石井は、驚くほど普通で小市民的な人間だった。ノートを記しているのは、母親の電気コタツを心配し、子供の教育に心を配り、軍属に補償金を支払おうと奔走する元軍医だった。かつての大地主としての権勢もなく、既に土地を失い、借金を抱える実家の生計を案ずる石井の姿がそこにある。

マッド・サイエンティストと呼ばれた男は〈生活基準の決定〉を考え、〈教育指導方針　及　教育費の研究〉などの雑事にかまけながら、戦犯になる可能性におびえ、尋問に出るかどうかの選択を迫られ苦悶していた。

そのことをあらわす不可解な表がノートの最後の頁に記されてあった。そこには石井の揺れ動く心情、何事かを計算しようとする姿がある。

縦軸には、米、英、ソ、支、共、有、鯛、本と記され、横軸上段には、不、出、死、が並ぶ。横軸下段、不と出の下には、故、Ｂ、Ｏ、配がそれぞれ並ぶ。縦軸と横軸の枡にはひとつずつ＋（プラス）か－（マイナス）を入れていく。

その結果、プラス・マイナスで計算すると不が四票、出が一六票、死が二票。これはつまり、尋問に出ないか（不）、出るか（出）、あるいは自殺（死）という選択を迫られていたため、科学者の目で状況を判断、決断を下そうとして書き込んだ表であったにちがいない。その結果は、尋問に出るが一六票と他を大きく引き離し、尋問に出ない（不）という選択を上回り、自殺（死）という選択をほとんど可能性のないものにしている。

「わたしがそばで見ていた石井隊長は苦しんでいた」

石井四郎の私設秘書だった郡司陽子も著書にこう記している。

「ある時、わたしが二階へお茶をもっていくと、隊長が『近衛さんも小泉さんも自決された』と沈んだ様子でわたしにいう。隊長も死にたいのだなとわたしは涙ぐんでしまった。『多勢の人に迷惑をかけることになるから、死ぬわけにはいかんのだ』と、隊長は自分を励ますようにいった」

陸軍軍医学校で石井を後押しした小泉親彦も東条英機内閣が誕生すると、厚生大臣になり、後の厚生省の基礎を作ったが、米占領軍から出頭命令を受けた九月十三日、割腹自殺を遂げていた。いくら虚勢を張ってはいても、石井にとっても自殺の選択肢は当然頭にあっただろう。

一方、石井の長女、春海は興味深いエピソードを西里へ伝えている。ここにも不可解な「マキさん」の名前が登場する。

「トンプソン尋問が始まる頃から、マキさんは泊まり込みで、増田知貞さんも来ていました。増田さんは青酸カリを持ち出して『隊長死んでくれ、家族も殺してくれ』って父に迫ったんです。そうすればすべての証拠を湮滅(いんめつ)することができるって。

父は『死ぬのはいつでも死ねるが、自分が死んだからといって全て(すべ)が解決する訳ではない。大きな仕事が残っている。自分が死ぬのは構わないが、今は時期ではない。向こうに情報を渡すからには俺にも条件がある』って言っていました。

私は隣の部屋にいましたから、全部聞こえていたので飛び出して行って、パーッとドアを開けて入って『お引き取りください！』って言ったの。それでその青酸カリを帯の間に入れた訳。そうしたら、父が『女の出る幕ではない！』って言ったのよ。それでも知らん顔して。

私、一週間その青酸カリを持ち歩いて、結局、お手洗いに捨ててしまったの。でも当時汲(く)み取りの時代でしょ？　後で考えて恐ろしくなったわ」

そう言いながらも、実は、尋問に出るか、出ないか、自殺するか、石井は上記の表で計算していたことがわかる。

「(軍医の最高位の中将よりさらに上の）大将にならなくちゃいかん」

細菌戦という「禁断の兵器」に取り憑(つ)かれた野心ばかり大きい軍医は、満州に足がかりを摑(つか)んだ関東軍の破竹の勢いとともに時流に乗った。肥大化した野心、満州という占領地、そして戦争へ突き進んでいく時代の異常さという要素がなかったら、「禁断の兵器」がこれほど旧帝国陸軍を動かすこともなかった。

「最強国家が細菌戦の準備を行っており、もし、日本がかかる準備を行わないならば、将来戦において日本は、大きな困難に遭遇するであろう」

ヨーロッパ旅行から帰国した後、こういって触れまわる石井の言葉に乗せられた陸軍参謀部もまた「禁断の兵器」の誘惑に取り憑かれたのである。

石井の勧誘のまま平房の本部へ呼び寄せられた京都帝大医学部の研究者たちも、同様に、「禁断の兵器」の誘惑から逃れられなかった。

しかし問題は、日本の敗戦後、「禁断の兵器」に取り憑かれた妖怪（ようかい）たちが退治されることなく温存されたことである。細菌兵器のあらがいがたい誘惑が次には戦勝国の軍人たちに乗り移って行った。

石井四郎は細菌戦に手を染めたからこそ、生き延びたことを知っていただろうか。権力を握るものにとってあらがいがたい細菌戦の誘惑がマッカーサーに取り憑いたため、厚木飛行場に到着した時、かれはこう発したのである。

「ルーテナント・ジェネラル・イシイはどこにいるか」

その後、マッカーサーが、石井が自宅に戻ることを許し、かれを匿（かくま）いつづけたのは、「禁断の兵器」の強い誘惑のせいだった。

「ジェネラル・イシイの研究はどうしても手に入れたい」

マッカーサーがこう思ったことは疑う余地もない。

一方、本国では終戦とともに終了するはずだったキャンプ・デトリックでの細菌戦の研究続行が決定された。

「小国がいつ何時細菌戦に手を染めるかもしれないからである」

調査に当たったジョージ・マークは彼の報告にこう記した。小国とは紛れもなく日本のことであり、日本のようなちっぽけな国がこれほどの実験を秘密裏に行っていたのだから、研究を終了すればどれほどの損失がありうるであろう、というのが研究続行のあきらかな理由である。

「禁断の兵器」の誘惑に取り憑かれたのは、マッカーサーばかりでなく、トルーマンや国防総省の高官、さらには平房の破壊跡に足を踏み入れたソ連軍とスターリンも同様だった。

レオン・N・スミルノフ大佐を東京へ送って七三一部隊の研究を手に入れようとしたソ連はこれに失敗すると、抑留した一二名の石井部隊員を起訴して「細菌戦裁判」を開いた。

一九四九（昭和24）年十二月二十七日の朝日新聞は第一面に、ソ連のハバロフスクで「細菌戦裁判始まる」という見出しを載せている。起訴された日本人戦犯一二名のなかには、元関東軍総司令官山田乙三(おとぞう)や軍医中将の梶塚隆二、そして七三一部隊の軍医少将川島清、同軍医少佐の柄澤十三夫の名前があった。

ソ連に抑留された日本人の返還が問題になっていた時期である。アメリカ側はこの裁判はソ連側の宣伝であり、事実から目を逸(そ)らす「煙幕」だとまで主張、米国防省のスポークスマンはこう伝えている。

「マッカーサー元帥(げんすい)は日本側が第二次大戦中、米人捕虜に対し、細菌兵器の実験を行ったとのソ連側の報道は信ずるに足りないと声明したが、国防省はなんら付言することはない」

米ソの冷戦が日増しに勢いを増し、朝鮮半島では一触即発の状態にあった。この裁判が西側ジャーナリストを招待する開かれた裁判であったなら、七三一部隊に対して世界の注目を集めることも可能だったろう。しかし、ハバロフスク裁判はタイミングもそのやり方も世界の耳目を集められるものではなかった。たった六日間の裁判では、被告はひとりずつ証言台に立って起訴状にある罪状を認める程度で、詳しい審議が行われるはずもなく、民主的な裁判とは言いがたいものだったからである。

「若松荘」という名の〝パンパン宿〟

一九五〇（昭和25）年六月二十五日には朝鮮戦争が勃発(ぼっぱつ)。流行性出血熱の専門家といわれる北野政次が米軍と戦地へ向かったという噂（うわさ）が流れた。ペスト班の高橋正彦は米本土へ招かれ、病理標本をまとめる仕事をしているという情報も伝えられた。石井自身が米国へ招聘（しょうへい）されたという説もある。九ヵ条の密約には、「主要な研究者は米国へ行くことを許可される」とある。十一月二十日付のメモには〈髪を伸ばして戦後米国へ行く〉という一行があったのを思い起こして欲しい。

1 しかし、春海の証言を見ても、石井四郎が米国を訪問したという事実は見当たらない。

それより面白いことに、「シロウ・イシイ」ファイルのなかには、「石井中将宅への道
3 順」という一枚の地図が入っていた。地図といっても新宿からのかなり大まかな道順が英語で記してあるもので、こんな説明があった。

7 「Kストリートを三〇丁目（新宿・伊勢丹デパートの道）へ向かい、三〇丁目を右折して淀橋（よどばし）通りへ入る。淀橋通りを右折し病院に向かって道路がでこぼこになるまで進み、そこを左折する代わりに、右折、ぬかるみの小道に入ると突き当たりがホテルになっている。それがホテルになった石井の家」

その〝ホテル〟あるいは〝旅館〟とは実際どんなものであったのか。

ウィロビーはトンプソンの尋問が終わってから、若松町をしばしば訪ねてくるようになったと春海が証言している。若松町の家にウィロビーほかアメリカ人高級将校が出入

りするようになると、石井の家は「若松荘」と呼ばれるようになり、旅館を営むようになったと証言する者は多い。石井が旅館を営んでいたことは、浅見淳軍医のインタビューテープのなかにも残されている。

その真偽を確かめるため、当時の石井家について何か語ってくれる人はいないだろうか。

わたしは大久保通りで、若松町商店街の角にある昔ながらの理髪店に目を留めた。

終戦直後の佇まいを残す木造モルタル建て一階のガラス扉には「藤野理髪店」とある。なかを覗くと、客のいないがらんとした店内に白衣を着た店主らしき老人が、鏡に映るわたしの顔を長いあいだ眺めていた。訝しげな顔つきでもなく、ただ、じっと見つめているのだ。

一〇畳もない店内には、昔懐かしい理髪店の革張りのがっしりした椅子が鏡に向かって二脚置いてある。入って右側には、よく磨かれた古めかしくて大きい給水装置と白いタイルの流しがあった。なにもかもが五〇年代そのままに、時間が停止した空間を提供しているようだった。しばらく待ってから、思い切って扉を開け、取材の趣旨を話すと、店内へ通してくれた。

「あの人は軍医さんなの。中将なんです。軍で中将なんてたいへんなものなんだ」

こう口を開いてくれた藤野店主の話によると、戦後、石井家の子供たちの散髪をしたのはこの理髪店だったという。時には、夫人の顔にカミソリをあてたり息子たちの散髪のために石井家へ出かけたこともあったという。石井四郎の散髪をした時には、濾水機(ろすいき)を発明したという話を本人から何回も聞いたと言って、両手で大きな頭を抱える格好をした。

「終戦当時は、いまで俗に言うパンパン屋をやっていた……」

藤野店主はとつとつとこう口にした。思わず、それは本当ですかと聞くと、

「本当だよ」

と藤野はわたしを見つめて答えた。

「それは若松荘という名前でやっていたんですか」

と聞いてみると、

「ちがう。その家が、立派な自分の家」

「若松荘が自分の家……」

「そうそう」

藤野店主の話を総合すると、「パンパン屋」といっても普通の家庭の婦人がアメリカ兵の相手をしていたという。さらに、彼はこう続けた。

「それで、何かジェスチャーのように……」

「ジェスチャーですか」

「表に対して、そういうふうに経済的に困っているんだと。そういうあれじゃないかと思うけれども……」

つまり、「パンパン屋」を営業していたというのは、経済的に困っていることを示すためのジェスチャーだった、というのが隣近所の評判だったというのである。

しかし、「終戦メモ」に記された石井家の家計は明らかに困窮し、節約を呼びかける言葉が何回も登場している。

石井が旅館をやっていたこと、それも米将校用の連れ込み宿だったことは噂には聞いていた。しかし、藤野店主のようにあまりにもはっきり断言する証言に出会うと、さらに真偽を確かめたくなるものだ。

「終戦後、毎日のようにアメリカ兵が来ていましたよ」

三味線職人の笠原の話である。

「事情聴取のため、将校が来ていました。それでとうとう戦犯にならなかったのです」

旅館を経営していましたか、とわたしは尋ねてみた。すると笠原は、

「そう、それ、私はあまり言いたくないんだけど……」

と口を閉じ、しばらくして、

「旅館って、戦後、そんなに大きくないところで……ちょっとやっていたんです」

と答え、こう続けた。

「石井荘とか、若松荘とか、そんな看板があったね。当時、オフクロがここにいたとき
ですが、〝ハロー〟って、外人がまちがえてうちに入ってくるんですよ。そのたび、う
ちのオフクロが、あっちだ、って指差して言ったんです」
笠原はそれ以上、語ろうとしなかった。
わたしは創業明治四十年という大久保通りに面したそばやの尾張屋で、店主にも聞い
てみた。
1 「ええ、石井さんのところへはよく出前をしていました」
およそ腰の低い店主の星野博はそばづくりで粉だらけになった手をぬぐいながら、こ
3 う続けた。
「戦前からこのあたりには軍人さんのお屋敷がたくさんありましたよ。日露戦争の奥元
7 帥とか、陸軍大将の緒方さんとか、まあ、石井さんのところは、夜の二時、三時にそば
四〇人分注文してくるんです。私は子供でしたから、寝ていましたけれど、親父（おやじ）がこぼ
していたものです」
いかにも夜型で知られる石井らしい逸話である。
「それにあの方は頭の良い方ですけれど、〝紙一重〟で、家の大工の仕事が気に入らな
いって柱を切ってしまったんです」
さらにはこんな思い出まで披露してくれた。

「石井さんのところは二階に大広間がありましたから、この町の青年会にそこを使わせてくれたんです。で、閣下は青年会の連中を集めて、こう言うんですよ。『この町を良くするためには、財閥を連れてきてやらなければならない。そんな小さな家ばかり建てないで、大きな建物をつくるべきだ』ってね。まあ、当時、焼け出された人たちがようやくバラックを建ててほっとしていたときでしたからね。何を言っているとむっとした人も多かったでしょう。誇大妄想狂だなんていう人もいましたが、いまになって見ると、石井さんの言ったとおりになりました」

旅館の話を尋ねると、そばやの店主は、

「あそこはＧＨＱのホテルだったんです」

といともあっさり認めてくれた。

「ＧＨＱの高官が女性を連れ込んで来ていました。まあ、部屋を提供していたのでしょう。ホテル専門の女中さんがいて、世話を焼いていましたから。通りで米兵と日本人の女性をよく見かけましたよ」

一九四五年十一月二十日、エクランド大佐はじめ六名のアメリカ人高級将校をディナーに招待してから、石井家には多くの将校が通うようになった。すっかり馴染(なじ)みになった彼らが手作りの料理だけでなく、部屋を貸してくれと迫ったとしたら、それは自然な成り行きだったのだろうか。

逆に、この商売が経済的な困窮を示すためのジェスチャーだという噂こそ、大風呂敷を広げて参謀本部を煙に巻いた石井本人が作り出した噂話ではないかと思いたくなる。「GHQのホテル」をやるほど零落したことを知られたくなかった石井の意地だったのではないだろうか。

「終戦メモ1946」に記された十一月二十日のアメリカ将校との会食は、巣鴨刑務所
1 に繋がれ裁かれるはずだった石井四郎が土壇場で手に入れた唯一、生き延びるための扉
だった。かつての石井部隊隊長は彼らの研究を米国へ手渡し、しかも自宅で「若松荘」
3 を営むことを強要されたのである。細菌兵器という妖怪に取り憑かれた石井四郎という
マッド・サイエンティストは、こうしてひとりの平凡で小心な男になった。

石井四郎という男は、生き延びるために何でも受け入れた。組織をあげて秘密にして
7 いた「禁断の兵器」についての研究を売り渡し、サバイバルの方法を手に入れた石井四
郎には、もはや軍人の矜持もなければ、科学者の狂気もなかった。彼に取り憑いた「妖
怪」はその居場所を変え、石井四郎から遥かに離れていった。

エピローグ　軍医たちのその後

一九五〇年、朝鮮戦争がはじまって半年もたたない十一月二十日、大阪市城東区に日本初の血液銀行である「日本ブラッドバンク」が誕生した。代表取締役および専務取締役に内藤良一の名前がある。さらに、取締役には宮本光一と二木（ふたき）秀雄の名前がならんでいた。

宮本光一は政府から独占権を与えられて「石井式濾水機（ろすいき）」を大量に生産した日本特殊工業の社長である。石井四郎のビジネス上のパートナーと呼べる人物で、終戦までにかなりの財産を築いた。金沢大出身の二木秀雄は、平房（ピンファン）では結核班の班長をつとめた。終戦直後、野口医師とともに金沢で次の部隊を待っていた軍医である。その後、政界情報誌「政界ジープ」の発行人という肩書きももつようになったというから、ビジネスにも関心が強かったのだろう。

「日本ブラッドバンク」の六名の取締役のうち、三名が七三一部隊に関連していた。いうまでもなく内藤良一がこの「日本ブラッドバンク」、のちの「ミドリ十字」の生みの親である。

「ミドリ十字」の社史には、内藤が血液銀行を創立するまでのいきさつが記されてある。

これによると、戦後、大阪府茨木市にもどった内藤は、戦災を受けなかった郷里で内藤医院を開業した。第五章で記したように、内藤は米国のペンシルベニア大学留学中に買ってきた真空ポンプをもとに、軍医学校で凍結真空乾燥機の国産第一号をつくり、輸血のための乾燥人血漿の研究を手がけていた。

開業してみると、緊急時にすぐ入手できる血液か、あるいは乾燥人血漿があればと、臨床の場で痛感した、と社史にある。そんな思いを抱いていた内藤のところへ、宮本と二木が訪ねてきたのが、一九五〇年初夏であった。内藤が乾燥人血漿を供給できる血液銀行の構想を打ち明けると、三人はすっかり意気投合した。

まさに絶好のタイミングで、朝鮮戦争が勃発していた。内藤は精密な企画草案の執筆に取りかかり、さらに「ＧＨＱを再三再四訪れて精力的な折衝を重ねた」とつづく。

もちろん、内藤が防疫研究室にいたことや石井機関のネットワークの要職にあったこと、戦後にはアメリカ軍の調査で通訳をつとめ、自身も取り調べを受けたなどということは、ひとことも社史には語られていない。

「ＧＨＱの担当官は公衆衛生福祉局のボーズマン博士であった。内藤は戦前のアメリカ滞在以来、久しく話していない英語で懸命に説得した。この交渉においてボーズマン博士は、計画を了承するとともに『血液事業は官営よりむしろ民営の方が真剣に取り組むのでよい』との好意的な意見を示すとともに、最新の米国参考資料を内藤に貸与し、厚生省へも強力にプッシュしてくれたのであった」（『ミドリ十字30年史』）

　本社工場での開業準備が進むなかで、大阪、神戸に採血プラントが開かれた。シンガポールの防疫給水部で内藤とともに働いた太田黒猪一郎など、石井部隊に関係した医師が顔を揃えることになる。名古屋では野口圭一医師に声がかかった。東京プラントの工場長に迎えられたのが北野政次だった。

　わたしは米国立公文書館で「ブラッドバンク」というファイルを見つけた。一九四八年から一九五一年末に至る文書が入った三センチほどの厚みのかなり大きなファイルである。ここには内藤がガリ版刷でつくった日本語の血液銀行の企画草案が入っていた。八三頁にも及ぶ詳細な報告で、資本金を三〇〇〇万円として、必要な建物、土地、備品、器具などを細かく羅列している。その熱意と几帳面さは内藤の人柄をよくあらわしていた。

　このファイルのなかでもっとも目を引いたのは、GHQ公衆衛生福祉局のクリフォード・サムズ准将に宛てた内藤らによる英文の嘆願書だった。一九五〇年八月二十二日付、内藤、宮本、二木を含む一〇名の連名になっている。

　サムズ准将といえば、終戦直後の混乱期に発疹チフスなどの伝染病が野火のように広がるのを防ぐため、ＤＤＴの強制撒布をしたことで知られる。街角では防疫員が市民に頭からＤＤＴの粉末を浴びせたものである。

「日本で初めて乾燥人血漿を手がけたのは軍医学校のドクター・ナイトウだった」

という売り込みが嘆願書にはあり、

「日本赤十字は血液銀行設立に熱心といわれるが、乾燥人血漿については経験も技術もない」と辛らつな批判を寄せている。

つづく文書を丹念に読んでいくと、一九五〇年初めまでは、日本赤十字が採血、保存、供給を行う唯一（ゆいいつ）の機関ということでGHQも了解、すべての計画が進んでいたことがわかる。それが六月二十五日にはじまった朝鮮戦争で、突然、事態は大きく変わった。負傷兵に大量の血液が必要となってくると、八月二日付文書には、東京の赤十字病院血液センターの計画は少しも進展していない、という苛立（いらだ）ちが記されてある。

サムズ准将宛の嘆願書の直後には、「日本ブラッドバンク」が献血などの方法で血液を入手する組織をもたないため、赤十字と組んで事業をすすめることで両者が了解した、と内藤が書いている。さらに、翌一九五一年二月六日付の文書は、ボーズマンが民営の「日本ブラッドバンク」の設立の経緯を説明し、いかにGHQが内藤の会社に協力して軌道に乗せたかが記されてある。

すべて内藤らが企画してGHQが後押ししたという形になっている。

ところが、一九五二（昭和27）年に開設された「血液銀行東海地区保存血液配給所」の所長になった野口医師は、次のように話してくれた。

「内藤さんは、実は、ＧＨＱに言われて、ブラッドバンクをはじめたのですよ」ということは、サムズ准将宛の嘆願書も、占領軍の指示で「書かされた」ということになるではないか。

野口医師はカバンのなかから大切そうに一枚の文書を取り出して見せてくれた。

「名古屋にBlood Centerを創設することを要望する」

というタイプ印刷された文書のコピーである。

「これもＧＨＱからいわれて作った〝やらせ〟ですよ」

昭和27年という日付の入ったこの文書には、

「……この地の輸血実施の実情を省ると、旧態依然としてスペンダー等に依存し、梅毒感染の危険、型の換玉の心配、同型入手の困難、量の不足、招致時間の遅延等に悩まされている原始状態を出ない。私共はこの地の医界の中堅として、アメリカ式の進歩した組織と技術を持ったBlood Centerが此の地に一日も早く出来ることを要望する」

と記されてある。

「血液（乾燥人血漿）を売ってくれんか」

野口医師は内藤からこう頼まれたと言う。

「（日本）ブラッドバンクをはじめて一年ほどたった頃でした。私は鉄道にもつてがあって輸送もできたので、名古屋駅の駅長室に運んでもらって、それをサプライしようということでやったんです」

　順調に滑り出した「日本ブラッドバンク」も創立から一年も経たないうちに、朝鮮戦争の休戦会談とともに特需ブームが退潮すると、思うように製品が売れなくなったのである。

　野口医師は「日本ブラッドバンク」名古屋プラント所長だったのではないか、と聞いてみると、とんでもないという返事が返ってきた。

「ブラッドバンクというより、財団法人『公衆保健協会』の理事という肩書きで血液のサプライをしただけです。私はもう開業しとった。開業して公衆保健協会で寄生虫の検査をしていたのです。いろいろあって、理事長を引き受けたけれど、終始、無給でしたよ」

　彼はさらにこう続けた。

「ＧＨＱは到着してまず三つの条件を出したのです。横浜に慰安所をつくれと。それと石井閣下の濾水機をすぐ出せと。ところが、あれ、噂によると、最上川に沈めたのだという。それを引きずり出してきて、進駐軍に三台納めた。そしてもうひとつは、発疹チフス・ワクチンを作れと。この三つを要求されたということを聞きましたね」

　アメリカの占領というあの時代に何が行われていたのか。闇のなかから事実が顔をあらわしてきた。結局は、ＧＨＱが日本人の自発的な起業だという形を取って、この国のかたちを作って行った。わたしたちはその事実を全く知らずに過ごしている。

七三一部隊の関係者の多くが「日本ブラッドバンク」で働くようになったのは、元軍医は公職追放によって大学や病院に就職できなかったからである。増田知貞や内藤良一などが、終戦直後に開業したのはそのためだった。一方、技師として平房へ送られた医師たちには、戦後、日本医学界で要職につくものも多かった。

『ミドリ十字と７３１部隊』によると、石川太刀雄丸（たちおまる）は金沢大病理学教授、岡本耕造は兵庫医大教授、東北大、京大医学部病理学第四代主任を経て、近畿大学医学部長、草味正夫は昭和薬科大学、田中英雄は大阪市医専講師から大阪市立大医学部長、石井のパイロットだった増田美保は防衛大学、湊（みなと）正男は京都大学、凍傷の吉村寿人は京大航空医学教室助教授、京都府立医大を経て、兵庫医大教授になっている。

このほか、国立予防衛生研究所にも多くの七三一部隊関係者が名前を連ねている。朝比奈正二郎（昆虫部）、江島真平（赤痢班）、八木沢行正（植物班）などである。

増田知貞は石井のノートにあった千葉県君津郡秋元村で民家を借りて開業したが、一九五二（昭和27）年四月五日に交通事故で死亡している。

『細菌戦部隊と自決した二人の医学者』のなかで、常石（つねいし）との共著者の朝野富三（毎日新聞大阪本社社会部記者）は、増田の長男の健一に取材、貴重な言葉を記録している。

それによると、終戦後、軍服から階級章をはずし、疲れきった顔で増田が帰ってきたのは、一九四五年九月十三日、それからすぐに家族を連れて千葉へ逃れた。

「千葉に親戚があったわけでもなんでもなく、とにかく逃げんといかん、ということで……。近所の人の紹介だったようです。そこは、いちばん近い駅から更にバスで二時間もかかるような辺鄙な村でした」

健一はこう言っている。さらに、興味深いのは次の言葉である。

「民家を借りて医院を開業しましたが、間もなく米軍のジープがやってきたのです。アメリカの兵隊が土足で家に踏み込んで、父を連行していきました。父は『もう会えんかもしれんな』とみんなに言い残していきました」

しかし、増田はしばらくすると戻ってきた。それから何度か上京し、米軍の取り調べを受けたが、一年ほどすると「もう終わった。大丈夫だ」と言い、「そのうち大学の教授になるつもりだ」と張り切っていたという。

その日、午後五時に起った事故について、朝野記者はこう記している。

「増田は往診のためオートバイで走っていて、直進してきたトラックと接触。横転したはずみに、車体の下に体が巻き込まれた」

増田は酔えば、こう口にしたと言う。

「石井の三羽烏というのがあってな。わしはその一人だが、一番力があるんだ」

増田知貞は三羽烏のなかで一番に逝き急いだ。享年、五十一歳。

石井四郎は内藤良一が大阪で血液銀行をはじめたと聞いて、どんな思いだっただろうか。石井の気持ちは忖度するしかないが、春海が興味深い発言を西里に残している。

「内藤さんは子供がいなくて、私のことをとても可愛がってくれましたが、カミソリのような人でした。変わっている人でした。頭の凄くいい人でしたけれど冷たい人。ミドリ十字を始めた時も何の相談もなかった。その前身の血液銀行をやっていたことも、石井部隊で研究したものをそのまんまね、うまくやった訳ですよね」

春海の回想は、石井自身の言葉と置き換えてもよいのではないか。

『ミドリ十字30年史』には、創業当時から「機関車帳」とあだ名のつけられたノートがあったと記されてある。これはプロジェクトチームごとに研究開発活動の状況をまとめ、どこまで達成したかを明確にするリポートだというが、業績評価の厳しい「内藤イズム」をあらわしていた。製品の安全性より企業利益を重視した「ミドリ十字」の社内体質は、「日本ブラッドバンク」を創立した内藤の金銭勘定と強引なビジネス感覚にはじまるのではないか、と思いたくなる。

その後、内藤のところへ石井が押しかけてきた。その時のことを、内藤自身が常石教授によるインタビューに答えて以下のように語ったという。

「石井がかつての部下だった内藤の所へ押しかけて自分を雇うよう求めた時、内藤は石井を追い返してしまった、と言っていました。『北野さんは謙虚な人だったから、東京プラントをお願いしたが……』と言っていた」

と常石教授は話してくれた。内藤は石井が傲慢な人物であったことを示唆していたのである。

内藤を訪ねた石井の腹づもりは、顧問くらいにはしてくれるだろうと高を括っていたにちがいない。

石井の二冊のノートには内藤良一の名前が全く登場しない。しかし、占領軍との交渉を引き受け、彼らを懐柔したのは内藤だった。あるいは、法務局の尋問ではついに口を割り、人体実験について証言していたことも石井本人は知っていたかもしれない。戦後の石井にとって、内藤の裏切りと暗躍ほど憤懣のタネはなかったことだろう。もっとも、優秀なだけでなく鋭敏で組織を動かすノウハウも心得ていた内藤こそ、実は、戦中から、石井機関を取り仕切り、石井をうまく動かしていた黒幕だったという説もある。

マッカーサーが解任され、サンフランシスコ条約でアメリカ軍による日本占領が一九五二年に幕を閉じてから四年後には、中国やソ連に収容されていた部隊員がようやく釈放され、帰国した。

少年隊の一員として平房に送られ、戦後には中国人民解放軍に逮捕された篠塚良雄は、撫順(ぶじゅん)戦犯管理所に収容されたが、下級部員ということで不起訴になり、一九五六年八月四日に帰国した。三十二歳になっていた。故郷の千葉県茂原(もばら)駅には、家族や親戚、同級生、近所の人たちに混ざって部隊員が出迎えに来ていた。七三一部隊という幟(のぼり)をたてていたので驚いたという。

数日後には歓迎会まで開かれた。

「部隊長閣下に帰還報告をせよ」

とメンバーが声をかけてきた。

「一緒に行ってやるから」というのである。

「なぜワシが帰還の挨拶(あいさつ)に行かなきゃいけないのか、って言ったんです。会いたいのなら、向こうから来るのが当然じゃないか、といったら、連中は〝中国で洗脳されているから、こんなことを言うんだ〟と。〝昔はこんなじゃなかった〟というんです」

これ以降、篠塚が石井部隊の隊員に会う機会はほとんどなくなった。

同年には、ハバロフスクで細菌戦裁判にかけられ有罪を宣告された山田乙三らも最後の引き揚げ船で帰ってきた。梶塚隆二、川島清のほか一〇〇部隊や支部の軍医や部隊員などである。しかし、柄澤十三夫の姿だけは見えなかった。

ハバロフスク裁判終了後、判決を受けた一二名はモスクワ北東にあったイワノヴォ州チェレンツィ村の第四八ラーゲリに移送された。もと帝政時代の紡績工場主の邸宅だったという収容所で、近衛文麿の長男、文隆も収容されていた。

一九五六年十月、鳩山首相が日ソ共同宣言に調印した翌二十日、土曜日で例会の映画上映が終わってから、柄澤のいないことがわかり、大騒ぎになった。彼は洗濯場の梁に紐をかけて首を吊っていた。ソ連軍の執拗な尋問に対し、

「医師の良心としてすべてをお話しします」

と口を開いた柄澤である。日本へ帰れば、秘密を暴露したことで歓迎はされない。それどころか制裁を受けると思ったのだろうか。あるいは、自分が人体実験をやっていたことが知られ、重い十字架を背負って生きながらえねばならないことが、あまりにも辛かったのだろうか。柄澤の遺骨はいまでもチェレンツィ村の俘虜収容所墓地に眠っている。

ソ連から帰国した川島清は、一家の大黒柱を失った柄澤家によく手紙を書いたという。生前の柄澤が子供の教育を心配していたため、息子や娘の進学の便宜をはかるからなどと書いてきた。その川島自身は千葉県八街市の八街少年院の医師になった。

川島は時々、篠塚を訪ねてくるようになったというが、むかしの部隊の話はほとんど彼の口から出ることはなかった。

ＧＨＱの対敵諜報部隊の「シロウ・イシイ」ファイルのなかに、その後の石井四郎を伝える記事を発見した。共同通信が配信した記事の英文翻訳である。日付は一九五〇年二月。

「現在の石井は禅に深く入れ込み、まるで禅僧のような暮らしをしていると彼の妻は語っている」

実際、石井は若松町の自宅に近い月桂寺に通い、僧侶と禅問答に明け暮れていた。月桂寺から目と鼻の先にある市ヶ谷台で開かれていた「東京裁判」も幕を閉じ、巣鴨刑務所に服役していた終身刑以下の日本人戦犯には、マッカーサーから特赦令が出て釈放された時期である。

石井四郎が京都帝国大学医学部の恩師である清野教授の通夜へ駆けつけたのは、死亡する四年前の一九五五（昭和30）年十二月二十八日。相変わらずの石井節をここでも吹いていた。

渡邊家には同年八月、若松町の自宅二階広間で五〇名ほどの部隊員に囲まれて撮った石井の写真がある。眼鏡をかけ背広を着て、すっかり白髪になった石井の顔からは、かつての部隊長の威厳や強烈な野望がすっかり消え、これがあの石井四郎かと思わせるほど温厚な顔付をしている。

「死の直前、父は上智大学の学長になられたヘルマン・ホイヴェルス神父に洗礼をお願いしていました。ホイヴェルス神父とは戦前から個人的に親しかったのです」

春海は「ジャパン・タイムズ」紙にこう語っている。故ホイヴェルス神父はイグナチオ教会の主任司祭でもあったので、石井の洗礼が事実だったのか確かめるため教会へ電話を入れた。応対してくれた女性は一九五〇年代の台帳をすべて調べてくれた。

「洗礼を受けたという記録は見つかりませんでした。五〇年代の台帳に名前が出てこなかったと言うことです。どういう形で洗礼を受けたかわかりませんので、記録がないから洗礼を受けなかったということでもないのです」

石井四郎も贖罪（しょくざい）を求めたかったのであろうか。ホイヴェルス神父にすべてを告白し、罪を認め、心の安らぎを求めたかったとしたら、彼も良心の呵責（かしゃく）に苦しんでいたということになる。

石井四郎が死亡したのは一九五九（昭和34）年十月九日、喉頭癌（こうとうがん）のためにかつての「東一（とういち）」、当時の国立東京第一病院で死亡。六十七歳。あれだけ大風呂敷（おおぶろしき）を広げ、はったりを効かせ参謀本部を煙にまいた石井が、手術を受けた後には声を失って死期を迎えたのはいかにも皮肉だった。

葬式は月桂寺で行われた。葬儀委員長は北野政次が務めたという。

「東京のすぐ後で加茂でも葬式をあげています。私の父親が手伝いをしたので良く覚えていますが、当時、まだあった石井さんの屋敷で行われ、ここら辺りでは滅多にない仰々しいほどのものでした」

「加茂」の隣人だった石井守はこう言っていた。

石井四郎は、妻の清子と長男の誠一が一九七三年、月桂寺に建立（こんりゅう）した新しい墓に眠っている。戒名は、忠誠院殿大医博学大居士。まわりとさして変わらぬその墓には抱き柏（だきがしわ）の家紋があった。

マレー・サンダースは二年間の療養生活で健康を取り戻した後、一九四八年からマイアミ大学医学部の教授になった。サンダースはその後、内藤良一と「非常に親しく」付き合い、内藤の「日本ブラッドバンク」さらに「ミドリ十字」の顧問をつとめた。内藤が死亡する一九八二年まで、誓って「人体実験はやらなかった」という内藤の言葉を信じたが、一九八三年に朝日新聞の取材を受けた時には、こう答えている。

「ところが、最近になってそのことを知り、大変ショックを受けた。ナイトウは故人になったが、私としては彼に裏切られた気持ちだ」

そのサンダースも一九八七年にこの世を去った。

アーヴォ・T・トンプソン獣医中佐は調査を終えて帰国した後、一九五〇年に大佐に昇進して東京へ配置され、その後、宿泊先の第一ホテルで自殺した、と伝えられる。

一九五一年五月十八日付「スターズ&ストライプス」紙は、「医療部隊将校の遺体が見つかる」という見出しの小さな記事を掲載した。これによると、第一ホテルの部屋で発見された遺体は、額の真中が撃ち抜かれ、自分の四五口径アーミー・ピストルの上に倒れ込んでいた。将校の名前は伏せられているが、トンプソンにちがいない。こめかみならともかく、自殺する人間が額の真中を撃ち抜くなど、わたしには不自然としか思えない。

地下鉄大江戸線「若松河田駅」の標識の向かいにある箱根山通りを下りて行くと、ダラダラ続く坂道の右側に、公務員住宅の灰色のアパート群が並び、その横に奇妙な形をした碑が建っている。ほんの七〇センチほどの三角柱の小さくいびつな碑で、「医療」という黒い文字がようやく読み取れるが、何かの標識であることをことさら否定されたようにひっそりしている。

「医療」につづく文字は消された様子で、隣にも黒い文字が消されて判読できないままに残っている。一九八九年夏までこの碑の前面には太い文字で「医校会」と刻まれていたという。その後、「医校会」の文字は削られ、その上にペンキで「駐車禁止」と書かれてしまった。二〇〇五年現在では「駐車禁止」の文字とつづく文字が消された「医療」の文字があるだけである。

この碑の標記が何度も書き換えられたのは、これが、陸軍軍医学校の正門があったことを刻む碑だからである。
一九四五（昭和20）年五月二十五日深夜の空襲まで、この碑の北側約七万四〇〇〇平方メートルの敷地に一〇〇あまりの建物が点在していた。

いま、碑を通り越して坂を下って行くと、右側に青いタイルの新しい建物が見えてくる。「国立感染症研究所」という入口のプレートを見ない限り、外側からではどんな施設かわからない。この建物の建設中に工事現場から約三五体分の人骨が発見されたのは、一九八九年のことだった。人骨は頭蓋骨（ずがいこつ）と大腿骨（だいたいこつ）だけであったため、正確な人数はつかめなかったが、発見場所がもと軍医学校の敷地内であったことは明らかだった。当然、同校との関連が問われたために、何者かが正門の碑を「駐車禁止」に、別のものがさらに「医療」と書き換えたのかもしれない。

ここから箱根山通りをさらに下って行くと、道の左手に都立戸山公園のグランドが見下ろせる。戦前、「防疫（ぼうえき）研究室」の建物が建っていたのは、このグランドの西側の敷地のなかだった。

最後に「加茂」を訪ねたのは二〇〇四年のお彼岸の日だった。共同墓地には、文字通り鶏のとさかのような鶏頭（けいとう）の赤い花が咲き、お線香の匂（にお）いが立ち込めていた。石井家の墓にも鶏頭が並んでいたが、茎は折れ、花はほとんど萎（しお）れて久しい様子で、他の墓のようなお彼岸の華やいだ雰囲気は全くなかった。

兄の三男は一九四八年、母の千代は一九四九年、そして剛男は一九五六年に共同墓地へ埋葬されている。最後まで残ったのが、三男の妻、としで、本家が古くなると向かいにあった繭置き場へ住まっていたが、一九七九（昭和54）年七月に息を引き取り、共同墓地に眠っている。


わたしは共同墓地から白菜畑のあいだを縫って石井家跡地に立ち止まり、隣家の石井守がこうも言っていたのを思い出した。石井三男の妻が亡くなった後、ここにあった石井御殿は、部落の者たちが総出で解体し、焼いたという。屋根が傷んで雨漏りはするし、家板もゆがみ、床は抜け、無用心で仕方がない。こんなままで、放火にでもあったら大事だと、村人が三、四日がかりで片付けた。昭和五〇年代のことだったという。

農地解放で大地主が没落する物語は、ここ加茂でも起きていた。石井家の栄華も三代は続かず、四郎の教育費に財産を注ぎ込み、山や畑を売り借金を重ねるうち、石井家は見事滅びた。いまではこの土地もゴルフ場に売却され、キャディー用の建物が建てられる予定だという。

石井家跡地に佇んでいると、成田空港から飛び立ったジャンボ機が機体の腹を見せてすぐ真上を飛んで行った。石ころの転がる地面には、焚き火の跡がいくつか残っていた。

わたしは焚き火跡ちかくに半ば埋れている瓦のかけらを手に取ると、その感触を確かめた。石井四郎の名残は何ひとつない。

（文中敬称略）

あとがき

石井四郎直筆のノートにめぐり合えたことは、わたしの作家活動のなかでもっとも幸運なことのひとつだった。Ａ５判の二冊の大学ノートには鉛筆で、旧漢字を使った癖の強い独特の崩し文字が並んでいた。表紙には「１９４５－８－16終戦当時メモ」、もう一冊には「終戦メモ１９４６－１－11」と記されてあり、その日の出来事や用件を綴ってある。一九四五年のメモはソ連侵攻から逃れ満州を脱出した時の記録、一九四六年のメモは無事、帰国してはいたものの、まるで亡命者のように黒いカーテンのなかに隠れていた日々に記されたノートだった。

石井の崩し文字は判読が難しく、暗号のようなコード名が出てくるし、一体何を意味するかわからない行があったり、不可解な表がある。その二冊のノートを読み解くのに、一年近くもかかってしまったが、未だに、すべて読み解けたかどうか心もとない。

戦後生まれのわたしは、自分の生まれ育ったアメリカ軍による占領という時代について、長い間興味をもってきた。終戦後、マッカーサーに続いて日本へ上陸した米兵は、一九四五年末までに四三万人以上という膨大なものになった。その数は次第に減っていくものの、彼らの支配を受けた六年八ヵ月、その間に起った多くの不可解な事件ばかりでなく、われわれ日本人の知らないところで、占領軍は何を計画し、どう活動して、何を成し遂げたか、闇（やみ）のように閉ざされたあの時代に起った事実を知りたいと思ってきたのである。

石井四郎と七三一部隊員がマッカーサーと取引して、人体実験を含む研究データを渡すかわりに、戦争犯罪に問われないという約束を取り付けたことを知ったわたしは、この取引こそ水面下の占領軍の動きを掴（つか）む恰好（かっこう）のテーマだと思った。

米国で七三一部隊はUnit 731と呼ばれ、驚くほどたくさんのウェブサイトに紹介され、マニアックなアメリカ人科学者や専門家の興味と関心を集めている。そこに必ず紹介されている、ジャーナリストのジョン・W・パウエル二世をサンフランシスコに訪ねたのは、二〇〇〇年七月のことだった。

パウエル二世は七三一部隊とアメリカの取引を初めて世界に知らしめたジャーナリストである。父のパウエルから上海（シャンハイ）の英字誌を引き継いだ彼は、米軍が朝鮮戦争で細菌兵器を使い、北朝鮮を攻撃したというニュースを中国から報道した。その細菌兵器は七三一部隊の開発したものに酷似していて、米軍は〝日本の専門家〟を使ったと報じた。アメリカ本土では反共旋風が吹き荒れていた五〇年代初めである。上海の英字誌は廃刊に追い込まれ、米国へ帰ったパウエル二世とシルビア夫人は国家反逆罪に問われ、連邦裁判にかけられた。ついに裁判が打ち切られたのはロバート・ケネディが司法長官になってからのことである。

その後、「情報公開法」を使って、パウエル二世が七三一部隊とアメリカ政府との取引を証明する文書を発見するまでに、二〇年以上かかったというから、どれほどの執念が実を結ぶことになったか。

メリーランド州カレッジパークにある米国立公文書館を訪ねたわたしは、彼が公開に持ち込んだ多くの文書を読むだけでもたいへんだった。炭疽菌、ボツリヌス菌など聞いたこともない細菌やウイルスの名前が並んでいたからである。

再び、パウエル二世夫妻に会いに行ったのは、二〇〇一年九月。サンフランシスコで開かれた対日講和条約調印五〇周年の記念式典を取材するため同地を訪れたときだった。二人は前と同様、暖かく迎えてくれた。ユナイテッド航空便でニューヨークへもどり、二日後の朝、ニューヨークのトレードセンター近くの自宅でわたしは9・11を迎えたのである。そして、十月、炭疽菌事件が起こった。

それまで歴史的文書のなかにしか見たことのなかった炭疽菌（Anthrax）と言う言葉が、新聞に大きく報道され、目に見えない炭疽菌胞子に生命の危険を覚えるときが来るとは考えもしなかった。それが現実の脅威としてニューヨークに住むわたしを襲ってきたことには、驚きを越え、石井部隊から繋がる不思議な因果関係を感じる思いだった。

その後、一時帰国したわたしは、七三一部隊の少年隊隊員だった篠塚良雄さんの案内で、石井四郎の生家があった千葉県山武郡芝山町大里、戦前には千代田村「加茂」と呼ばれた村を訪ねた。大地主だった石井四郎と「加茂」の村人は蔦のように絡み合い、その多くが石井に連れられて満州平房にあった七三一部隊へ送られていた。村人の多くは既に鬼籍に入り、満州帰りの高齢者も口を閉ざしている。ここで石井守さんにお目にかかれたことも大きな幸運のひとつだった。満州には行かなかった、と言いながら石井守さんが当時の「加茂」の様子を詳しく語り、村人を紹介してくれた。五〇年以上前、石井四郎に二冊のノートを託された渡邊あきさんには、こうして「加茂」の蔦を辿るうちめぐり合えたのである。

細菌戦部隊という非人間的なテーマを追いかけるなかで、そのおぞましさに反して不思議なほど誠実さと人間味にあふれる方たちにお目にかかれて嬉しかった。五年にわたる取材のなかで、篠塚良雄さん、石井守さんの協力には心から感謝する。初めて石井部隊の経験を克明に話してくれた名古屋の野口圭一先生にもお礼を申し上げたい。ワシントンの取材では、「東京裁判」の検察官だったロバート・ドナハイ氏に会えたし、サンフランシスコのジョン・W・パウエル二世、国立公文書館のジョン・テイラー氏にもたいへんお世話になった。

常石敬一先生にはどれほどご教示いただいたか計り知れない。松村高夫先生には貴重なアドバイスを頂戴した。そしてハルビンへ同行してくれた王選さんはじめ、若松町の皆さん等お世話になった方々は尽きない。石井四郎ノートを貸してくださった渡邊あきさんと長男の周一さんには、感謝の言葉が見つからないくらいである。

新潮社出版企画部の担当編集者、大畑峰幸さんの熱意と励ましがなかったら、本書の完成は望めなかった。

パウエル二世の夫人シルビアさんが、昨年、亡くなられ、『死の工場』を書いたシェルダン・ハリス先生が三年前、突然、逝去された。マッカーサーの副官を務めたフォービアン・バワーズ氏も、インタビューのために四回お目にかかったその一九九九年暮れにこの世を去った。彼らとともに貴重な記憶も失われていくのを痛感するばかりだ。

本書は多くの方々の協力の賜物である。

二〇〇五年七月吉日

ニューヨークの自宅にて
青木冨貴子

著者ノート

【第一章34頁】

加茂近くの「芝山町福祉センターやすらぎの里」で開かれるゲートボール大会の観戦に出かけたのは、二〇〇三年五月だった。平房で任官になった部隊員のひとりがゲートボールを始めて、満州から帰った部隊員や家族の集まる娯楽の場にしたという。その人物は既に亡(な)くなったと、九十歳になる未亡人は語っていた。その日、彼女のほかに、満州から帰ったもので参加していたのはもう一人の老女だけだった。多くの隊員が亡くなったことを実感した。二人はいまでも満州の暮らしを懐(なつ)かしく思い出し、顔を合わせると「満州は良かったね」といって話し合うという。

【第二章50頁】

「石井が目論(もくろ)んでいたのは、たんに生物兵器の研究・開発だけでなく、軍事医学全般、あるいは医学の全領域を研究することであり、しかも人体実験が自由にできる一大医学研究機関の創設だったように思える。このことが石井の作り上げたネットワークの性格をみえにくくさせている」常石敬一教授は『医学者たちの組織犯罪』のなかで、こう書いている。

【第二章77頁】

『七三一部隊と天皇・陸軍中央』（吉見義明・伊香俊哉、岩波ブックレット、No.389、1995年）によると、「井本日誌」は、一九九三年に防衛庁の防衛研究所図書館が公開した四つの業務日誌のうちのひとつである。ほかには、一九四一年十一月に陸軍省医事課長となった金原節三軍医大佐の「陸軍省業務日誌摘録」。金原大佐の後任として一九四三年九月に医事課長となり、アメリカ軍に対する細菌戦作戦を詳細に記録した大塚文郎軍医大佐の「備忘録」と称する日誌。一九四三年十月から翌年十二月まで参謀本部第一（作戦）部長であった真田穣一郎少将の業務日誌である。

これら四つの業務日誌は、中央大学の吉見教授と立教大学の伊香講師によって発見、解読され、とくに細菌戦がどのような命令で立案、計画、実行されたか、陸軍中央と細菌戦との関係を明らかにした。

【第三章106～107頁】

一九三八年から翌三九年、平房へ送られた医学者たちは、戦後、大学教授などの要職を得て、日本医学界を担っていくことになる。彼らの研究や戦後の「活躍」ぶりについては、『医学者たちの組織犯罪』（常石敬一著）に詳しく記されてある。

【第四章144頁】

「満州第七三一部隊高等官団（於昭和十八年六月二十五日第八回創立記念日）」という写真は『死の工場』の巻頭グラビアにあるが、一九四三（昭和18）年六月二十五日を「第八回創立記念日」としているのに初めて気がついた。ということは、七三一部隊の創立は一九三五（昭和10）年六月二十五日ということになる。

　第二章で記した通り、「東郷部隊」を母体として「関東軍防疫部」が「軍令陸甲第七号」によって新設されたのが、一九三六（昭和11）年八月のことである。それより一年以上早い、それも石井四郎の誕生日である六月二十五日を選んで創立記念日とした、ということなのだろうか。

【第六章230～231頁】

　このほかにわたしはユタ州の米陸軍ダグウェイ実験場へ、情報公開法によって保管されている日本の生物戦研究の文書を送って欲しいと書き送ると、数ヵ月後に一枚のＣＤが届いた。必要なソフトをインストールしてＣＤを開いてみると、コンピューター画面にあらわれたのは一一二〇枚に及ぶ人体図や標本のコピーと英文の解説で「リポート〝Ｇ〟」と「リポート〝Ｑ〟」と記されてある。「リポート〝Ｇ〟」は馬鼻疽菌による人体実験の結果、「リポート〝Q〟」は満州の新京（現・長春）で流行ったペストの調査結果で、五七人の解剖報告である。高橋正彦、と報告者の名前が明記されていた。後に、松村高夫教授によって慶応大学の図書館で発見された「高橋正彦ペスト菌論文集」の英語版である。これらの報告書はＮＨＫがダグウェイ実験場を取材した時に、初めて入手、公開にもっていった文書だったことが明らかになった。

【第七章292〜293頁】

一九八七年、フリーランスのジャーナリスト西里扶甬子は、石井の長女の春海（結婚後の姓は伏せ名前のみにて表記）を訪ねインタビューに成功、貴重な言葉を引き出している。そのときのやり取りは、『季刊・戦争責任研究』11号「裁かれなかった石井部隊――日米取引の二重構造」に発表された。

【第八章316頁】

細菌戦裁判の原告でわたしのハルビン旅行へ同行してくれた王選によると、「東京裁判」の中国人検察官、向哲濬は、上海高等検察院で彼女の父、王容海の同僚検察官だったという。そればかりか、文化大革命後、国際法について知りたいと思った王選は、父に紹介されて向哲濬を上海の自宅へ訪ねたことがあった。その時、向哲濬はあまり語らず、彼が「東京裁判」で検察官を務めていたことも話さなかった。

【第八章336〜337頁】

米本昌平による「生体実験——日本の場合とドイツの場合」(『消えた細菌戦部隊』常石敬一、ちくま文庫)と題する解説からの引用。ここにはナチスが行った生体実験と七三一部隊との比較が考察されてある。ドイツが戦前に行った医療については、『人間の価値——１９１８年から１９４５年までのドイツの医学』という本に紹介されている。

ドイツの細菌戦について米陸軍は戦後いくつかの報告書を残している。米国立公文書館で発見したのは、一九四五年九月十二日付「ＡＬＳＯＳミッション報告」、一九四七年八月五日付の「細菌戦に関する海軍の見解」のドイツに関する報告など。

【第九章372頁】

共同通信の太田昌克記者は著書『７３１免責の系譜』のなかで、新妻清一中佐との出会いから「新妻清一中佐尋問録」にはじまり、「増田知貞(ともさだ)大佐尋問録」「田中淳雄少佐尋問録」「増田知貞大佐書簡」「北野中将への連絡事項」の文書を受け取った経緯とその内容を記している。各文書はここからの引用、さらに太田記者へのインタビューから詳細を記した。

【第十章438頁】

未だに全文の発見されていない「一九人の医者による（人体実験）リポート」は、第八章338頁で記した「細菌戦に関する海軍の見解」にその一部が記されてある。

「通常の戦術として細菌戦の実践試験で日本軍は、鉄道線路沿いの互いに一マイルほど離れた二地点の中国軍に対して、一大隊あるいはそれ以上を差し向けた。中国軍が後退すると、日本軍は鉄道線路一マイルを遮断し、予定の細菌兵器用病原体を噴霧器かほかの方法によって撒布、その後、戦略的に後退。中国軍はその地域に二四時間以内にもどってきて、数日後には中国兵のあいだでペストやコレラなどが流行した。日本軍は必ず汚染地帯の背後にスパイを配置、細菌戦の結果を報告させた。彼らも認めているが、このような日本軍による細菌戦実践試験は不成功に終わることが多く、結果は不明である。但し、一二回分については報告があり、このうち成果が上がったのは三回だけだった」

興味深いのは米海軍が「日本の攻撃用細菌戦の真の目的ははっきりしない」と明記していることである。

「一九人の医者による（人体実験）リポート」や八〇〇〇枚の病理標本など、米国に渡ったことが確認されているものの、未だに発見されていないものが多い。しかし、一九八六年、米下院復員軍人委補償問題小委員会で、米陸軍の文書管理官が、五〇年代後半から六〇年代はじめにかけて実験ノートなど詳細を記録した文書を日本へ返還した、と証言している。同年九月十九日付朝日新聞によると、国立国会図書館は確かに文書が返還され、初めは外務省復員局に渡され、その後、防衛省に移されたはずだ、と返答した。しかし、防衛省は現在にいたるまで「知らない」という答えを変えようとしない。

主要参考文献一覧

『芝山町史　資料集４　近現代編』千葉県山武（さんぶ）郡芝山町町史編纂（へんさん）委員会編集、２００１年
『総（ふさ）のくにの古墳と埴輪』芝山町立芝山古墳はにわ博物館展示図録、１９９５年
『芝山町史研究　年報№４』芝山町史編纂室編集、１９８５年
『関東軍参謀副長の手記』松村知勝、芙蓉（ふよう）書房、１９７７年
『医の倫理を問う——第七三一部隊での体験から』秋元寿恵夫、勁草（けいそう）書房、１９８３年
『陸軍軍醫學校五十年史』（復刻版）不二出版、１９８８年
『日本全史—ジャパン・クロニック』講談社、１９９１年
『独逸（ドイツ）日記・小倉日記』森鷗外全集13、ちくま文庫、１９９６年
『舞姫　雁（かり）　阿部一族　山椒大夫（さんしょうだゆう）　外八篇』現代日本文学館その三　森鷗外、文春文庫、１９９８年
『昭和十年九月一日調　陸軍　現役将校　同相當官　實役停年名簿　衞生官之部』
『消えた細菌戦部隊　関東軍第七三一部隊』常石敬一、海鳴社、１９８１年。ちくま文庫、１９９３年
『七三一部隊　生物兵器犯罪の真実』常石敬一、講談社現代新書、１９９５年
『医学者たちの組織犯罪　関東軍第七三一部隊』常石敬一、朝日文庫、１９９９年
『細菌戦部隊と自決した二人の医学者』常石敬一・朝野富三、新潮社、１９８２年

『標的・イシイ――７３１部隊と米軍諜報活動』常石敬一編訳、大月書店、１９８４年
『細菌戦用兵器ノ準備及ビ使用ノ廉デ起訴サレタ元日本軍軍人ノ事件ニ關スル公判書類』外国語図書出版所（モスクワ）、１９５０年
『大東亜戦争　陸軍衛生史　７』陸上自衛隊衛生学校編、陸上自衛隊衛生学校、１９６９年
『七三一部隊と天皇・陸軍中央』吉見義明・伊香俊哉、岩波ブックレット、№３８９、１９９５年
『増補版〈論争〉７３１部隊』松村高夫編、晩聲社、１９９７年
『戦争と疫病――七三一部隊のもたらしたもの』松村高夫・解学詩・郭洪茂・李力・江田いづみ・江田憲治、本の友社、１９９７年
『ノモンハンの夏』半藤一利、文藝春秋、１９９８年
『ソ連が満州に侵攻した夏』半藤一利、文春文庫、２００２年
『日本のいちばん長い日――運命の八月十五日』半藤一利、文藝春秋、１９９５年
『昭和史の謎を追う（上）』秦郁彦、文藝春秋、１９９３年
『昭和史講座』ブックレット№１　保阪正康責任編集「昭和二十年八月・大本営」
『瀬島龍三　参謀の昭和史』保阪正康、文春文庫、１９９１年
『日本解体――「真相箱」に見るアメリカＧＨＱの洗脳工作』保阪正康、産経新聞ニュースサービス、２００３年
『図説「満洲」都市物語　ハルビン・大連・瀋陽・長春』西澤泰彦、河出書房新社、１９９

６年
『日の丸は紅い泪に——第七三一部隊員告白記』越定男、教育史料出版会、１９８３年
『参謀本部の暴れ者——陸軍参謀朝枝繁春』三根生久大、文藝春秋、１９９２年
『戦争責任』Vol. ２ 特集＝「七三一部隊」と現代「細菌戦部隊将校の顚末——柄澤十三夫少佐の場合——」近藤昭二
『ミドリ十字30年史』ミドリ十字編、１９８０年
『風船爆弾』鈴木俊平、新潮社、１９８０年
China Handbook. New York, McMillan, 1943.
『ＤＤＴ革命 占領期の医療福祉政策を回想する』Ｃ・Ｆ・サムズ著、竹前栄治編訳、岩波書店、１９８６年
Harris, Sheldon H, *Factories of Death: Japanese Biological Warfare, 1932-1945, and the American Cover-Up*. New York, Routledge, 1994.
『死の工場 隠蔽された７３１部隊』シェルダン・Ｈ・ハリス著、近藤昭二訳、柏書房、１９９９年
Newman, Barclay: *Japan's Secret Weapon*. New York, Current Publishing Company Copyright, 1944.
Williams, Peter and Wallace, David :*Unit 731 : Japan's Secret Biological Warfare in World War II*. New York, The Free Press, 1989.

『七三一部隊の生物兵器とアメリカ　バイオテロの系譜』　ピーター・ウィリアムズ、デビッド・ウォーレス、西里扶甬子訳、かもがわ出版、2003年
『生物戦部隊731　アメリカが免罪した日本軍の戦争犯罪』　西里扶甬子、草の根出版会、2002年
『[図説]アメリカ軍が撮影した占領下の日本』　太平洋戦争研究会編、河出書房新社、1995年
『[図説]アメリカ軍の日本焦土作戦』　太平洋戦争研究会編著、河出書房新社、2003年
『GHQ』　竹前栄治、岩波新書、1983年
『マッカーサーの二千日』　袖井林二郎、中央公論社、1974年
『マッカーサー　記録・戦後日本の原点』　袖井林二郎・福島鑄郎編、日本放送出版協会、1982年
『ダグラス・マッカーサー（上・下）』　ウィリアム・マンチェスター、鈴木主税・高山圭訳、河出書房新社、1985年
『マッカーサー大戦回顧録（上・下）』　ダグラス・マッカーサー、津島一夫訳、中公文庫、2003年
『マッカーサーの時代』　マイケル・シャラー、豊島哲訳、恒文社、1996年
『帝国ホテル物語』　武内孝夫、現代書館、1997年
『敗北を抱きしめて（上）』　ジョン・ダワー、三浦陽一・高杉忠明・田代泰子訳、岩波書店、

２００１年
『ニッポン日記』マーク・ゲイン、井本威夫訳、ちくま学芸文庫、１９９８年
『新版 悪魔の飽食』森村誠一、角川文庫、１９８３年
『新版 続・悪魔の飽食』森村誠一、角川文庫、１９８３年
『悪魔の飽食』第三部、森村誠一、角川文庫、１９８５年
CD・ROM版『７３１部隊・細菌戦資料集成』近藤昭二編、柏書房、２００３年
『GHQ東京占領軍地図』福島鑄郎、雄松堂出版、１９８７年
『秘密のファイル CIAの対日工作（上）』春名幹男、共同通信社、２０００年。新潮文庫、２００３年
『知られざる日本占領―ウィロビー回顧録―』C・A・ウィロビー、延禎（えんてい）監訳、番町書房、１９７３年
『季刊・戦争責任研究』11号「裁かれなかった石井部隊――日米取引の二重構造」西里扶甬子、１９９６年
『七三一 追撃・そのとき幹部達は…』吉永春子、筑摩書房、２００１年
『有末（ありすえ）機関長の手記 終戦秘史』有末精三、芙蓉書房、１９８７年
『敗戦前後 昭和天皇と五人の指導者』吉田裕・小田部雄次・功刀俊洋・荒川章二・荒敬・伊藤悟、青木書店、１９９５年
『服部卓四郎と辻政信』高山信武、芙蓉書房、１９８５年

『東京裁判論』　粟屋憲太郎、大月書店、１９８９年
『東京裁判ハンドブック』　東京裁判ハンドブック編集委員会編、青木書店、１９８９年
『東京裁判――もう一つのニュルンベルク』　アーノルド・C・ブラックマン、日暮吉延訳、時事通信社、１９９１年
『私の見た東京裁判（上）』　冨士信夫、講談社学術文庫、１９８８年
『秘録東京裁判』　清瀬一郎、中公文庫、１９８６年
『東京裁判　日本の弁明――「却下未提出弁護側資料」抜粋』　小堀桂一郎編、講談社学術文庫、１９９５年
『スガモ尋問調書』　ジョン・G・ルース、日暮吉延監修、山田寛訳、読売新聞社、１９９５年
『人間の価値』　C・プロス&G・アリ編、林功三訳、風行社、１９９３年
『生命をもてあそぶ現代の医療』　山口研一郎、社会評論社、１９９５年
『細菌戦の罪　イワノボ将官収容所虜囚記』　三友一男、泰流社、１９８７年
『７３１免責の系譜　細菌戦部隊と秘蔵のファイル』　太田昌克、日本評論社、１９９９年
『【証言】七三一石井部隊　今、初めて明かす女子隊員の記録』　郡司陽子、徳間書店、１９８２年
『回想の亀井貫一郎――激動の昭和史を陰で支えた英傑』　高橋正則、財団法人・産業経済研究協会刊行、２０００年

『若松町の歩み　若松町町会創立35周年記念』　新宿区若松町町会、１９９１年

『ミドリ十字と７３１部隊　薬害エイズはなぜ起きたのか』　松下一成、三一書房、１９９６年

『世界生物兵器地図——新たなテロに対抗できるか』　ウエンディ・バーナビー、楡井浩一訳、ＮＨＫ出版、２００２年

Hersh, Seymour M, *CHEMICAL & BIOLOGICAL WARFARE, America's Hidden Arsenal*, New York, A Doubleday Anchor Books, 1969.

Miller, Judith, Engelberg, Stephen and Broad, William: *Germs, Biological Weapons and America's Secret War*. New York, Simon and Schuster, 2001.

1 3 7

解説

佐藤優

ノンフィクションには、大きく分けて「第三者ノンフィクション」と「当事者手記」がある。もちろん、王道は、描こうとする作品の事件や登場人物と利害関係をもたない書き手が、文書資料の読み込みと、丹念な取材によって構築していく第三者ノンフィクションである。

評者は、傍流である当事者手記『国家の罠 外務省のラスプーチンと呼ばれて』（新潮社、二〇〇五年）［新潮文庫、〇七年］の刊行を契機に文筆の世界に入った。評者の仕事を客観的に見れば、評論が九割でノンフィクションが一割である。第二作のノンフィクションも当事者手記『自壊する帝国』（新潮社、〇六年）だった。

ここで、評者も王道である第三者ノンフィクションに取り組みたいという欲望が湧いてきた。そして、元外務省アメリカ局長の吉野文六氏が見たナチス・ドイツ第三帝国の崩壊に関する作品「国家の嘘」を『現代』（講談社）に〇七年十月号から連載している。実際に第三者ノンフィクションに取り組んでから、痛感したのだが、特定の人物を対象とする場合、いちばん難しいのは、対象人物との距離感である。対象人物の内在的論理をつかむことができなければ、作品が上滑りのものになってしまう。他方、書き手が対象と一体化すると、批判的視点がなくなり、そこから「物語」は生み出されるかもしれないが、ノンフィクションではなくなってしまう。こういう悩みに突き当たったとき、評者は、優れた先輩作家たちが書いた第三者ノンフィクションを繙くのであるが、その内の一つが本書、青木冨貴子氏の『731』である。

本書では、細菌兵器の開発を人体実験によって行っていた「七三一部隊」隊長の石井四郎陸軍中将を取り扱っている。「人間の顔をした悪魔」、「マッド・サイエンティスト」などのレッテルを貼って、石井を断罪することは簡単である。しかし、著者は、そういう安易な道はとらないで、典型的な田舎の秀才である石井が、なぜこのような「狂気の道」を歩んだかについて、その内在的論理を解き明かそうとする。結論から言うと、そこに確固たる思想や哲学を見出すことはできなかった。人生が順風満帆なときは尊大であるが、そのコースから外れてしまうと、極度に小心になり、カネ勘定に敏感な男になってしまう、霞が関の中央官庁でよく見る官僚の姿が浮き彫りになるだけだった。もちろん家庭人としては、妻と子供たちを大切にするよき父親である。著者は、石井が弱い人で、優しい人でもあることもよく理解しているのだが、そこで石井に過度の感情移入をすることを戒め、人道に反する石井の犯罪を厳しく断罪する。それ故に、説得力が増す。このような書き手として、対象人物との距離の取り方がプロ根性なのだと思う。

「七三一部隊」に関する書籍は、これまでにいくつも刊行されているが、本書において、著者が発見した貴重な第一次資料によって、石井とアメリカ占領軍の取り引きを実証したことには、重要な歴史的価値がある。

〇三年五月、著者は、満州で石井家の家事手伝いをしていた渡邊（わたなべ）あき氏を訪ねる。そこで、同氏の長男から、思いがけない事実を告げられる。

〔同席してくれた長男の周一は、戦後、白髪になった石井四郎が自宅へ何回も訪ねてきていたことを口にした。

「ぼくは昭和二十二年生まれだけど、四歳から五歳の頃には、スイカをぶら下げてきたのを覚えています。以前、うちには石井隊長に託されたノートがあったんです。それを開けてチラッと見ると、手配だとか、そういうことが書いてありました。終戦から終戦直後にかけての大学ノートだったけれど、どこかへ行ってしまった……」

「それは石井四郎直筆のものですか」

わたしは信じられない思いで周一に聞き返した。〕（本書13頁（ページ））

この描写もとても優れている。「スイカをぶらさげてきた」という発言を残すことによって、夏の季節感、それから、かつての部下を訪ねるときに「暑いから、スイカを冷やして食べて欲しい」と思う石井の気配りがあらわれている。スイカは重い。それを駅からかなり離れたところまで、ときどき持ち手を変えて、歩いている石井の姿が思い浮かぶ。この人は、人間として決して悪い人ではないという印象が、手土産のスイカから醸し出されるのだ。

　この話を渡邊周一氏から聞いてから数カ月後、著者は、実際にこのノートを手にすることになる。

〔数ヵ月後、これまで存在すら全く知られていなかった石井四郎直筆の「1945－8－16終戦当時メモ」と「終戦メモ1946－1－11」が見つかり、わたしは急いで帰国した。かつて終戦直後、部下にノートを託そうとスイカを下げて石井四郎が歩いた道。当時はさぞかし殺風景だったろう同じ道路を五〇年以上後にわたしも歩いて石井の記したノートを見に行くのである。その巡り合わせの不思議さにとらわれながら辿り着いた渡邊家で、周一から二冊の大学ノートを受け取った。

　A5判の黄ばんだ大学ノートで、一九四六（昭和21）年のノートには表紙に「石井四郎」と本人が名前を記している。開いてみると、鉛筆で、旧漢字を使った独特の崩し文字で書かれている。判読できない文字や数字が並んでいる。表題にメモとあるように、その日の出来事や用件を綴った覚書であり、いわゆる備忘録である。丹念に読みはじめるうち、行間から石井の息遣いが次第に伝わってくるようで、わたしの手はふるえた。〕

（本書13～14頁）

想定外の資料を入手した著者の興奮が率直に記されている。この二冊のノートを著者は丹念に解読していく。その中で、最も評者が興奮した部分は、「終戦メモ１９４６－１－11」と表紙に記されたノートに記載された十一月二十日に行われた石井邸での設宴に関するメモだ。石井がアメリカ占領軍との裏取引をした決定的証拠である。

〔〈1. カール・エクランド大佐　C. H. ②
2. カール・W・マイヤー大佐、バージニア州ベルボア出身、技術部
3. ジャック・J・ヒンメン・ジュニア中佐、米国陸軍技術部
4. A・C・テスター少佐、アイオワ州アイオワ市出身　技術部
5. H・H・ブラック少佐　情報部
6. S・イノウエ少佐　通訳〉

明らかに十一月二十日、石井の家で以上六名の米将校を招いた会食が開かれたことが読み取れる。六名の名前に続いて、二二項目のメモが記され、会食の席での会話やメニュー、感想などが記されてある。

〈ミスター・イシイを知っているか　まだ満州に居って帰らぬ〉
〈エクランド大佐が判定官をｍｐにまわす〉
〈Chl が訊問（じんもん）に出る　説明を聞く時も出る〉

〈Sandersはすぐ帰るが、カール（エクランド大佐）はもう二年もハン罪者の終るまでいる〉〕（本書381～382頁）

当初、著者は、ノートの表紙に記載された通り、この設宴は一九四六年十一月二十日に行われていたと解釈していた。しかし、それでは辻褄（つじつま）の合わない部分が出てくる。〔しかし、一九四六年十一月の時点というのに、何故（なぜ）、〈Sandersはすぐ帰るが……〉とあるのだろう。一九四六年十一月といえば、日本国憲法が公布になったのが三日のことである。この日には一〇万人が宮城前で開かれた祝賀会につめかけた。こう思いながらノートを繰っていくと、十一月十二日の次頁に〈幣原（しではら）内閣方針〉と記されているのに気づく。幣原内閣が誕生したのは一九四五年十月九日ではないか。ということは、これは一九四六年のメモではなく、一九四五年のメモではないか。同じ頁には、

〈第一回宝籤（たからくじ）　7／11締切〉

と記され、

〈宝クジ　1等　100、000円　100本〉

と続く。調べてみると、第一回目の宝くじが発売されたのは、一九四五年十月二十九日のことだった。とすれば、このノートの日付は意図的に変えてあるのではないか。つまり、このノートのタイトルを記された年より、一年巻きもどし、「終戦メモ1945

―1―11」としたら、全て（すべ）の疑問は解消する。一九四五年十一月二十日に連合国将校六名を石井家に招待したのは、サンダースの調査が終わったからにちがいない。
日付は明らかではないが、十二月四日に続く頁にある、
〈Sanders の後任は誰になったか〉という一行も符合する。」（本書383～384頁）
「幣原内閣方針」という記述だけならば、内閣は状況に応じて様々な方針を打ち出すので、一九四六年の出来事であっても矛盾はない。しかし、「第一回宝籤」ということだ
1 と、日程を確定させることができる。通常であれば読み飛ばしてしまう可能性のある細部に気づいた著者は見事だ。まさに、「神は細部に宿り給（たま）う」のである。それと同時に、
3 確率論から考えるならば宝くじに期待することが愚かであることくらい石井もわかっているはずだ。しかし、それに執着しているということは、「宝くじの一等に当たってカ
7 ネが欲しい」という庶民と同じ願望を石井がもっていることが窺（うかが）え、実に興味深い。旧陸軍将官で、戦後もやり手として生き残った連中ならば、宝くじなどには関心を示さず、旧軍の隠匿（いんとく）物資や、米軍からの物資横流しなどのもっと確実な手段でカネを作ることを考えたと思う。
〈第一回宝籤　7／11締切〉
〈宝クジ　1等　100、000円　100本〉
という記述から、石井がもはや陸軍中将の矜持（きょうじ）を失い、小市民になっていることが浮

かび上がってくる。

そして、著者は、このデータから以下の分析を行う。

〔このノートが記されたのが、一九四五年十一月一日から十二月二十一日までという事実が明らかになると、闇(やみ)のなかから驚くべき真実が顔を出してくる。つまり、終戦直後、石井四郎が満州から帰国して若松町の自宅にいることをほんの一握りの米占領軍トップは知っていたのである。にもかかわらず、その事実を隠し、石井尋問を切望していた来日中の調査官のサンダースを欺(あざむ)いたのである。欺かれたのはサンダースばかりではなかった。石井四郎の居場所を探し回った参謀二部傘下(さんか)の対敵諜報(ちょうほう)部隊をはじめとする占領軍すべて、さらにはワシントンの米政府までもが含まれる。〕(本書384頁)

アメリカ占領軍の中では、石井を巡って二つの動きがせめぎ合っていた。

第一は、「七三一部隊」の生物兵器開発や人体実験などの非人道的行為を戦争犯罪として摘発し、公判でその実状を明らかにし、責任者である石井に責任を取らせるという動きだ。これは石井にとっては、絞首台への道を意味する。

第二は、東西冷戦をにらんで、石井の生物兵器研究の成果をアメリカが全面的に引き継ぐ代わりに石井を免責するというシナリオだ。

戦争が終わった時点で、第二のシナリオを石井は全く考えていなかったと思う。

〔「七三一の秘密はどこまでも守り通してもらいたい。もし、軍事機密を漏らした者がいれば、この石井がどこまでもしゃべった人間を追いかけるぞ」

石井は撤収直前、平房の石炭山の上で、大声をはり上げ眼をつり上げ、掴みかからんばかりの形相でこう言い放った。軍刀を抜き、仁王立ちになって全身をふるわせる石井には鬼気迫るものがあったという。」（本書176頁）

「７３１部隊」の真実が露見した場合、石井としては、自決を考えていたはずだ。あるいは公判に付されたならば、広島、長崎への原爆投下、東京大空襲、沖縄戦における毒ガス使用、更に従来、沖縄本島ではほとんど発生していなかったマラリヤが米軍上陸とともに蔓延した事実などを指摘し、「非人道的行為を継続的に行ったアメリカが、日本の生物兵器研究を断罪する資格はない」と開き直り、天に唾を吐きかけ、絞首台に吊されるというシナリオもあったはずだ。しかし、石井はそれをしなかった。恐らく、怖くなったのであろう。

「誰もが食べていくのに精一杯だった。後に「細菌戦エキスパートとして雇っていただきたい」とフェル博士に売り込み、「ソ連との戦争準備のために、私の二〇年にわたる研究と実験の成果をアメリカに提供できるのです」と熱を込めて自己宣伝をした石井にしても、生き延びる方法を摸索していた。」（本書468頁）

それにしても、アメリカ占領軍が入ってきた直後に、占領軍内部に二つの動きがあることを正確に察知し、取り引きをするには、たいへんなインテリジェンス（情報）能力を必要とする。腑抜けになってしまった石井にこのような芸当ができるはずがない。この背後で、インテリジェンスのプロが動いていることは間違いない。誰のしかけなのだろうか？　著者は、「有末機関」こと「対連合軍陸軍連絡委員会」を率いた終戦時の参謀本部第二部長だった有末精三元陸軍中将と推定するが（本書279～281頁）、評者も同意見だ。参謀本部第二部は、情報を担当し、有末はかつてイタリアに駐在武官として赴任していたときにベニト・ムッソリーニ首相と昵懇になるなど、ヒュミント（人間によるインテリジェンス活動）における傑出した能力をもっていた。有末は、一九四五年八月二十八日、厚木飛行場で、アメリカ軍の先遣隊を迎える責任者だったが、直ちにアメリカ側責任者のテンチ大佐と信頼関係を構築した。有末については評者も著作中で扱ったことがある。

〈事実、米ソの対立は既に始まっていた。有末部長はそのことに気付き、最大限に活用した。米先遣隊が到着した厚木基地に「早くも黒い軍服姿のソ連軍人（大使館付武官）二人の徘徊しているのを見つけたわたし（筆者註・有末精三）は、急いでその旨（筆者註・テンチ大佐に）注進したところ、大佐は、

『かれらは何にも関係はないです』

と歯牙にもかけなかったが、わたしには早くも戦後の取引き、虚実の策略かと、来るべき情勢の判断に何がしかのヒントを与えられたのであった」（有末精三『終戦秘史　有

末機関長の手記』芙蓉書房、一九七六年、85頁）

情報の世界では、第一次接触を行った者の見解がもっとも大きな影響を与える。テンチ大佐の報告はマッカーサー元帥に上げられ、情勢判断に少なからぬ影響を与えたものと思われる。」（佐藤優『インテリジェンス人間論』新潮社、〇七年、176～177頁）

もちろん、老獪なインテリジェンスのプロである有末が、「七三一」部隊についてアメリカ側と取り引きをしたなどという痕跡を残すはずがない。しかし、著者は公開情報を精査するなかで有末の影をみているのである。優れた洞察力だ。

さて、本書は、二冊のノートの分析の他にも、丹念なインタビュー取材を積み重ねた上で書かれている。例えば、「七三一部隊」の少年隊に所属した篠塚良雄氏の証言だ。

〈テキストは伝染病研究所のものが多かった、と篠塚は続けた。そのテキストには番号がつけてあり、授業が終わるとすべて引き上げられた。授業中にはメモを取ることもノートに記すことも絶対許されず、すべて丸暗記させられた。〉（本書117頁）

この丸暗記による教育は、陸軍中野学校でも行われていた。現在も、インテリジェンス機関での教育の基本は丸暗記である。その意味で「七三一部隊」の教育法は国際スタンダードだった。更にインテリジェンスの世界では、職人芸が必要とされることがある。

〈篠塚が専門にやらされたのはマウスを使ったペスト毒力実験だった。

「ピペットというのを使うんですね。ペストの生菌計算をしてから、細菌を薄めていくために……ピペットにはメスピペットというガラス管があって目盛りがずっと細かくついている。あれ、口で菌を吸うんですよ」

篠塚の言葉を聞いた途端、思わず、口で吸うんですかとわたしは聞きかえした。

「そうです。スポイトでやったら正確さを欠くんです」

吸いすぎたらペスト菌が口に入ってしまいますね、と思わず当たり前のことを口にすると、

「だから、失敗すると入るんです」

篠塚は穏やかな調子で答えた。

「……それで亡くなった方もいるのですか……」

こう口にしたわたしに篠塚は続けた。

「ええ、そういうこともあって……掻き取るときに感染したものが多かったですね」」

（本書127頁）

ピペットの吸引力がほんの少しだけ強いと、命を失うのである。著者と篠塚氏のやりとりが淡々としているが故に、かえってその緊張した情景が評者の頭の中では、映像になって浮かんでくる。

少年隊員に対しても、石井は厳しいが人情がある「よき上司」であったようだ。よい人間、優しい人間、気の弱い人間が巨悪に手を染める環境を戦争が作る。戦争が終わり、

石井はどう変貌したのであろうか。
〔石井四郎の「終戦メモ1946」に見えてくる戦後の石井は、驚くほど普通で小市民
的な人間だった。ノートを記しているのは、母親の電気コタツを心配し、子供の教育に
心を配り、軍属に補償金を支払おうと奔走する元軍医だった。かつての大地主としての
権勢もなく、既に土地を失い、借金を抱える実家の生計を案ずる石井の姿がそこにある。
マッド・サイエンティストと呼ばれた男は〈生活基準の決定〉を考え、〈教育指導方
1 針　及　教育費の研究〉などの雑事にかまけながら、戦犯になる可能性におびえ、尋問
に出るかどうかの選択を迫られ苦悶していた。〕（本書468頁）
3 生活の糧を得るにも品性がある。著者は、戦後、石井が米兵相手の「若松荘」という
「連れ込み宿」を経営していたという噂を聞き込む。そして、当時の石井が住んでいた
7 地域で聞き込みを行う。噂は事実だった。
〔旅館の話を尋ねると、そばやの店主は、
「あそこはGHQのホテルだったんです」
といともあっさり認めてくれた。
「GHQの高官が女性を連れ込んで来ていました。まあ、部屋を提供していたのでしょ
う。ホテル専門の女中さんがいて、世話を焼いていましたから。通りで米兵と日本人の
女性をよく見かけましたよ」〕（本書479頁）

アメリカ人は、石井が人体実験などによって得た成果に関心を示し、石井の知識と経験を利用した。しかし、石井を尊敬していたのではない。アメリカ人であれ、ロシア人であれ、たとえ敗戦国の人間であっても、自分が尊敬する人間に対して、売春宿の経営をもちかけることなどない。物資の横流しや、米軍によるダミー会社の顧問に据えて、その気になれば、アメリカ占領軍が石井にカネを流す手法はいくらでもあった。その便宜を図らなかったというのは、直接面識をもったアメリカ人が、石井を人間として軽蔑していたからと評者は考える。

石井は、一九五九年十月九日、喉頭癌で死亡した。享年六十七。

本書を通読した後、評者は、一九六〇年、アルゼンチンでモサド（イスラエル諜報特務庁）によって逮捕され、裁判にかけられた後、一九六二年に絞首刑にされた元ナチス親衛隊（SS）将校アドルフ・アイヒマンを思い出した。アイヒマンは、少しだけ上昇志向の強い、家庭の良き父親だった。そのような平均的官僚が人道に反する巨悪に手を染めるのだ。

「終戦メモ1946」に記された十一月二十日のアメリカ将校との会食は、巣鴨刑務所に繋がれ裁かれるはずだった石井四郎が土壇場で手に入れた唯一、生き延びるための扉だった。かつての石井部隊隊長は彼らの研究を米国へ手渡し、しかも自宅で「若松荘」を営むことを強要されたのである。細菌兵器という妖怪に取り憑かれた石井四郎と

いうマッド・サイエンティストは、こうしてひとりの平凡で小心な男になった。」（本書480頁）

率直に言う。かつて中堅外務官僚だった評者の中にもアドルフ・アイヒマンや石井四郎と同じ性向がある。時代状況が異なっていれば、評者が石井になったかもしれない。その意味で、本書は評者にとってとても怖い作品でもある。

（二〇〇七年十二月二十八日、起訴休職外務事務官・作家）

この作品は平成十七年八月新潮社より刊行された。

三浦綾子著
塩狩峠

大勢の乗客の命を救うため、雪の塩狩峠で自らの命を犠牲にした若き鉄道員の愛と信仰に貫かれた生涯を描き、人間存在の意味を問う。

三浦綾子著
泥流地帯

大正十五年五月、十勝岳大噴火。家も学校も恋も夢も、泥流が一気に押し流す。懸命に生きる兄弟を通して人生の試練とは何かを問う。

三浦綾子著
細川ガラシャ夫人（上・下）

戦乱の世にあって、信仰と貞節に殉じた悲劇の女細川ガラシャ夫人。清らかにして熾烈なその生涯を描き出す、著者初の歴史小説。

三浦綾子著
道ありき
―青春編―

教員生活の挫折、病魔――絶望の底へ突き落とされた著者が、十三年の闘病の中で自己の青春の愛と信仰を赤裸々に告白した心の歴史。

三浦綾子著
夕あり朝あり

天がわれに与えた職業は何か――クリーニングの〔白洋舎〕を創業した五十嵐健治の、熱烈な信仰に貫かれた波瀾万丈の生涯。

三浦綾子著
千利休とその妻たち（上・下）

武力がすべてを支配した戦国時代、茶の湯に生涯を捧げた千利休。信仰に生きたその妻おりきとの清らかな愛を描く感動の歴史ロマン。

新潮文庫の新刊

成田聡子著

えげつない！寄生生物

卵を守るため、カニの神経まで支配するフクロムシ、ヒトやネズミの性格をも操るトキソプラズマ。寄生生物たちの驚くべき戦略！

J・L・バーク
吉野弘人訳

礫の地

CWA賞最優秀長篇賞受賞

かつてリンチ殺人が起きた街で、いままた悲劇が錯綜する……。米南部ミステリーの巨匠が犯罪小説に文学性を吹き込んだ最高傑作！

M・ブレイク
池田真紀子訳

眠れるアンナ・O

殺人の第一容疑者とされたまま眠り続けるアンナ。過去の睡眠時犯罪と関係するのか?! 二転三転で終わらない超弩級心理スリラー。

村田天著

落ちこぼれ魔法少女の恋愛下剋上

—魔法学校のワケあり劣等生なのに稀代の天才魔法使い様がベタ惚れ執着して困ってます—

惚れさせたら私が上ってことだよね、なんて言うんじゃなかった！ 最下位少女×首席青年の胸キュン100％でこぼこ恋愛ファンタジー。

斜線堂有紀・尾八原ジュージ
木江恭・櫛木理宇著
芦花公園・皮肉屋文庫

おとどけものです。

—あなたに届いた6つの恐怖—

あなたに一つの箱が届きました。ひらけば最後、もう戻れません。時代を牽引するホラー作家たちが織り成す無制限の恐怖が集結。

宮島未奈著

成瀬は天下を取りにいく

R-18文学賞・本屋大賞ほか受賞

中二の夏を西武百貨店に捧げ、M-1に挑み、二百歳まで生きると堂々宣言。最高の主人公・成瀬あかりを描く、圧巻の青春小説！

７　３　１

―石井四郎と細菌戦部隊の闇を暴く―

新潮文庫　あ - 58 - 1

平成二十年二月一日発行
令和七年七月三十日六刷

著者　青木冨貴子（あおきふきこ）

発行者　佐藤隆信

発行所　株式会社　新潮社

郵便番号　一六二―八七一一
東京都新宿区矢来町七一
電話　編集部(〇三)三二六六―五四四〇
　　　読者係(〇三)三二六六―五一一一
https://www.shinchosha.co.jp

価格はカバーに表示してあります。

乱丁・落丁本は、ご面倒ですが小社読者係宛ご送付ください。送料小社負担にてお取替えいたします。

印刷・錦明印刷株式会社　製本・錦明印刷株式会社

ISBN978-4-10-133751-7 C0195